从复杂性思维到超理性认知

——智能化时代思维与认知的法则

田永峰　著

中国书籍出版社

China Book Press

图书在版编目（CIP）数据

从复杂性思维到超理性认知：智能化时代思维与认知的法则／田永峰著 . －－北京：中国书籍出版社，2021.5

ISBN 978-7-5068-8483-9

Ⅰ . ①从…　Ⅱ . ①田…　Ⅲ . ①思维—研究②认知—研究　Ⅳ . ①B80②B842.1

中国版本图书馆 CIP 数据核字（2021）第 096930 号

从复杂性思维到超理性认知——智能化时代思维与认知的法则

田永峰　著

责任编辑　李国永

责任印制　孙马飞　马　芝

出版发行　中国书籍出版社

地　　址　北京市丰台区三路居路 97 号（邮编：100073）

电　　话　（010）52257143（总编室）（010）52257140（发行部）

电子邮箱　eo@ chinabp. com. cn

经　　销　全国新华书店

印　　刷　天津和萱印刷有限公司

开　　本　710 毫米×1000 毫米　1/16

字　　数　309 千字

印　　张　19

版　　次　2022 年 3 月第 1 版　　2022 年 3 月第 1 次印刷

书　　号　ISBN 978-7-5068-8483-9

定　　价　78.00 元

｜前　言｜

　　人类社会发展正在进入智能化时代。在各种人工智能的科技创新不断惊艳亮相的同时，在包括象棋、围棋、驾驶、医疗手术乃至军事领域的"空中格斗"等人类生活的许多传统领域逐渐被智能机器进入、攻克并掌控的同时，一方面，人们为科技发展所代表的自身理性的胜利及其所带来的生活便利而欢欣鼓舞；但另一方面，一种隐忧也在悄悄浮现：机器的使用现在已经颇具依赖性进而"侵略性"，未来的智能化时代，人类又该如何自处？正因如此，西方存在主义哲学家海德格尔多年前在一次访谈时所说的"技术在本质上是人靠自身力量控制不了的一种东西"，越来越多地被大众提及并讨论甚至成为科幻影视作品的热门主题。

　　其实，从其本质上看，智能机器不过是人类理性的外化与延伸。于是，一切就豁然开朗了：机器的智能化并不是某种人类发展的异己力量，人类在面对智能机器时所看到的不过是"自己"，人类只不过是被自己"惊异"到了。而古希腊的柏拉图以及亚里士多德早就说过，哲学起源于"惊异"：人最初是对于面前的现象继而对整个宇宙自然感到困惑不解，感到自己无知，于是就去追求知识，从而产生了哲学。这里所不同的只是，哲学的缘起是人类对于外界事物的"惊异"，而智能化时代人类却是被自己的理性"惊异"到了。因此新的问题又来了，如果说源于宇宙自然的"惊异"诞生了哲学，那么，源于人类理性自身的"惊异"又会带来什么？于是我们又想起了几千年前古希腊德尔斐神殿石碑上的那句话，即"认识你自己"，以及老子所说"自知者明"。智能化时代的问题，与其说是异己性因素带来的"命运之忧"，倒不如说是人类对自身的"求知之愿"。

　　是的，在智能化时代，人类终于能够前所未有、如此真实地站在自己的"对立面"直面自己、认识自己了，就像面对、审视镜子中的自己一样。然而，"认识你自己"却是一件远比"对镜自照"更为困难的事。这是因为，迄今为止，人类主要是通过理性去认识世界万物的，这种理性是如此的成功，以至于康德所说"知性为自然立法，理性为自身立法"几乎变成了现实，然而最关键的是，理性能够通过理性认识理性自己吗？

理性当然不能通过理性认识理性自己，因为尽管理性具有某种"反思性"，但理性的本质特征之一就是"主客二分"。理性外化为作为客体的智能化机器，并因此可以认识以及改造机器的运算，但机器的运算并不等于理性，因而人类在面对智能机器时并非在真的面对自己。进而，正如机器运算源自理性因而其本质就是"理性所化"一样，理性也有其所从生发的根源即"自我"，并同样以"自我所化"为其本质，而理性的这个"自我所化"的本质，与机器运算的"理性所化"的本质显然是有本质区别的。于是，虽然智能机器作为理性的外化像一面镜子一样给人类提供了"认识你自己"的契机和启发，但它却不具备"认识你自己"的能力，同时也不能给人以关于理性的答案。

那么，理性果然是无法被认识的吗？答案当然是否定的。正如智能机器的运算源于理性因而理性可以认识机器一样，理性所从出的"自我"也能够认识理性本身。这里的关键在于，理性是人的"殊荣"也是人的"困境"。如海德格尔所说，理性在"照亮"世界的同时，也像太阳一样"遮蔽"了更为广袤的宇宙。其实同样的，理性是自我的"澄明"，理性也是自我的"遮蔽"。因此，正如"自我"凭借理性得以"认知"了"一些"一样，理性本身必须被超越，"自我"才能认识得"更多"。这种自我本有的可以超越理性的认知能力，就是"超理性认知"。超理性认知不仅能够认识"更多"的世界，关键在于，通过超理性认知也能认识"理性"甚至"自我"自身。

超理性认知能够认识更多的世界包括理性自身不难理解，那么，超理性认知何以认识"自我"呢？这就必须说明超理性认知的本质。康德曾说，知识的产生源于心灵的两种基本的能力：直观和概念（对应着超理性和知性/理性）。在这一点上我们谨慎地赞同康德。但康德关于直观只能是感性直观而不是"智性直观"（超理性认知）的主张却是错误的。错在何处？答案其实很简单：康德的思维方式本身就是理性的，诚所谓《庄子·秋水》中所说的"以管窥天，以锥刺地"，理性的逻辑即便可以推论却最终无法把握超越理性的事物。如前述，"主客二分"结构是理性的本质特征之一，恰恰相反，超理性认知的方式并不是"主客二分"的，而是在经历了"主客二分"之后达到的那个"后主客二分"的"合一"的"本质直观"。在这样一种"合一"中，严格意义上自我不再是"小我"，而是"感性之大我"；自我也不是在"认知"，而是在"体认"；"自我"与外界也并非判然两立，而是浑融一体。于是在这里我们又遇到了中国传统文化的那个"吾心即是宇宙""宇宙即是吾心"以及"反身而诚，乐莫大焉"的境界。

超理性认知对于人类来说更具有本质性，但却是难以理解甚至是"不可思议"的。这是因为长久以来我们所说的以及所进行的"思"不过是理性，理性思维诉诸"头脑"，而"思"本身却是"心"的事业。在太多的"头脑"逻辑运行中，我们已经忘记了"心"之"灵悟"的本能。关于"心"的学问，当然包括心理学，而心理学尤其是西方精神分析学、分析心理学和超个人心理学等，已经在心理机制的层面揭示了超理性认知的心理基础，并指出了"前理性——理性——后理性"的人类精神发展进路，这无疑是十分深刻的。但我们所说的"心"不止于"心理"，它更是中国传统文化比如"阳明心学"所说的"心"。中国传统文化是超理性认知的先行者，也因此就超理性认知提出了许多真知灼见。比如儒家的"知之之至，不思而得"，比如道家的"心斋""坐忘""知其白，守其黑"，比如释家的"万法唯识，转识成智"，等等。然而在此需要谨慎说明的是，你是难以超越一个你没有达到的阶段的，理性就是中国传统文化虽曾显著"发展"但却并未高度"发达"的阶段。这就是说，对于超理性认知，中国传统文化虽然颇有建树并指明了其发展方向，但它却如梁漱溟所说是"早熟"的，尚需高度发达的理性的砥砺。于是在这里我们又不得不折回西方哲学。西方哲学当然是理性高度发达的产物，其实严格说来，理性在西方社会已经趋于偏执的极端，也正因此，西方哲学不仅在理性方面对于中国传统文化大有裨益，而且西方哲学因由理性的反思而发展出的一系列非/反理性主义的理论观点，都已不同程度"隐喻"着超理性认知，从而与中国传统文化多有交集并多所共鸣。这不仅包括理性主义的开创者笛卡尔，包括理性的辩护者康德，包括开创非理性主义先河的叔本华，还包括尼采、胡塞尔、柏格森、海德格尔等等，无不如此。就是说，在"经不起理性审视的，就应当被放弃"的理性原则之下，理性本身在经"审视"之后也被放弃了。西方哲学由衷地感叹，"只有当我们终于认识到，被颂扬了几个世纪的理性，其实是思想最顽固的敌人，只有这时，我们才有可能开始思想"（海德格尔）。最终，经过西方哲学的映照，中国文化所指的那个超理性认知的境界就更为清晰了。

当然，超越理性并不是对于理性的"否定"，而是"扬弃"。在这个扬弃过程中"理性主义"以及"科学主义"被否定了，但理性和科学在其所在的"前提上"和"界限内"仍然是"理性"而"科学"的。因此，尽管心理学为超理性认知奠定了基础，中国传统文化为超理性认知指明了方向，西方哲学为超理性认知反证了内涵，但超理性认知还必须经受理性特别是科学的审视与考验。就科学而言，现代科学正在经历一次深刻的复杂性转型，复杂性科学代表了现代科学发展的方向。我们的研究证明：复杂性科学的产生是科学发展正在突破理性边界的重要标志，复杂性理论给超理性认知提供了一定程度的科学解释，复杂性思维是人类精神向超理性认知进化的过渡形态。最终，奠基于复杂性科学的复杂性思维必然走向超理性认知，而超理性认知在科学领域的当下表现就是复杂性思维。因此，本书对于复杂性思维也进行了必要的展开。

冯友兰曾指出人生有四种境界：自然境界、功利境界、道德境界、天地境界。某种程度上，文明的进化也可参照这一标准。在一定意义上，超理性认知就是"天地境界"的人类思维与认知的方式。那么，对于总体上仍处于功利境界与道德境界之间的现代社会而言，超理性认知有何文明意蕴或价值指向呢？基于超理性认知与复杂性思维的视角，本书第三部分，主要从文明指向、道德人格、审美救赎三个方面进行了具体阐释。当然，超理性认知并非不切实际的理论空谈，它作为更能体现人之本质的思维方式，事实上也具有非常突出的使用价值即

"效用"。战争是人类生活的一个非常特殊的领域，也正是号称理性的人类在理性指导下却走向集体"非理性"的特殊领域，康德的"三大道德律令"就是在此失效的。因此，在本书第四部分，特别对超理性认知的战争运用进行了针对性研究，并提出了富有启发性的研究观点。

　　总之，迄今为止的历史，是人类认知从前理性发展到理性，并正在从理性过渡到超理性的历史。因为理性的"祛魅"和"澄明"，因理性而生的科学以及现代社会的经济、政治、社会等诸领域的制度、理念让人类受惠甚多。但与此同时，理性在"照亮"世界的同时，也像太阳一样"遮蔽"了更为广袤的宇宙。如果这种"遮蔽"一如前理性时代一样只是让人类匍匐于大自然的脚下，虽饱受愚昧之苦却可免命运之危，那么这种"遮蔽"倒也是可以勉强接受的。而问题在于，在理性的主导之下，自然世界成了纯粹的材料或者资源世界，人类社会也只是一个服从于效率追求的机器。两个世界"非灵化"的极端表现是："一切都运转起来了，这恰恰是令人不得安宁的事，运转起来并且这个运转起来总是进一步推动一个进一步的运转起来，而技术越来越把人从地球上脱离开来而且连根拔起。……我们现在只有纯粹的技术关系，这已经不再是人今天生活于其上的地球了。"（海德格尔）就是说，理性在蒙蔽人类本有智慧、虚置应有"共同价值"的同时，却把现代科技这颗已经充分暴露危险性的定时炸弹置于不确定的人类未来之路上，所谓"核恐怖平衡"就是一例。在这个意义上可以说，单纯对理性进行"批判"已经远远不够了，理性必须得到"超越"。超越理性不仅是人类精神开发智慧的需要，更是人类社会发展规避危机、归正航向、返本开新的必须。我们的研究证明：理性不仅必须被超越，理性也完全可以被超越；超理性认知不仅是必须的，也是可能的；中国文化与超理性认知具有天然的联系，中国文化指引着超理性认知的未来发展。因此，如果说中国文化必将是超理性认知的天命所归，那么我们这一代人，也必然是超理性认知的使命担当。

著　者

2021 年 3 月 3 日于南京仙林湖

| 目　录 |

第一部分　超理性认知的前身：
复杂性思维

| 第一章 |

理性自身的局限性呼唤着新的思维方式

"人为万物之灵"，这是古今通识。从老子所云"天大，地大，道大，人亦大"的角度，或从海德格尔所说"天光一泻""林中空地"的"澄明"角度，这并无不妥。但自近代以来，由于理性的偏执终于走上理性主义特别是科学主义的现代宗教之路，"人为万物之灵"不仅没有被真正理解，实际上它逐渐走向了自己的反面即"人为万物之贼"，"照耀人的唯一的灯是理性"等诸如此类的格言成为通行信条，而原本人所共有的"灵性、直觉、顿悟、伟大的想象力、意向性"等越来越被轻视、忽视，甚至被否定为与感性类同的"低级"意识并统以"非理性"谓之。其实，高喊着理性的人常常是非理性的，并且，与"未经审视的生活是不值得过的"对应，更应该说"未经审视的理性是不应当盲从的"。当然，与18世纪康德的"三大批判"不同，他主要是在"肯定""彰显""规范"意义上进行的讨论，而我们这里的审视则主要是为了"扬弃""纠正"以至"返本开新"。我们将要揭示，理性对于人类认知的本性来说，不仅是非本质性的，而且带有误导性甚至危害性，因此理性必须被超越。

一、"主客二分"结构使理性失却、背离了人类认知的超越性

人与世界的分隔是人类认知世界的"同义语"。因而，尽管理性的发生源于

人类认知世界的需要，然而这一认知从一开始就面临着悖论：人只是世界的一部分，还有可能只是微不足道的一部分，然而人却想要认知整个世界。诚然，一滴水也可以折射太阳的光辉，但同样人也不可能"拽着自己的头发离开地球"。这生动说明了人类认知具备超越与隔膜的双重本性：一方面，人是大自然的产物。存在与存在者共在，"人"与世界是浑融一体的，可以说本无所谓"人"对世界的认知，也无所谓"认识你自己"，在一定意义上也可说"人"具备了关于世界的所有知识，只是这种知识是"超越性"的、无始无终的、隐而不显的。另一方面，尽管人源于自然，但在人类诞生之初即切断与大自然的"脐带"关联之后，却天然具备着自我独立、自我隔绝的发展趋势，甚至从一般意义上的"主客二分"发展到"主客二元对立"。主客二分是人类生存的自然结构，这表现为人是通过作为对象的世界来确认自己的存在的，同时世界也通过人类的认知活动"敞开""显现"了自己，但这已经使得人类认知隐含了失却和背离"超越性"知识的种子。因为，正如同一朵花，蜜蜂采蜜而蛇吸毒一样，作为存在者的人只能以存在者的方式了解到存在者之间的逻辑，作为对象的世界也并非世界本身，而只是人"能够"认识和人"想要"认识的世界。那么显然，正如人通过眼睛看世界而无法看到眼睛本身一样，这个作为对象的世界是局限和狭隘的，而人通过这种对象化世界来确认的自己的存在也必然是局限和狭隘的。同样的，世界通过人类的认知活动也只能"敞开"与"显现"自己的局部或者个别本质甚至只是"现象"。这就是为什么"我们观察的不是自然本身，而是自然向我们的探究方法所呈现的东西"（海森堡语）。可见，即便是主客二分结构之下，人类认知包括理性也已客观存在着对于关于世界超越性知识的隔膜和背离，更不用说异化了的主客二元对立结构了。正如我们所看到的，建基理性之上的整个现代哲学、现代科技、现代社会，不是主体"吞噬"客体，就是客体"吞噬"主体，主客双方陷入了各种不可调和的矛盾、冲突的困境中。

二、"主体性"原则使理性只能面向"人化"世界并逐渐"工具化"

主客二分结构很容易走向主客二元对立结构。在主客二分结构中，人仍然是世界的一部分；但在主客二元对立结构中，世界甚至日益成为人的一部分。人面对的是越来越"人化"了的世界，同时，人的理性也逐渐堕落为"工具理性"。近代史上，这一变化是以人的主体性原则的日益凸显为标志和动力逐渐发展着的。

主体性原则是指人在实践活动中站在主体的立场上，用作为主体的眼光去审视作为客体的对象，并思考在与客体的关系中"应如何"的理性原则。① 近代历史上，主体性原则滥觞于笛卡尔的"我思故我在"，确立于康德的"知性为自然立法，理性为自身立法"，异化为现代社会普遍存在的"工具理性"的"有用性"与"价值理性失落"的"唯我性"。

在笛卡尔那里，普遍怀疑的方法在把一切"知识"排除后只剩下了正在怀疑着的"自我"，这就把"自我"第一次作为本体论意义上的独立思想着的实体从万事万物中独立了出来，为主体性原则奠定了基础，打开了空间。到了康德的"三大批判"，在置而不论的"物自体"之外，带有先验性的人类知性对感性直观到的"杂多"现象加以处理成为知识的源泉。同时，在自然法则统治的必然领域之外，"意志自由"的实践理性决定了人作为实践主体能够自我设定目标、自我决定行为、自我审视价值。这就是主体地位与主体性原则的确立。尽管在康德那里，理性被赋予超越感性自我的地位和实现道德义务的责任，但由于弗洛伊德意义上的"超我"虽然遵循道德原则，但终究其力量源泉在于"本我"，康德的"理性为自身立法"终究滑向了物性异化人性、自我沦为"唯我"的方向。这就必然导致工具理性的泛滥与价值理性的空场。现代社会，人在与一切存在物

---

① 张伟胜. 主体性原则与现代人的价值理性［J］. 宁波大学学报（人文科学版），2005（7）：59.

包括人自身的一切关系中，是作为支配者与统治者的身份出现的①，对象是"有用性"的代名词，万物是纯粹等待利用的"资源"，世界也不过是可统治对象的整体，甚至人本身终于也与康德所希望的正好相反——没有成为"目的"恰恰沦为了"手段"。于是，每个人都在以更加"主体"的姿态挣扎着求索自己更高的"主体"地位，而不知他正在被一个"主体性"规定约束着。于是，这一种价值倒转的社会秩序，在理性认知所展现巨大力量的加持下，构成了一个令人震撼的荒诞世界。

毋庸置疑，人本来就是世界的一部分。然而在现代社会，这个不言自明的事实却整个地被颠倒了，不仅世界成了人的客体，世界甚至成为人的一部分。世界从未把自身作为上帝凌驾于人类，或许世界于人还青眼有加、赐惠颇多，然而自封为主体的人类对待自然世界的方式却暴虐而残忍。如英国哲学家洛克声称"对自然的否定，就是通往幸福之路"，德国社会学家威廉·狄尔泰断言"自然界只是会说话的'哑巴'，不管人们怎么对待它，它都无能为力"。的确，作为"主体"的人类对世界取得了辉煌的"成功"，整个人类社会都奠基于此。但是，世界虽无从抗拒这种"否定"与"歧视"，人类却在所掌控的力量当中遭受到了前所未有的"反噬"，科技对人的拘束、人本身的工具化、幸福与归属感的缺失、精神与生活的困顿等皆是如此。于是，被"无告的"自然所发出的"沉默的呐喊"所震撼，人类终于开始反思理性的主体性原则与世界的属人化这种荒诞的关系颠倒与奇异的自然图景。

三、理性赖以奠基的"概念""范畴"等事实上带有"语言游戏"性质

理性的表达方式是语言，理性的语言崇尚严格的逻辑性，因而其逻辑的前提

---

① 张伟胜. 主体性原则与现代人的价值理性 [J]. 宁波大学学报（人文科学版），2005（7）：60.

即"概念"和"范畴"等必须具有不言而喻和牢不可破的"基石"地位。然而，打个比方来说，我们都知道尺子可以对事物进行度量并进行广延性的评价，但是谁来度量尺子本身呢？同样的，如果没有"概念"等的奠基，理性就成了无本之木，因此无法回避的是，"概念"本身必须首先得到说明。正是在这个问题上，维特根斯坦的"语言游戏说"揭示了传统哲学试图探求事物本质的"哲学病"。在《逻辑哲学论》中，维特根斯坦提到：我的语言的界限意味着我的世界的界限。他还说，我们能够思考的东西，就是我们能够思考的；就是说，我们不能够言说我们无法思考的东西；对于人无法言说的东西，人必须保持沉默。在这里，维特根斯坦并非彻底否定事物的本质，而是深刻指出了在人类理性与事物本质之间横亘着一条不可逾越的界限，这个界限就是由"概念""范畴"等构成的语言的鸿沟。人是符号的动物，语言是理性的符号。一方面，作为人的思维工具，语言的确能够描述和塑造世界，由语言而产生的人类思维能力，比任何其他东西更能够使我们融入身外的世界。但另一方面，正如"度量尺子的尺子"一样，非常不易觉察的是，语言在联结人与人、人与世界的同时，也隔膜着人与人、人与世界。这是因为，我们总是试图通过语言去把握世界的本质，亦即追求语言与世界的单一对应形式，而事实上语言的意义在于它在"语言游戏"中的使用。换言之，"语言游戏"是与"生活形式"对应的，有多少种生活形式，就有多少种"语言游戏"。哪怕是同样的语言表达，在不同的生活形式中，其内涵与意义也可能是完全不同的。因此，脱离了鲜活的生活形式，语言本身也就失去了意义；并且，任何超出理性主体本有生活经验及其可能组合方式的东西，都是主体无法理解的亦即超出其理性边界之外的（超理性的）。我们还可以进一步推论：语言的边界就是"四维时空物质世界"的边界。语言是理性抽象的产物，对于不能被抽象的物质世界和不需要抽象思维的物质存在方式，语言思维都是不能深入其中的，因此现代科学在这个意义上就被语言思维局限在"四维时空物质世界"当中，此外的东西都是科学所无法理解甚至无法思考的。比如，中医针灸就超出了现代科学的理解范围，但这并不等于说中医针灸"不科学"。可见，如同语言的联结作用是普遍存在的一样，语言的遮蔽作用不仅是客观存在的，也是普遍存在的，而且后者更为根本。总之，凡是语言不可涵盖的、也就是思维不可涵盖的地方，世界就被划定了界限。我们其实是生活在与生俱来的由语言布置的带有历史局限的时空中的。

正是基于对人类语言和理性边界的深刻洞察，维特根斯坦主张：走出语言的囚笼。然而他也说：人类文明有一种试图冲决语言牢笼的冲动，我的哲学证明这是彻底无望的。这里必须强调的是，维特根斯坦指出我们受到了语言即理性的限制，但他并非是指在语言与理性之外没有重要的东西，而是说这种东西无法用理性思考以及用语言言说，因此只能以沉默对待。显然，维特根斯坦已经默识了"超理性"的存在，但他对于"超理性认知"仍然不明所以。

四、理性思维逻辑的"逻辑"不过是"未来必须符合过去"

逻辑是思维的规则。就逻辑自身来看，它从古希腊"逻辑学之父"亚里士多德三段论为代表的传统形式逻辑开始，经由欧洲中世纪逻辑，再到18世纪末和19世纪初自然科学发展推动形成的辩证逻辑，也经历了一个不断完善、不断成熟的发展过程。就辩证逻辑而言，尽管是19世纪前后才进入自觉发展的阶段，以康德和黑格尔最为突出，但辩证逻辑的自发发展阶段也可追溯到古希腊、古印度、古中国文明等历史时期。

理性作为人类思维的高级形式，与之对应的规则即逻辑自然就是辩证逻辑。人们进行理性思维的目的是试图把握客观事物的本质与规律。因此，尽管辩证逻辑的推理过程可以表现为抽象与具体、归纳与演绎、分析与综合等不同阶段或者环节，并且与形式逻辑相比更加凸显了历时性等特点，但是，由其目的所决定，认识理性展开和运行的逻辑的"逻辑"即其底层本质，还不得不追溯到休谟的怀疑论尤其是休谟问题。其实，康德的先验逻辑（形式逻辑）就是对休谟问题的解答，而黑格尔的辩证逻辑则是在康德基础上的进一步发展。但是，康德所说赋予感性杂多以普遍必然性的人类知性的先验形式是建立在"物自体"不可知基础之上的，而黑格尔及以后的辩证法则最终确认真理是一个过程，是一个相对真理不断趋近绝对真理但是永无止境的趋势。因此我们不禁要问，休谟问题得到解答了吗？表面来看是的，实质上并没有。

逻辑推理追问理由，因果原则探求原因。这两者有微妙的区别，但这里我们仅从其强调"普遍必然性"的同质性的一面、以现代科学的基础法则以及休谟所强调的因果原则为例展开分析，并探讨因果律的逻辑基础。简言之，辩证逻辑未能回答休谟问题的原因是，休谟问题的本质并不在于否定因果关系的客观性以及有效性，他只是质疑因果关系是否具有独立于经验的普遍性和必然性，最终他得出结论，因果关系的实质不过是统计学以及心理联想意义上的"未来必须符合过去"。就是说，"各物象间这种'必然联系'的观念所以生起，乃是因为我们见到在一些相似例证中这些事情恒常会合在一块。这些例证中任何一种都不能提示出这个观念来——纵然我们在一切观点下，一切方位下来观察它。"① 休谟从彻底的经验主义立场出发，认为在经验中，我们只能发现因果关系的前两个必要而非充分的条件：空间上的接近关系和时间上的接续关系，而对于最关键、最不可缺少的第三个条件即必然联系，我们却无法经验到，因为经验的本质是个别性，而不是普遍性。因果关系推理只能以过去的经验为基础，而不能扩展到没有经验或尚无经验的事件中。某种程度上，休谟的推理是无懈可击的。在一定意义上，休谟问题的本质是在追问有限性个体如何通达无限性的整体。但是，康德把逻辑的普遍性、必然性归结为知性，但却限于"现象界"②；黑格尔认为绝对真理是一个过程，但他所谓的"相对真理"与休谟本来就没有否定的因果关系的有效性相去几何？毕竟"有效"≠"为真"。因此，返本还

---

① 休谟. 人类理解研究 [M]. 关文运，译. 北京：商务印书馆，1957：69.
② 康德认为，"逻辑具有超出经验的先天原则，并且有限自我通过普遍有效的逻辑法则可以企及永恒真理"。

原，或许理性思维的方法从形式逻辑到辩证逻辑是一种进步，或许现代科学与科技仍在突飞猛进，或许现代社会与人类对理性和科技的崇尚越来越无以复加，但正在这一切的底层，休谟问题仍在追问：未来必须要符合过去吗？还是海德格尔比较直白，他认为，任何试图将生活体验理论化、对象化和概念化的尝试，都禁锢了作为人之生存的实际性的生活体验；试图通过"严酷而冰冷的"永恒不变的逻辑法则，经由理性去揭示所谓正确的世界观的哲学，根本无助于安抚"脆弱的现代灵魂"。

五、理性"认知域"是效用原则支配的、失真的"假设系统世界"

如果理性的素材或出发点即"范畴"只是一种"语言游戏"，并且理性的工具即逻辑的"逻辑"也不过是"未来必须符合过去"，那么，在肯定其"有效性"的同时，我们就有充分的理由认定：迄今为止，由理性所主导并演绎出的所谓"认知域"中的所有知识，都不能确定其"为真"。质言之，理性"认知域"不过是一个效用原理支配着然而失真的"假设系统"世界。人类正是基于"假设系统"，不断地在把自身"奠基"到一个他所愿意、所向往的向度中去。所谓"假设系统"是说，对于所有理性思维而来的知识，我们事实上是无从确认它们的真理性的，而只能寄希望于未来的以及未知的"实践"。但是，谁又能够断定，在见证了 10000 只白天鹅之后，第 10001 只天鹅一定不会是黑色的呢？换言之，整个现代社会运行所赖以奠基的所有定理、公式、逻辑、理念等，都潜存着无数的假设或者"变量"作为其必要前提。而"蝴蝶效应"早就告诉我们，仅就气候系统而言，任何一个哪怕看起来微不足道的变量的微不足道变化，都可能会以未知的方式在未知的时间、地点引发一场未知的风暴。我们不妨设想以及追问，我们能够满足于这样一个貌似"岁月静好"实际却危机四伏并且"地基"越来越沙漠化了的世界吗？正是由于深刻地觉察到了这个问题，海德格尔才不遗余力地对主体性和理性进行了批判，并对理性笼罩之下"满目疮痍"的荒芜世界进行了深刻揭示。海德格尔写道："我们所说的现代……其自我规定性在于，人成为存在者的中心和尺度。人成了决定一切存在者的主体，也就是说，人成了决定现代一切对象化和想象力的主体"①，进而，当"人降低到用逻辑－对象化－技术谋划来把握存有（Seyn）时，存有隐匿，诸神遁去，只剩下硬化的存在者和荒芜"。②确实，在理性所到之处，不仅"世界万物被'洗硫酸澡'，直至面目全非、惨不忍睹，全都丧失其鲜活的具体性和个别性"③，而且人本身也被抽象化、概念化、符号化，甚至同质化、工具化和商品化了。这正是海德格尔意义上的"贫乏时代""深渊"抑或"诸神隐退"的时代。

六、价值理性的"空场"使人类生活不断异化

如果说"认知域"所代表的理性知识虽不"为真"却能"有效"，对于始终面临"to be, or not to be"即生存问题的人类来说或许勉强能够接受。但是，理性的更大危害并不在于它的"假设性"，而在于关涉人类福祉本身的价值理性也被虚置了。理性不仅导致了价值的倒转，它所展现的强大力量由于认知的非本质性也同样显示出了越来越严重的误导性与危害性。在休谟问题Ⅱ中，休谟提出了"How to derive 'ought' from 'is'"即怎样从事实判断中推导出价值判断的问题。休谟问的是：理性的运用即便可以获得知识，但是否能够论证价值？结果，休谟问题Ⅱ的尖锐性和深刻性使得笛卡尔的理性在价值领域也难以站稳脚跟了，从而导致了价值的"空场"。之后，在"三大批判"中，康德设想"理性为自身立法"，并为人类设定了"三大道德律令"，分别是："普遍立法""人是目的""意志自律"。其中，"普遍立法"要求"你要这样行动，就像你行动的准则应当

①　Martin Heidegger, Nietzsche Zweiter Band, Neske, Pfullingen, 1961, S. 313.
②　马丁·海德格尔. 哲学论稿（从本有而来）[M]. 孙周兴, 译. 北京：商务印书馆, 2012.
③　金寿铁. 作为身心治愈的"神圣"[J]. 社会科学, 2019（5）：133-134.

通过你的意志成为一条普遍的自然法则一样"，这其实就是西方话语体系中的"己所不欲，勿施于人"；"人是目的"要求"你要这样行动，永远都把你的人格中的人性以及每个他人的人格中的人性同时用作目的，而绝不只是用作手段"，这鲜明地反对把人当成工具的思想与做法；"意志自律"即"作为自己和全部普遍实践理性相协调的最高条件，每个有理性的存在者的意志都是普遍立法的意志这一理念"，这就是意志自律，也就是自己为自己立法，人的感性欲望也应接受理性的规范。从价值理性的角度，这三条"绝对命令"的正当性姑且不论，作为基本的行为准则与伦理规范，其中每一个方面都可作为人类行为的道德底线来加以贯彻。而问题在于，我们正处于海德格尔所称的"技术时代"，工具理性甚嚣尘上，追求精神、意义、终极关怀的价值理性正远离人们的生活。其结果，人本身不仅被工具化了，正在沦为技术、机器、资本以及威权的附庸，而且现代人也正日益趋向肤浅、物化、庸俗化而不自知，更遑论康德所说的"群星苍穹在我之上，道德法则存我心中"。在另外一个层面，同样因为价值理性的缺失，人越来越单向度、同质化的结果，不仅人类对于幸福的感受力大为削弱，而且那种人之为人与生俱来的"顿悟、灵性、伟大的想象力、直觉"等也日渐式微，从而导致人类智慧之源不断干涸，与之并存的是科技发展也越来越滑向现代的宗教即科学主义的泥淖。正因如此，海德格尔在深刻揭示理性非本质性的基础上也发现了现代社会价值虚置甚至颠倒的异常现象。他认为，现代技术的本质是居于"座架"（Gestell）之中的，"座架"即"限定""摆置"，人在技术统治的状况下，实际上是被技术语言所控制着，处于"最高的"危险中，无处躲藏。

面对"世界的崩溃""地球的荒芜"这一可以预见的人类命运，以海德格尔等为代表的有识之士，在严厉批判人类理性的同时，强烈主张一种新的思维方式与生活方式。海德格尔坚定地认为，人类的当务之急是，必须从当下"绝对的技术国家"中，重新找回被放逐掉的那个存在的"神圣"维度。他把这一迫在眉睫的"新的思维的任务"表述如下："只还有一个神能拯救我们。留给我们的唯一可能是，在思维与诗歌中为神的出现准备或者为在没落中神的不出现做准备。"① 在我们看来，海德格尔用诗意的和似乎带有玄幻色彩的语言所为我们描绘的那种新的思维方式和生活方式，就是人类发展必将趋向并最终达到的后理性时代的"超理性认知"。

由于后现代主义的努力，人们对于理性至上观的内在缺陷与危害正在形成共识。但是，或许由于路径依赖的锁定，或许出乎囚徒困境的无奈，也或许是因为自然界的惩罚仍不足以折服理性的骄傲，整个现代社会的运行持续地在越来越窄的科学主义道路上高歌猛进。并且，与"无告的自然"同时，也出现了"无告的自我"：与现代化困境对应存在的是普遍存在的精神危机，并且这种精神危机所导致的内生困顿也丝毫不亚于科技社会对人的外在异化。幸而，人类认知具有"反思性"，借助于这种自我反思的能力，我们可以在一定程度上澄清理性自身的根本立场、本质特征及其困境的实质，并试图在此基础上找到思维超越的出路。

人类精神的超理性进化不仅迫在眉睫，而且在经过多领域多学科至少几百年有意无意的探索讨论后，也正在从量变到质变孕育着一场呼之欲出的认知革命。这场革命的矛头直指理性本身，它在深刻揭示理性的非本质性、误导性、危害性的基础上，通过对理性的批判即澄清前提、划清界限的工作从而实现对它的"扬弃"，最终发现了"前理性—理性—后理性"的认知发展进路。这场革命的意义不是一般所谓科技性、社会性的抑或思想性、意识性的，而是自亚里士多德提出"人是理性的动物"以来，从精神的层面对人的本质进行重新界定，在划时代的意义上开启人之真正为人的新的历史。我们无法估量这将对人类发展和当今世界带来什么样的冲击和变化，但这场革命的必然发生和即将发生是可以预见的。这并非夸大其词或者标新立异，恰恰相反，理性对于自然与人类的双重异化已经是事实上的和触目惊心的了。并且，我们对薪火相传的人类思想史理解得越深，对

---

① Martin Heidegger, Spiegel – Gesprch mit M. Heidegger, Antwort. Martin Heidegger im Gesprch, Neske, Pfullingen 1988, 99/100.

理性必然被扬弃就越坚定；我们对人类意识与心理的规律认识得越多，对认知的超理性飞跃终将到来就越有信心。理性的藩篱即将被冲决，逻辑的牢笼正在被逾越，语言的遮蔽就要被打破。由理性、逻辑和语言等编制的无知之幕上，正在透出人类精神本有的智慧光芒。

| 第二章 |

复杂性科学催生着复杂性思维的形成

与理性的自我反思相对应，科学的发展也正在超出理性的界限，复杂性科学的勃兴以及复杂性思维的逐渐形成就是一个重要标志。广义来看，复杂性观念古已有之，中国传统文化是其典型的代表，现代复杂性理论及其跨学科应用是其最新的时代表现。一定意义上，了解复杂性思维是认识超理性认知的第一步。这里，我们先给出复杂性思维的宏观框架；后面，还要就超理性认知与复杂性思维的内在关联进行深入考察。

一、复杂性观念的文化渊源

所谓文化，作为漫长历史中无数人类实践的经验总结与智慧沉淀，在许多时候其实已经昭示了未来的发展方向，只不过这种昭示是隐喻的、默识性的。必须要说的是，正如人类的自负常常高估了理性的作用一样，人类也是一种健忘的生物而常常低估了传统的智慧，诚所谓"抛却自家无尽藏，沿门持钵效贫儿"。因此，第一步我们需要做的，就是追根溯源，回归传统，从带着神秘面纱的人类早期思想中汲取智慧，从浩如烟海且繁多散佚的典籍当中寻求启示。由此，我们发现了复杂性观念的深刻文化渊源。

（一）我国传统文化中的复杂性思想

对于我国历史悠久的传统文化，很难"一言以蔽之"，而只能难以免俗地说

15

"博大精深""高山仰止"等。某种程度上，与其说我国传统文化蕴含着丰富的复杂性思想，还不如说现代科学尚未通达传统文化所指出的那个"境界"，而只能以"复杂"谓之。

中国传统文化包罗万象，而又以中国哲学为其理论上的杰出代表，以中医学等为其实践中的精彩体现。无论是中国哲学抑或中医学，其所蕴含的复杂性思想都是一以贯之且相通的。比如，《周易》和《道德经》中包含着丰富的世界整体观和生生不息、动态演化的思想。《易经·文言》中提到"夫大人者，与天地合其德，与日月合其明，与四时合其序，与鬼神合其吉凶，先天而天弗违，后天而奉天时"。这里的"合"字，就是讲的天人合一的整体观。《周易》还主张"同声相应，同气相求"，同类的事物会相互感应，这里也体现了万物相联以及后文中要讲的深层心理学意义上的"共时性"思想。与此类似，《道德经》认为，"有物混成，先天地生，寂兮寥兮，独立不改，周行而不殆，可以为天下母"；"天下万物生于有，有生于无"；"道之为物，惟恍惟惚。惚兮恍兮，其中有象，恍兮惚兮，其中有物；窈兮冥兮，其中有精。其精甚真，其中有信"；《易传》也曰："生生之谓易"，等等。在传统文化看来，"道"乃是宇宙、天地、万物生成、运动、变化、转化的最初根据，是一种包括"象""物""精""信"的混沌状态，并始终"独立不改，周行而不殆"地演化着；也正因此，任何一种呈现着的状态都将是暂时的、不具有终极性意义的。显然，这种万物一体、相互联系、相互作用的整体观、混沌观，体现了深刻的复杂性思想。比如，魏晋玄学包含着"自生""独化"等为代表的复杂自组织思想。《道德经》就已指出，"天长地久。天地所以能长且久者，以其不自生，故能长生"；"道常无为而无不为。……万物将自化。……不欲以静，天下将自定"。王弼、郭象也认为，"天地任自然，无为无造，万物自相治理"；"物之生也，莫不块然而自生"；"物任其性，事称其能，各当其分，逍遥一也"。这与现代复杂适应系统理论关于"适应性主体"及"适应性造就复杂性"等的理念是高度一致的。还比如，中医学包含着以"自愈"理念为代表的自组织复杂性思想。广义的自组织有各种表现形式，包括自聚集、自整合、自创生、自发育、自生长、自稳定、自维生、自适应、自调整、自更新、自修复、自复制、自繁殖、自演化、自衰落（老化）、自消亡，等等。中医学认为，人体是最高级最发达的自组织系统，上述自组织形式在人体中应有尽有，而且远比人造系统的自组织机能精微高妙。① 与之对应，医圣张仲景明确区分了愈病的两种方式：不治而愈者为自愈，经医生治疗而愈者为治愈，并认为归根结底治愈的基础还是自愈。"且夫人之气也，固亦有亢而自制者，苟亢而不能自制，则汤液、针石、导引之法，以为之助。"② 这个"助"字就鲜明体现了中医学的自愈理念。

中国传统文化如浩瀚之大海，上述几例堪称沧海一粟。事实上，不仅中国传统文化包含着丰富的复杂性思想，古希腊、古印度等国家的文明发展也薪火相传着丰富的复杂性思想。这些都构成了现代复杂性科学的文化渊源。

（二）以《孙子兵法》为代表的传统兵学中蕴含的复杂性思想

兵法是我国传统文化中非常特殊的一部分。《孙子兵法》作为一部兵书，能够与《易经》等著作一样产生巨大的影响，成为民族文化的传世之作，这在中国乃至世界历史上都是罕见。孙子在军事理论上的辉煌成就和卓越贡献，是与其朴素的复杂性思想密不可分的。比较典型的有如下几个方面：

第一，孙子看待和把握战争的基本观点体现了整体性思维③。孙子思考战争问题，并非简单地就事论事，或仅仅局限于狭隘的作战范畴，而是以高远的宏观视野审视战争，谋求从全局上把握战争。孙子对每个具体战争问题的论述，都是考虑到问题的多个方面，从事物的联系中来研究战争和指导战争，使其形成一个完整的系统。孙子特别强调要全面地认识与战争有关的政治、经济等各种条件，认为战争的胜负取决于"道、天、地、将、法"五种因素，并强调指出："凡此五者，将莫不闻，知之者胜，不知者不胜。"（《计篇》）

第二，孙子充分考虑到战争主体是活的、能动的适应性主体。人是战争系统

---

① 苗东升. 从复杂性科学看中医 [J]. 首都师范大学学报（社科版），2008（增）：1.

② 亢则害承乃制论. 参见 http://www.zysj.com.cn/lilunshuji/gujinyitongdaquan/336-16-4.html.

③ 纪索红.《孙子兵法》的思维特征 [J]. 管子学刊，2007（2）.

中最复杂的因素，孙子高度重视战争主体的主观能动性。在整个战争进程中，孙子实际上是把战争冲突看成是双方展开的关于"适应性"的竞赛，要想取胜，必须根据对方的情况不断改变自己，做到"因利制权""践墨随敌""悬权而动"，甚至是"途有所不由，军有所不击，城有所不攻，地有所不争，君命有所不受"（《九变篇》）。

第三，孙子认识到了战争的复杂性本质。孙子对战争复杂性的认识达到了一个他人难以企及的高度。孙子认为，战争的复杂性除了指其所依赖的各种因素与条件之外，还体现在各种过程性、非线性的军事关系上。在所依赖的各种因素、条件所造成的战争复杂性方面，孙子曰："声不过五，五声之变，不可胜听也。色不过五，五色之变，不可胜观也。"（《势篇》）在过程性、非线性关系所造成的战争复杂性方面，孙子指出"水无常形，兵无常势"（《虚实篇》）。孙子关于战争复杂性的认识最突出、最有创造性的部分是关于战势的奇正相生、奇正转化的思想："战势不过奇正，奇正之变，不可胜穷也。奇正相生，如循环之无端，孰能穷之？"（《势篇》）

第四，孙子着重强调了"心法"即思维的复杂性。"适应性造就复杂性"，适应性必然要求战争指挥者的思维变得复杂。孙子关于复杂性思维的观点，集中体现为他关于"奇兵""诡道"的制胜思想。孙子十三篇提出了许多相互对立的概念：如奇正、虚实、攻守、进退、众寡等，可以说，"奇兵""诡道"思想贯穿十三篇始终。孙子思想的深刻之处，在于他没有仅仅把兵法作为关于战略战术的战争技艺，而是揭示了兵法中蕴涵的天道盈虚变化的消息，认为兵法的本质是天道的一种特殊显现方式——诡道，把兵法提升至"道"的形上高度，揭示了兵法与天道的内在联系，从而使其影响的广度和深度远远超出了军事领域，在中国古代哲学思想中占有重要位置。

第五，孙子兵法包含有自适应作战思想。自适应，指系统能够根据环境及自身的变化改造自己以适应变化的特征。自适应作战，指在军事对抗中，作战力量在统一的目标牵引下，依据所处的战场态势，自主调节作战行动以适应战场变化的一种行为，它既是战场态势复杂性的必然要求，又是战争主体能动性的集中反映。孙子说，"夫兵形象水，……故兵无常势，水无常形，能因敌变化而取胜者，谓之神。"（《虚实篇》）孙子还提出了"将能而君不御""君命有所不受"的自适应作战与自组织指挥思想，这在当时的历史背景下是难能可贵的。

总之，《孙子兵法》中蕴含着深刻的复杂性思想，这不仅印证了现代复杂性科学所作出的探索，更为现代复杂性理论提供了丰富的启发与有益的借鉴。

二、复杂性现象的科学探索

从传统文化看，人类对复杂性的认知古已有之。只是由于近代以来"致命的自负"，人们沉浸于理性特别是科技的巨大成功当中，反而忘却了本有的智慧。但正如恩格斯所说，"对于每一次这样的胜利，自然界都报复了我们"。① 自然界的这种"报复"，是以"复杂性现象"特别是不确定性现象的大量涌现为表现的。于是，当以牛顿力学为代表的传统简单性科学屡屡碰壁的时候，复杂性科学以一种"超理性"的方式登上了历史舞台。

（一）复杂性现象普遍存在

人们曾经以为理性就是世界的普照之光，但是无论是自然界的运行，还是人类社会的发展，以及科学探索的试验，都发现了人类理性难以理解的大量复杂性现象。这就构成了复杂性思维的客观原因。

自然界存在着大量的复杂性现象，最显著的一个就是历史上的"寒武纪生命大爆发"。借助于达尔文进化论，人们成功解释了生物进化中的许多困惑。但是"寒武纪生命大爆发"却是进化论难以说明的，在《物种起源》中达尔文也表达了他的困惑。古生物学研究表明，大约 35 亿年前，地球上出现了最早的生命形态——单细胞生命。近 30 亿年的漫漫长河中，生命一直以藻类和菌类的单细胞简单形式存在于海洋里，但当生命演化进入距今 5.3 亿年前的寒武纪时，演化突

---

① 恩格斯. 自然辩证法 [M]. 北京：人民出版社，1984：96.

然提速，绝大多数多细胞动物在 200 万年内迅速出现。如果把 35 亿年比作 24 小时，200 万年仅仅相当于 1 分钟。在这短短的"一分钟"内，各类生命形式突然爆发。这一情况与达尔文理论所预示的完全不同，而且研究表明，现今世界上所有动物的门都在这一时期同时出现，而且之后再没有产生新的门。这说明，在寒武纪早期，动物多样性的基本体系就已经建立了。寒武纪的生命奇迹是一种进化史上的突变，它揭示了生物进化复杂性的一面。

人类社会领域的复杂性更为显著，不仅社会变迁过程充满着偶然性，历史发展的方向在大多数情况下也并不以人们的意志为转移而呈现出极其难以预知的发展趋向。就社会发展的过程来说，恩格斯曾说："在历史的发展中，偶然性发挥着作用。"① 社会学家吉登斯也说："人类社会的变迁不存在普遍适用的规律"；"人类社会生活具有反思性，这种反思性破坏了任何用单一绝对的因果机制来解释社会变迁过程的做法。"② 这事实上是说明了社会运行带有某种程度上的混沌性质。从社会发展的方向而言，社会变迁过程中无可避免地存在着人基于各种考量而作出的各种选择，即存在着复杂性理论所说的"分叉"。正是"分叉"的存在，使得人们对社会变迁的走向难以作出正确的"预言"。最终，人类的历史是由人的有意图的活动创造的，但它并不是某种合乎意图的筹划；它总是顽固地躲开人们将其置于自觉意识指引之下的努力。

至于在科学探索试验中发现的复杂性就更多了，最著名的还是那个"双缝干涉实验"。双缝干涉是量子力学的典型实验。这个实验之所以具有震撼效应，不仅仅是因为它说明了粒子具有波粒二象性，而且波的属性和粒子的属性处于叠加态，即"是这个样子，又不是这个样子"，这本身就已经非常匪夷所思，更神奇的是，实验直接指向了人的意识对于粒子的行为具有影响甚至决定作用的结论。比如，当一束单色光穿过很窄的单缝后再次穿过双缝时，便会在双缝后面的屏幕上产生干涉条纹；当一个一个地发射光子时，也能够得到干涉条纹；当人们将光子置换为电子、分子时，也依然得到了干涉条纹。这表明单个粒子在同一时间内

---

① 马克思，恩格斯. 马克思恩格斯选集：第 4 卷 [M]. 北京：人民出版社，1995.
② 谢立中. 社会变迁过程中的复杂性 [J]. 首都师范大学学报（社会科学版），2003（2）.

同时通过了双缝，然而当人类试图探测粒子究竟穿过了哪条缝时，结果无论什么方式，无论多么精巧的观察行为，只要人的因素参与其中，干涉条纹竟会立即消失得无影无踪。爱因斯坦对此表示，难道你不观察月亮的时候，月亮就不存在了吗？

（二）简单性科学与理性范式的困境日渐显著

西方近现代科学的一个基本信念是：大自然本质上是简单的，任何复杂现象及其运动都可化归为简单对象来处理。牛顿曾指出，"自然界不作无用之事，只要少做一点就成了，多做了却是无用；因为自然界喜欢简单化，而不爱用什么多余的原因以夸耀自己。"[①] 爱因斯坦也认为，"自然规律的简单性也是一种客观事实，而且真正的概念体系必须使这种简单性的主观方面和客观方面保持平衡"。[②]这就是说，简单性不仅是自然的本质，它还是科学的本质；不仅是自然科学的本质，也是社会科学的本质："生物科学、行为科学和社会科学都要按照物理学的范式去把握，最终还原为物理层次的概念和实体。"[③]

简单性科学的确为人类理性和科学进步描述了无比光明的前景。但可惜的是，随着复杂性现象的不断被发现，简单性思维在本体论、认识论、方法论等各个层次都受到了致命的挑战。康德揭示，人的理性具有某种"反思性"。然而人们借助于理性进行反思的结果最终却指向了理性本身。人们发现，主客二分的根本立场造成了理性的"简单性"，"简单"的理性根本无法理解"复杂性"。

1. 主客二分的根本立场造成了理性的"简单性"

理性和主客二分结构的历史其实可以追溯到更早的古希腊，但主客二分明确形成的标志却是笛卡尔的"我思故我在"。这里的"我思"主要是指的理性，"我在"就是指的"主体性"，"我思故我在"实际上是"我在"故"我思"的

① H·S·塞耶. 牛顿自然哲学著作选 [M]. 上海：上海人民出版社，1974：1-6.
② 徐良英. 爱因斯坦文集：第一卷 [M]. 北京：商务印书馆，1976：214.
③ 贝塔朗菲. 一般系统论：基础、发展和应用 [M]. 北京：清华大学出版社，1987：85.

反向推导。"一切现象的东西都是虚假的，只有我思是绝对的真实的存在，是无可怀疑的"，"我思故我在"就是通过这一直观感受体认出"我在"并进而确认了人的主体性。笛卡尔指出人具有天生的"自然之光"或"理性之光"，但正如太阳的光芒本与阴影相反、而阴影却必由太阳而生一样，"我思故我在"的必然指向，只能是自然世界的客体化与对象化，并且"人是万物的尺度，存在时万物存在，不存在时万物不存在！"（普罗泰戈拉）

立足于主客二分以及主客对立结构，理性具有若干不言自明的特质，比如说人对于世界的外在性、人对于世界的独立性、人对于世界的强制性、世界对人的异己性、世界对人的被动性，甚至世界对人的敌对性等等。基于如上立场，古往今来，就逐渐形成了一个根深蒂固、蔚为大观的简单性范式。时至今日，这个简单性范式不仅主导着人类的科学探索，而且也主导着人类几乎全部的生产、生活。某种意义上，简单性范式就是现代社会的"王者"。

简单性范式的形成当然并非"一日之寒。"事实上，简单性范式的形成也经历了一个从简单性观念到简单性科学再到简单性思维的发展过程。比如，在古希腊，人们把世界的本原归因为"水""火""原子"或"数"；在中世纪，人们相信上帝不做没有用的事，因此信奉"凡是能以较少手段取得的，就无需较多手段"的"奥卡姆剃刀"原则，以及"用最少的思维最全面地描述事实"的马赫（E. Mach）"思维经济"原则，主张剔除一切"无用的、没有必要的"东西；在近代科学，经典力学的奠基者牛顿把简单性作为科学信条，置于众法则之首，认为宇宙万物运动的根本原因是"力"，并试图从牛顿三大定律出发演绎出自然界的一切运动规律；即便是大科学家爱因斯坦，也认为简单性是一切科学的伟大目标，即要从尽可能少的假设或公理出发，通过逻辑的演绎，概括尽可能多的经验事实，对他来说，"美，本质上终究是简单性"，正因如此，爱因斯坦毕生致力于统一场论。时至今日，以牛顿和爱因斯坦为代表的简单性思维仍然根深蒂固且影响巨大。

由于科学家们的大力推崇，以及在这一共识指导下科学探索的一系列伟大成就，简单性范式逐渐成为人类社会的主流共识。具体来说，可以从本体论、认识论、方法论三个方面概括其理念内涵。第一，在本体论上，简单性范式认为世界有其最基本的单元，世界上发生的"各个事件（也）都是由初始条件决定，这些初始条件至少在原则上是可以精确给出的，在这样的世界中偶然性不起任何作用，在这样的世界中所有的细部都聚到一起，就像宇宙机器中的一些齿轮那样。"① 因此，宇宙其实是一个运行完美的"钟表式机械装置"，一切都是决定性的，因而也是可预测的。而且，我们不仅能够预言将来，甚至可以追溯过去。第二，认识论上的简单性范式认为，"所包涵原理愈少的学术比那些包涵更多附加原理的学术更有益"；② 法国哲学家莫兰概括得更为具体："这个简化的范式可以同时用普遍性的原则、还原的原则和分离的原则来刻画其特点，这三个原则支配着经典科学认识特有的理解方式。"③ 简言之，简单性范式认识论的典型特征是，独立于世界的主体把认识对象也从世界中抽象出来进行分解、分析，然后把得到的关于部分的"普遍性认识"进行归纳、综合以形成关于整体的认识。显然，这一认识过程带有显著的孤立性、实体性、还原性、确定性、线性因果性、机械决定性等特征，这也就是为什么莫兰说"生物学的'还原主义'也曾经使得有可能认识任何生物组织的物理—化学本性"④。第三，从方法论的角度来讲，在简单性范式看来，既然万物间是彼此分明的线性因果关系，并可化归为比如"力"的某种属性的比较，因此人类服务于自身主体性目的改造世界的终极原则就只能是割裂、对立基础上的"求胜""求强"。放眼所见，充满着张力的现代社会，充斥着的种种制衡关系，以及广为流行的霍布斯意义上的"人对人是狼"，就是简单性范式的现实表现。总之，在简单性思维中，这个宇宙如同一个完美精确的机械钟表，而人类可以凭借理性发掘世界的自然规律，随着科学理性的进展，人类将摆脱蒙昧，进入一个一切可由人类掌控、社会不断进步的时代。

---

① 普利高津. 从混沌到有序 [M]. 曾庆宏，译. 上海：上海译文出版社，1987.
② 亚里士多德. 形而上学 [M]. 北京：商务印书馆，1959：18.
③ 埃得加·莫兰. 复杂思想：自觉的科学 [M]. 陈一壮，译. 北京：北京大学出版社，2001.
④ 埃得加·莫兰. 复杂思想：自觉的科学 [M]. 陈一壮，译. 北京：北京大学出版社，2001.

2. "简单"的理性无法理解"复杂性"

几百年来，简单性范式成为科学探索的重要传统和核心驱动，并在实践中取得了惊人的成就。比如，20 世纪获得诺贝尔奖的科学成果，绝大多数都是在简单性范式主导下完成的。由于简单性范式的卓有成效，如果不是现实中越来越多无法用传统思维来解释的大量"复杂性"现象被发现，这一范式仍然不可能会受到挑战。

从现在的视角回头望去，其实复杂性现象一直与人类如影随形，即便是在自然界。恩格斯早就指出，"自然界不是存在着，而是生成着并消逝着"①，也就是说，现实世界并不稳定，它充满了解构与建构、发散与内聚、阶跃与坍塌、涌现与动荡等令人震惊的事情。比如，类似于"蝴蝶效应"的模糊性、非线性、混沌、分形等复杂性现象是大量存在的。自然界存在结构的复杂性、边界的复杂性、运动的复杂性，具体体现在其不稳定性、多连通性、非集中控制性、不可分解性、非加和性、涌现性、进化过程的多样性以及进化能力上。② 这些现象，在过去常常是作为无意义的偶然性和干扰性因素而被排除在外的，现在却发现它们同样具有甚至更加具有普遍性的本体性意义。对此，莫兰在其《方法》巨著中进行了详细的考察，并得出结论：复杂性不是生物世界和人类社会的专利，在自然界亦即前生命世界中已经存在着复杂性，而物理世界的复杂性恰是生物世界与人类社会复杂性的基础，尽管两者的复杂性存在区别。

相对而言，人类社会中的复杂性现象更为常见且更为显著。其中，最为具有戏剧性的，应当是简单性科学的奠基者牛顿在股市中的遭遇。据说在 18 世纪牛顿也曾炒股，结果赔了 2 万英镑，牛顿由此慨叹："我能计算出天体运行的轨迹，却难以预料人类的疯狂。"事实上，股市并非疯狂，牛顿的简单性思维才真的有问题。除此之外，人类社会复杂性的最典型表现应当是战争的"不确定性"。大军事家克劳塞维茨在《战争论》中对此有生动的描述："战争是充满不确定性的

---

① 恩格斯. 自然辩证法 ［M］. 北京：人民出版社，1984：12.
② 吴彤. 科学哲学视野中的客观复杂性 ［J］. 系统辩证学学报，2001 (4)：45 - 46.

领域。战争中行动所依据的情况有四分之三好像隐藏在云雾里一样，是或多或少不确定的"①；"战争是充满偶然性的领域。人类的任何活动都不像战争那样给偶然性这个不速之客留有这样广阔的活动天地，因为没有一种活动像战争这样从各方面和偶然性经常接触。偶然性会增加各种情况的不确定性，并扰乱事件的进程"，"要想不断地战胜意外事件，必须具有两种特性：一是在这茫茫的黑暗中仍能发出内在的微光以照亮真理的智力；二是敢于跟随这种微光前进的勇气"；②但尽管如此，"在实际生活里本来很少能做到一切都符合实际情况，在战争里，就更难做到了。由于人的认识不完善，由于人们害怕不利的结局，常常有很多按当时的情况说应该发生的行动实际上并没有发生。在战争中同在人类其他活动中比较起来，人的认识显得更不完善，人们会遇到更大的危险和更多的偶然现象，因此，战争中的贻误也必然要多得多。"③ 必须承认，克劳塞维茨所说"在这（不确定性造成的——著者）茫茫的黑暗中仍能发出内在的微光以照亮真理的智力"，已经内在喻示着复杂性思维进而超理性认知的客观必然性。

当然，最有说服力和引起最为广泛关注的还要算是科学领域中的复杂性。科学家们本是简单性范式的忠实拥趸和最大受益者，然而，在科学实验中涌现出的大量复杂性让他们也大跌眼镜。迄今为止，广为人知的有关科学发现有波粒二象性、量子纠缠、哥德尔不完备性定理、海森堡测不准原理、自组织临界性、"薛定谔的猫"等。依照传统的简单性范式，人们无法对这些现象给予"科学"的解释，而最终只能把问题的矛头指向理性简单性范式本身。

综上，从"有我无界"到"举步维艰"，人类理性的发展虽获得过无与伦比的辉煌，也终究在复杂性现象面前束手无策了。那么，如何突破这种理性的困境呢？或者说，如何超越"人类精神的史前期"从而达到"人类认识的文明化"呢？迄今为止，能担当起这一重任的，非复杂性科学及复杂性思维莫属。

---

① 克劳塞维茨. 战争论 [M]. 北京：商务印书馆，1978：68.
② 克劳塞维茨. 战争论 [M]. 北京：商务印书馆，1978：69.
③ 克劳塞维茨. 战争论 [M]. 北京：商务印书馆，1978：707.

（三）复杂性科学方兴未艾

一般认为复杂性科学研究是在 20 世纪七八十年代开始的。最早把复杂性研究称为复杂性科学并对之作出系统论述的是普利高津学派。1979 年，比利时著名科学家普利高津首次提出了"复杂性科学"的概念。1984 年问世的《从混沌到有序》，对复杂性科学的历史、目标、基本问题、方法、意义、产生的文化环境等都有独到的论述。

迄今，经过数十年的努力，人们在复杂性科学这一领域确实取得了一定的成就，建立起一批相对成熟的理论。时至今日，复杂性研究已经蔚为大观，并表现出了一系列特点。第一个特点是复杂性研究目前已遍及所有发达国家，以及中国、巴西、俄国等欠发达国家，成为一种具有世界规模的科学思潮。第二个特点是目前的复杂性研究称得上学派林立，新见迭出，有关文献在加速增长。复杂性研究可以分为：美国学派、欧洲学派、中国学派等。美国学派具有代表性的是圣塔菲研究所（Santa Fe Institute，SFI）及其专注的复杂适应系统（complex adaptive systems，CAS）理论。这是一个以圣塔菲为平台的流动的研究集体，一个复杂性研究成果的综合集成地，吸引了全世界学者的参与，圣塔菲给他们提供了交流、融合、升华的机会，大量成果早在 20 世纪 70 年代前后即已产生。事实上圣塔菲本身就是科学前沿涌现出来的一个复杂适应系统。欧洲流派中比较典型的是法国著名学者埃德加·莫兰（Edgar Morin）的复杂性思想。欧洲学派有三个特点：大多是在基础科学层次上探索复杂性，理论较有深度；自组织理论是他们共同的学术旗帜，强调自组织产生复杂性；重视从哲学高度审视复杂性，提出大量深刻的思想。还有就是中国学派，中国学派的代表是钱学森及其提出的复杂巨系统理论。钱学森之后，复杂性研究在中国形成热潮，目前，复杂性思想正在深入人心，一些富有真知灼见的思想正在形成。第三个特点是复杂性研究已不只是某个学科层次的现象，而是从工程技术到技术科学、基础科学再到哲学，四个层次都被延伸覆盖，初步形成繁荣局面，代表现代科学一种全局性的新动向。可以预见，21世纪将是复杂性研究大发展的世纪。第四个特点是在国际上有世界性影响的科学家与研究者们都纷纷介入了复杂性研究，有力地表明了主流科学界对复杂性研究的明确关注和认可，这给世界科学界带来巨大震动。第五个特点是复杂性研究改变的不是个别学科领域，而是几乎所有学科领域，所有学科领域复杂性研究的总和就构成了"复杂性科学"。并且，复杂性探索将开辟大量跨学科研究的新领域，它们无法划归某个现有的学科领域，也不会形成一个单一的新学科。同各学科领域的复杂性研究相比，这种跨学科的复杂性研究更重要，更能体现未来科学的特点。

总之，复杂性科学是整个人类科学发展的新阶段。从更大历史尺度看，如果把科学发展看作一种演化系统，则复杂性科学代表这个系统的一种新的历史形态，简单性科学已完成其历史使命，复杂性科学的时代正在到来。

三、复杂性理论的典型代表

当谈及复杂性理论的时候，复杂适应系统理论和"复杂性方法"是出现频度较高的两个词语。的确，CAS理论和"复杂性方法"是复杂性科学研究的两大代表性成果。我们对其理论框架做一概要梳理。

（一）CAS理论及其主要观点

CAS理论诞生于20世纪90年代初期，是由美国圣塔菲研究所的复杂性理论研究者霍兰德（John H·Holland）创立，并由考夫曼（Kaufman）、阿瑟（Athur）和帕卡德（Packard）进一步发展而成的，主要探讨生物界以上层次中复杂系统的能动适应环境的演变机制。圣塔菲研究所是一家以复杂性研究为核心课题的民间、独立、非盈利研究机构，在盖尔曼（Murray GellMann）、乔治·考温（George Cowan）、阿罗（Kermeth Armw）等诺贝尔奖获得者的支持和倡导下，成立于1984年，被评为美国最优秀的十个研究所之一。圣塔菲研究所汇集了一批物理学、经济学、生物学、计算机科学、数学、哲学等不同领域的科学家，发挥学科交叉优势，从各个不同的学科领域揭示复杂性的共性特征和规律，期望实现跨越不同科学的大整合。目前，圣塔菲研究所已成为复杂性研究最重要的前沿阵地之一，其研究成果对各个领域、各个学科都产生了巨大的影响，这其中又以CAS理论最为典型并具有代表性。

概言之，SFI发现，有很多复杂系统，它们拥有大量交互成分，其内部关系复杂、不确定，总体行为具有非线性，能够通过自组织的方式形成具有特定时空结构的有序状态，针对不断变化的外部环境，通过不断地改变自身形态，获得生存和发展的机会。这些具有适应能力的复杂系统被称为CAS。总的看，CAS有以下特征：第一，自组织特征。组织中个体之间的相互作用，会导致新的组织行为模式。某一层次上的CAS，都是由低一层次的多个CAS组成的。这种类似于组织层级关系的结构决定了低层次的CAS必须通过相互作用"制定"（其实是某种"涌现"）更高层次的行为准则。第二，由多个子系统构成。CAS的结构、运行模式和功能不是各个子系统简单叠加之和，而是具有整体的特点。真正对整体特点起决定因素的是各个子系统之间相互作用的关系。第三，处于远离热平衡的开放系统。平衡的背后往往隐藏着众多系统要素的急剧运动，一个微小的扰动，可能就会使整个系统瞬间发生巨变。第四，内部子系统相互之间的关系是非线性的。CAS中各子系统的相互作用，并非遵从简单的线性关系，无法准确预测。第五，具有自组织、自适应和进化的机能。当环境发生变化时，各个子系统可以根据系统的需要，自动调整自身的"参数"以更好地适应环境，或通过与其他子系统之间的合作竞争，获取更多的生存机会，这就是"适者生存"的重要根源。同时，在系统演化过程中，其与其他系统进行交流和沟通的主要内容是关于对环境的感知方面，这些内容使系统自我演化，其性能参数和功能属性都在不断变化之中，甚至整个系统的功能和结构也因此发生相应的变化。第六，偶然事件对系统演化的过程具有重要作用。CAS是一类十分常见又十分重要的复杂系统。由于体现了现代科学技术发展的综合趋势，反映了不同科学领域的共识，CAS理论一提出就引起了广泛的关注，并被评价为"将复杂系统的研究工作引领到了一个全新的领域，并使其自身具有了与以前的理论根本不同的、新的洞察力"，也有评价认为它是"人们认识复杂系统演化规律的一个质的飞跃"。这之后，CAS理论迅速引起学术界关注，被尝试用于观察和研究各种不同领域的复杂系统，成为当代复杂性科学引人注目的一个热点。CAS理论的核心观点如下：

1. "适应性造就复杂性"

简单来说，CAS是这样一种组织：组织的每个成员都是一个行为主体，这些行为主体具有自主的判断和行为的能力、与其他主体之间交互（信息和物质）的能力，以及对环境依赖和适应的能力，并且具有相互依赖性，每个成员还能根据其他成员的行动以及环境变化不断修正自身的行为规则，以便与整个组织和环境相适应。整个宏观系统的演化，包括新层次的产生、分化和多样性的出现等，都是在这个基础上逐步派生出来的。

2. "适应性主体"（adaptive agent）

所谓适应，就是个体与环境之间的主动的、反复的交互作用。"适应性主体"概念是说，任何系统包括CAS都是由大量主动的元素（active element）组成的，于是借用了经济学中的主体（agent）一词叫作adaptive agent。这并不仅仅是一个简单的名称变换，而是在观念上有明显的突破，把CAS组成单元的个体的主动性提高到了复杂性产生的机制和复杂系统进化的基本动因的重要位置。"在CAS中，任何特定的适应性主体所处环境的主要部分，都由其他适应性主体组成，所以任何主体在适应上所作的努力，就是要去适应别的适应性主体"。[①] 正是通过主体的"适应"即主体间主动的、反复的交互作用，组织才以一种不可还原、难以预测且远远高于传统组织速度的方式不断有效地预测并适应着环境的变化。此外，大量适应性个体在环境中的各种行为，又反过来不断地影响和改变着环境，如此反复，个体和环境就处于一种永不停止的相互作用、相互塑造、共同进化过程之中。因此，主体与主体之间的相互作用、相互适应成为CAS生成

---

① 约翰·H·霍兰. 隐秩序－适应性造就复杂性［M］. 上海：上海科教出版社，2000.

复杂动态模式的主要根源。

3. "涌现"（emergence）①

"适应性"是如何造就"复杂性"的呢？或者说在微观的"适应性主体"与宏观的组织变革即组织复杂性的提高之间存在着一种什么样的机制呢？CAS 理论以"涌现"概念对此做出了形象的解释。CAS 理论认为，随着外界环境信息的不断输入，无论是个别主体的"学习"与适应性调整，还是所有主体间不断进行着的交互适应，都带有显著的主动性、创新性、非线性等特征。于是，在系统内部，随着稳定与不稳定、竞争与合作、放大与抑制等一系列错综复杂的矛盾运动，触发了不同主体的功能耦合和聚集，结果系统在宏观层次上生成、突现出了事先不可预测、事后难以还原的新的结构、性能和更复杂的行为等。这是一幅活生生的、变化中的、充满新奇和意外的进化过程，这就是"涌现"。"涌现"是一种全新的思维方式，它意味着组织的变革与创新不可能是"设计"出来的，而只能是"生成"的；而且这种生成过程时刻都在发生——它们时时刻刻都在把自己组织成新的模式。正因如此，SFI 明确提出"复杂性实质上就是一门关于涌现的科学……就是如何发现涌现的基本法则"②，SFI 把涌现作为一个重要的"圣菲理念"。

4. "混沌的边缘"（the edge of chaos）

CAS 理论认为，CAS 最重要的一个特点就是"创造性产生于混沌的边缘"，混沌的边缘是复杂性系统有效应对环境挑战而必然要走向的区域。所谓混沌的边缘，是指系统中的各种因素从未真正静止在某一个状态中，但也尚未动荡至瓦解的那个边缘。混沌的边缘是可以使组织具有足够的稳定性，又同时具有足够创造性的边界。③ 只有运行于混沌的边缘，即处在稳定区域和不稳定区域之间的相变阶段时，系统最具有创造性。换句话说，只有处于稳定区域和不稳定区域之间的

---

① 叶培华. 企业知识生态系统的涌现机理研究 [D]. 吉林：吉林大学，2008.
② 米歇尔·沃尔德罗普. 复杂：诞生于秩序与混沌边缘的科学 [M]. 北京：三联书店，1998：115.
③ 张利斌. 基于复杂自适应系统视角的企业核心刚性研究 [D]. 武汉：华中科技大学，2005.

相变阶段时，组织才是最具有创造性的。这种组织常被称为混序组织①。从组织管理的角度，复杂性科学认为它本质上就是组织"显性系统"（又称为"合法系统"）和"隐性系统"之间存在着一定张力的状态。当环境相对简单时，组织要把建设、管理与运行的重心放置于其显性系统上；而在环境不确定性挑战日趋严峻的今天，组织建设、管理与运行的重心要从显性系统转移到隐性系统上来。

（二）埃德加·莫兰的"复杂性方法"

埃德加·莫兰，是法国著名的哲学家、社会学家、人类学家和政治评论家，也是国际知名的复杂性学者。莫兰曾担任过联合国教科文组织的特别顾问，1996年2月，该组织全球出版发行的《信使》杂志为莫兰出版了"复杂性思想专号"。莫兰亲历过复杂的社会运动，同时是一个他自己所说"文化上的杂食动物"②，这两者的结合，再加上对"当代认识危机"的深刻反思，就涌现出了"复杂性方法"。莫兰正式提出"复杂性方法"是在他1973年发表的《迷失的范式：人性研究》中，莫兰的代表作是六卷本巨著《方法》。《方法》展现了一幅从物理科学到生命科学再到认识论和人文科学的百科全书式的面貌。

莫兰通过批判经典科学的方法论所代表的简化的理性主义弊病，提出建立"复杂方法""复杂思想"或"复杂范式"的必要。莫兰指出，"所有经典科学的原则和构成因素滋养和增强着关于构成真实现实的有序性、统一性和简单性的世界观，而这个真实现实被掩藏在混乱性、多元性和复杂性的表象背后"③。这种

---

① 混序（chaord）就是混沌和有序的组合，是借用混沌（chaos）和有序（order）两个词的一个音节组成的一个词。任何自我组织、自我管理、有适应能力、非线性复杂的有机体、组织社群或系统，无论是物理、生物或社会行为，均能和谐地结合混沌与秩序两种特性。其理念主要包括两个方面：首先，任何组织都是人类创造的产物。它们都是人群心智、情感与精神的形成力量，吸引人们为追求共同目标而奋斗的理念构架。不能把它们看作像一栋房子或一部机器那样一成不变的实体。任何组织都是其社会环境的具体展现，它们与其整体社会环境相互作用、相互依存，是一组变动不居的关系网，不是静态的，而是不断变动和演化的。其次，健全的组织必须是开放的，是居于"混沌"和"有序"之间的"混序"组织。否则，它将会按熵增原理逐步衰退为稳定状态，成为"死"结构。

② 埃德加·莫兰. 我的精灵［M］. Stock出版社，1994：15.

③ 埃德加·莫兰. 方法：思想观念［M］. 北京：北京大学出版社，2002：252.

简单性范式所带来的破坏性后果是普遍而深刻的："到处，单方面的观点开始显露出是起肢解作用的；到处，起肢解作用的观点开始显露出它们在关于人、社会、战争、生物圈的问题上的操纵性的破坏性后果，但是对于这一点的意识仍旧是现象的、有限的、片段的"①。基于旧范式的危机及其严重后果，莫兰急切地呼吁"范式革命"。他说，"这个任务是至关重要的，又是随机的和不确定的。这种情况应该把我们调动起来。为此，我们应该懂得：如今的革命不是那般地在相互对立的好的或真的观念与坏的或假的观念的生死斗争的阵地上展开，而是在观念的组织方式的复杂性的阵地上展开。走出'全球的铁器时代'和'人类精神的史前期'要求我们以彻底复杂的方式思考。"②"我们应发挥我们的主观能动性，争取从我们自身的意识变革入手。"③

莫兰从多个层面对他的复杂性思想进行了全方位的阐释，但从来没有给复杂性思想的内容作出一个确定性论述。他时刻地提醒自己，不确定性将是永远不可能被摆脱的。他只是给出了三个原则来帮助人们以认识、理解、把握和应用复杂性思想。第一个原则是两重性逻辑的原则。"两重性逻辑（dialogique）的原则把在表象上应该互相排斥的两个对立的原则或概念连接起来，它们实际上是不可分割的和对于理解同一实在不可缺一的。"④ 莫兰从这个原则出发，阐明了有序性和无序性的关系：两者相互对立、斗争、消灭，但是同时，它们相互合作，并创生出了复杂性。第二个原则是组织的循环的原则。"一个循环的过程就是这样一个过程，在其中产物和结果同时又是原因和产生它们的东西的产生者。"⑤ "回归的组织是这样一种组织，它的后果和产物又形成了它本身的起因或它产生的必要条件"。以个人和社会的关系为例，社会本身是人与人之间关系的产物，但是，社会一经产生，其语言、秩序、知识等文化底蕴又强有力地塑造着生活在其中的

① 埃德加·莫兰. 方法：思想观念 [M]. 北京：北京大学出版社，2002：263.
② 埃德加·莫兰. 方法：思想观念 [M]. 北京：北京大学出版社，2002：266.
③ 陈一壮. 埃德加·莫兰复杂性思想述评 [M]. 长沙：中南大学出版社，2007：208.
④ 埃得加·莫兰. 复杂思想：自觉的科学 [M]. 陈一壮，译. 北京：北京大学出版社，2001：19.
⑤ 埃德加·莫兰. 复杂性思想导论 [M]. 上海：华东师范大学出版社，2008：75.

人们；而此后，人们又不断地追求进步，改造着整个社会的面貌。第三个原则是全息的原则。莫兰认为："整体同时既大于又小于部分之和"，整体和部分的关系是：两者是相互决定的。"全息的观念既超越了只看到部分的还原论，又超越了只看到总体的整体论。这有点像帕斯卡（Pascal）提出的观念：'不认识部分我不能认识整体，不认识整体我也不能认识部分'。"① 总的来说，莫兰的"复杂性方法"更多地涉及哲学的认识论和方法论层面，其与超理性认知的关联，后文还将具体分析。

四、复杂性思想的跨域辐射

复杂性思想具有普适性。这不仅是因为复杂性理论本身具有的深刻性、基本性以及前沿性等特点，更已由其在经济、管理、军事、心理等多个领域的有效运用所证明。这里，我们对其普适性做一交叉性的探讨，同时，也通过这种探讨进一步深化对复杂性理论自身的认识。

（一）复杂性范式经济学②崭露头角

社会领域的确有着比自然、生物等领域更为复杂的复杂性问题。最为核心的，是人类目的性、相互作用和组织结构、社会结构及演化等复杂性问题相互缠绕、交织，体现了从来没有过的、空前的复杂性。这当中最为重要一点就是人类拥有"意识"，正如诺贝尔经济学奖获得者、新制度经济学家诺思所说："在自然科学中，我们能够使用简化论（reductionism）来理解自然界。……自然科学家们能从自然科学的基本单位入手建构理论，以探究他们试图理解的问题的维度。而社会科学没有与基因、质子、中子和分析相类似的基本单位来建构理

---

① 埃德加·莫兰.复杂性思想导论［M］.上海：华东师范大学出版社，2008：76.
② 田永峰.复杂性范式经济学与后危机时代的经济发展［J］.石家庄经济学院学报，2010（12）.

论。"① 这里，我们就以复杂性范式经济学为例做一探讨。

经济学一直自诩"显学"，被誉为"社会科学皇冠上的一颗明珠"，并号称"经济学帝国"。的确，经济学是社会科学中最像自然科学的学科，因为它最彻底地贯彻了所谓科学主义的做法，比如公式的运用、数据的分析、模型的构建、均衡的迷恋等。这也使得经济学成了简单性思维最为顽固的堡垒。然而，经济学也不无尴尬地承认自己是"屠龙术"，金融、股市等实际经济的运行也一再违反经济学的推论。这迫使着人们不断反思其理论，并最终将矛头指向了其背后的思维方式，且提出了"复杂性范式经济学"或"复杂性经济学"。

复杂性范式的引入能够解决传统经济学所面临的诸多难题，不少经济学家已经在这方面进行了非常有益的探索。比如，人们发现资本市场的演化已经可以运用混沌、分形理论的工具进行分析和解释，一般市场的演化也被一些经济学家运用非线性科学和信息科学的工具进行了描述。近些年来，突破新古典经济学框架的努力越来越显著，也越来越彻底，形成了不少的诸如系统经济学、混沌经济学、演化经济学、不确定性经济学等颇具复杂性特征的非主流经济理论。复杂性范式越来越为主流经济学家所接受并使用，终于肯·阿诺宣布，"现在我们又有了一种经济学，圣塔菲式的进化经济学。……其重要性与传统的经济学理论等量齐观"②。在此基础上，国内也有学者进行了非常有针对性的研究，甚至已经提出了"复杂性范式经济学"③ 的基本假设、基本原理和研究方法等。

复杂性科学在经济领域的应用不仅是宏观范式的改变与假定前提方面的优化，还包括了许多经济学家在不同领域前沿的独特探索。其中，以诺思基于复杂性理论和认知科学对适应性效率问题的研究为比较典型。诺思在研究长期的经济增长问题时，发现新古典理论存在着多方面的局限，无法对经济在历史进程中的演进作出合理性解释。为此，诺思于 1990 年提出了"适应性效率"概念，用于

---

① 道格拉斯·C·诺思. 理解经济变迁过程 [M]. 北京：中国人民大学出版社，2008：75－76。

② 米歇尔·沃尔德罗普. 复杂——诞生于秩序与混沌边缘的科学 [M]. 北京：三联书店，1997：459.

③ 陆善勇. 复杂性范式经济学导论 [J]. 广西大学学报（哲社版），2005（4）.

描述能够带来长期经济增长的制度结构的特征，认为"适应性效率"而不是"资源配置效率"是长期增长的关键。到了 2005 年，在《理解经济变迁过程》一书中，诺思对"适应性效率"进行了深入和全面的阐释。

诺思的"适应性效率"概念可以从三个方面展开说明：适应什么？谁适应？如何适应？关于第一个问题，诺思指出："人类让自身的环境易于理解——减少环境的不确定性——的努力无处不在。但是，正是人类使自身环境易于理解的努力导致了环境的持续变化，并因而给理解环境带来了新的挑战。因此，对经济变迁过程的研究，必须从探究人类在一个非各态历经的世界里处理和面对不确定性时所做的无所不在的努力开始。"① 这表明，诺思所要阐述的适应性，要适应的就是不确定性，这已经非常接近了经济运行的复杂性本质。关于第二个问题，诺思关注的是宏观经济的适应性问题，但是研究方法和起点是从微观入手，探讨决策个体的适应性问题。因此，问题的答案就是制度通过促进个体的学习过程进而达致经济体系的适应性。显然，这也暗含了复杂性科学的"主体"思想。关于第三个问题，诺思指出适应性效率的本质特征是促进分散化决策、鼓励创新，"在各态历经的世界中，我们最终能够正确地理解世界，但是在异常变化频仍的世界中，我们并不一定能够做到这一点。应对这种异常情况的最好办法是，保持那些允许试错实验发生的制度……"②。诺思对这个问题的回答也与复杂性科学"适应性造就复杂性"的核心理念相当接近。

显然，诺思不仅自己也承认受到了复杂性思想的影响，而且他的"适应性效率"理论的逻辑理路也与复杂性思想非常相似。可以认为，诺思的理论就是复杂性范式应用于经济领域的开创性探索。

（二）学习型组织的实践蔚为大观

迄今，自彼得·圣吉及其导师佛瑞斯特（Jay. Forrester）发端的学习型组织

---

① 道格拉斯·C·诺思. 理解经济变迁过程 [M]. 北京：中国人民大学出版社，2008：5.
② 道格拉斯·C·诺思. 理解经济变迁过程 [M]. 北京：中国人民大学出版社，2008：146.

理论已有了几十年的历史。随岁月流逝，这一理论不仅没有湮没，反而显示出了越来越旺盛的生命力，甚至被誉为信息化时代的"管理圣经"。从 20 世纪 90 年代开始，全球管理界掀起了一股研究并实践学习型组织的热潮。《财富》杂志曾发文指出：最成功的企业是学习型组织，即具有近乎完美适应力的组织。然而，学习型组织理论并没有像它流行的程度那样而得到深刻的认知。这既是一个基本的事实，也是其研究轰轰烈烈而实践却"花样百出"的根本原因。

在本质上，学习型组织理论就是复杂性科学的一个典型应用。众所周知，彼得·圣吉是系统动力学创始人佛瑞斯特的学生。作为复杂性科学的一个分支，系统动力学提供了一种全面认识和研究人类动态复杂系统的方法。在佛瑞斯特的指导下，基于系统动力学的基本原理，圣吉用了 10 年的时间发展出了学习型组织的理论与实务。圣吉根据其切身体会谈到，"1970 年，当我进入麻省理工学院读研究生时，我已有如下的深切体会：人类目前所面临的大多数问题，是因为无法处理周遭日益复杂的系统所致。"① 可以说，正是 19 世纪和 20 世纪旧组织管理弊端以及新时代全球经济竞争的新环境及管理新趋势的逐渐浮出水面，最终催生了学习型组织理论。

自我超越、共同愿景、心智模式、团队学习以及系统思考，是彼得·圣吉打造学习型组织的五把利器。在本质上，这五项修炼都是聚焦于复杂环境中组织适应性效率的提升问题的。诺思已经发现"适应性效率"的关键在于"知识的充分、正确、协调运用及更新"，并指出需要一种"复杂的制度与组织结构"来解决这一问题，但他对于整合分散知识的"新的制度与组织连接"究竟为何物却语焉不详。② 学习型组织理论正好弥补了诺思适应性效率理论的这一不足。

何谓"自我超越"？事实上，所要超越的不是别的，就是那些因长期制度的

---

① 彼得·圣吉. 第五项修炼 [M]. 上海：上海三联书店，1998.
② 有学者引入"知识"范畴对诺思适应性效率做了新的界定：一个社会，由于其制度结构在应对不确定性的过程中通过不断引导变化着的个体行动模式而促进知识的充分、正确、协调运用及更新，从而呈现长期增长的趋势。这虽然准确指出了诺思适应性效率中空缺着的这一理论链条，但却并没有彻底完善它。

束缚而给人们造成的思维的狭隘、眼界的局限、精神状态的萎靡，就是要通过这种超越重新塑造原初意义上的具备有限理性并且不懈探索不确定性的"学习人"。唯有通过普遍性的"试错"，才能有效地分解风险并最大限度地提高成功应对不确定性的概率。正如圣吉所言："只有通过个人学习，组织才能学习"①，或如哈耶克所说："在芸芸众生之中，哪些人会对文明进化作出巨大贡献是由许多人们无法把握的偶然因素促成的。而我们事先并不知道，谁注定会成为这样的'幸运儿'。只有将自由给予所有的人，才会使少数人有可能充分地利用自由所提供的机会，才不会将对未来发展具有决定性意义的新思想和新事物扼杀在摇篮中。"② 显然，自我超越在某种意义上就是 CAS 理论的"适应性主体"。

为何要改善"心智模式"？这是因为制度性路径依赖的源头正是认知性的路径依赖，而认知恰恰对应着最为复杂的人类精神和心理。正如圣吉所说，"我们通常不能察觉自己的心智模式以及它对自己行为的影响。"③ 因此，只有从源头上改善人们的心智模式、突破"认知性路径依赖"，才能进而打破组织的制度性路径依赖，最终从根本上打破经济性路径依赖。

为什么要建立"共同愿景"？建立共同愿景的根本目的，其实和建立制度的根本目的是一致的，都是为了增强组织的有效性，也就是为了实现从"个体学习"向"团队学习"的惊险一跃。所不同的是，共同愿景主要是一种内在的力量、正面的引领、弹性的激励，目的是"和而不同"。显然，共同愿景实现了制度的规范性作用却最大限度地消除了其副作用。它事实上发挥着复杂系统"吸引子"的关键作用。

如何理解"团队学习"？尽管"没有个人学习就不会有组织学习"，但是"个人学习（并）不能保证组织学习"，因为这当中还有非常重要的一环就是"团队学习"。正如圣吉所言，"团队学习之所以重要，是因为团队，而非个人，

---

① 彼得·圣吉. 第五项修炼 [M]. 北京：中信出版社，2009：137.
② 哈耶克. 自由宪章 [M]. 北京：中国社会科学出版社，1998：11.
③ 彼得·圣吉. 第五项修炼 [M]. 北京：中信出版社，2009：8.

才是现代组织的基本学习单位。……除非团队能够学习，否则，组织是不能学习的"。组织的学习没有必要、也不可能复制历史上那种无数彼此孤立的人经过漫长时期、历经无数风险、经过残酷的自然选择而逐渐形成新的心智模式的路径，而应该在个体学习的基础上以有效的制度、巧妙的方法、自觉地并且迅速有效地"促进彼此学习得来的知识的充分、正确的协调运用及更新"①，这就是团队学习，也恰是适应性效率的核心。

"系统思考"为什么那么重要？系统思考是"第五项修炼"，同时也是彼得·圣吉最重视的一项修炼。某种意义上，系统思考就是学习型组织理论的灵魂，目的在于时刻提醒我们"整体大于局部的组合"②，避免出现类似的情境发生："我们总是把注意力集中在为系统的各个孤立组成部分拍摄快照上，然后纳闷为什么我们最深层的问题总是得不到解决"③。彼得·圣吉明确地说，系统思考是"整合其他修炼的修炼"。

（三）战争复杂性研究如火如荼

战争的复杂性问题，往往被归因于人类社会发展现阶段新战争要素即信息的融入与触发。然而事实却是，复杂本来就是战争的本质属性，它一直都与战争如影随形。除了"战争中的偶然性""战争中的迷雾""战争结果的不可重复性"等现象以外，战争复杂性的一个典型表现是：弱肉强食几乎被自然界奉为铁律，而在人类战争中则大量存在着"以劣胜优""以少胜多""以小胜大""以弱胜强"等类似的情况，比如美国在越南战争中的失败，比如第四次中东战争以军对阿拉伯国家的胜利，还比如中国的抗日战争、革命战争以及朝鲜战争等，都是其典型的战例。

战争之所以具有复杂性，不仅是因为战争具备一般复杂系统的共同特点，还

① 巫威威. "适应性效率"理论的研究与创新 [D]. 长春：吉林大学，2008：16.
② 彼得·圣吉. 第五项修炼 [M]. 北京：中信出版社，2009：13.
③ 彼得·圣吉. 第五项修炼 [M]. 北京：中信出版社，2009：7.

由于战争具备剧烈的对抗性、显著的时效性、超快的节奏性以及高度的风险性等一系列显著区别于一般复杂系统的特性。而最关键的一点则是，由于人本身即战争主体，亦即"战争并不是活的力量对死的物质的行动，它总是两股活的力量之间的冲突"（克劳塞维茨），战争各方具有自适应性或者战争双方具有复杂的相互适应性。也正因如此，正如世间没有两片绝对相同的树叶一样，即便给定相同的初始条件，战争也不会沿着同一个轨迹进行。完全可以说，由于人的思维及行为的复杂性，只要有人参与的战争，就不存在那种可以消除战争不确定性的技术上的可能性。这一方面解释了战争的复杂性，由于同样的原因，作为一门科学的战争指挥也被称为是一种"艺术"。

长期以来，由于认识的局限，在看待以及处理有关战争的问题时，人们多秉持着传统简单性的思维方式，总是设法把战争复杂性简化掉，把复杂性事物当作简单性事物来处理。这一思维方式不仅在机械化战争中达到其顶峰，甚至在信息化、智能化战争时代仍以有形无形的方式发挥着作用。事实上，即便是传统战争理论甚至古代战争理论，人们也已发现并意识到了战争的复杂性甚至还给出了精辟的总结。比如，克劳塞维茨曾断言战争是一个奇怪的"三位一体"，他强调指出，"在人类的活动中，再没有像战争这样经常而又普遍地同偶然性接触的活动了"[1]；我国古代兵学大师孙武也指出"兵形象水……兵无常势，水无常形，能因敌变化而取胜者，谓之神"，可谓"无穷如天地，不竭如江河"。[2] 这些都是先哲对于战争复杂性的敏锐洞察。

尽管人们早已发现了战争的复杂性特征，但战争复杂性受到广泛关注并得到深入研究的一刻迟至20世纪八九十年代才终于到来。之所以如此，一个原因是人类社会发展到了这个阶段开始逐渐进入信息化时代，信息要素的融入使战争越来越表现出前所未有的复杂性。在这个时候，再像过去那样试图简化掉战争的复杂性因素，试图把复杂性问题当成简单性问题来处理的做法已经不再具有可行

---

① 　克劳塞维茨. 战争论［M］. 北京：商务印书馆，1978：22.

② 　孙子兵法之势篇，计篇及虚实篇等.

性，这迫使着人们不得不正视战争的复杂性并去思考它、研究它；另外一个原因则是，直到这个时期，人类思维才终于能够逐渐摆脱传统简单性科学的束缚，进而提出了全新的复杂性理论并在多个学科领域得到拓展与印证。这样一来，一方面是新战争实践的迫切需求，一方面又具备了展开相应研究的理论工具，于是，自 20 世纪 80 年代以来并且一直持续到今天，在军事领域逐渐形成了一个把战争作为复杂系统来进行研究的热潮。比如，1996 年，美国国防大学与兰德公司联合举办了题为"复杂性、全球政治与国家安全"的研讨会，而早在 1990 年我国著名学者钱学森就提出了复杂巨系统理论并逐渐应用到了军事领域。目前，从理论角度看，东西方都普遍展开了复杂性科学应用于军事领域的研究并取得了长足的进步；而在实践层面，有关理论成果已经进入实际战争的层面并经受了战火的检验。值得一提的是，复杂性思想在西方主要是现代科学研究与发展的结果，而在以我国为代表的东方文化、哲学特别是兵学当中，早就体现、贯彻了复杂性思维方式。① 可以预见，随着信息日益深刻地融入人类社会，随着智能化时代的到来，战争已呈现出前所未有的复杂性；我们正处在军事理论大发展、大突破的前夜，而复杂性科学就是东方天际的那颗启明之星。

（四）人类精神的复杂性研究愈益深入

在很大程度上，一切社会活动的复杂性都根源于"人因复杂性"。人因复杂性当然包括人与人之间博弈时相互依赖、相互对抗又相互塑造过程中决策与行为之间的复杂互动，比如"囚徒困境"，但同样重要甚至更为重要的一点，是人类拥有"意识"，人的"意识"是以心理及其运行为基质、平台与机制的，而人类心理进而整体的精神都具有高度的复杂性。本质上，人际的复杂性是以人类精神的复杂性为重要基础和前提的。因此，随着认知科学特别是心理学的不断深入发展，对人类精神复杂性的研究越来越多、也越来越深入。比如，弗洛伊德的精神分析学、荣格的分析心理学、马斯洛等人创建的"超个人心理学"等，都从不

---

① 邬焜. 古代哲学中的信息、系统、复杂性思想 [M]. 北京：商务印书馆，2010.

同角度深入研究了人类精神的复杂性，并提出了许多富有启发性甚至带有颠覆性的理论观点。这些，既在很大程度上是复杂性思想的具体应用，对于复杂性思想本身也是一种印证。对此，后文还将进行具体阐释，此处不展开。

五、复杂性及其适应已成共识

从物理世界到生命世界，从生物种群到人类社会，从经济到政治，从文化到军事……放眼所见，复杂性无处不在。这种无处不在的复杂，既指称着客观规律，也包括了人的本性及思维。事实上，正如生活中复杂性现象普遍存在却常被忽视一样，在实践中，由于根深蒂固的简单性思维，很多人早已认知、接受甚至运用着复杂性，对其却并没有明确的理论自觉。所幸，人类精神并不是一直受限于这个"认知性路径依赖"，因为如康德所说，人类理性具有"反思性"，并且，从科学发展的角度讲，人类科学发展正在迈入复杂性科学的新阶段，从更大历史尺度看，简单性科学已完成其历史使命，复杂性科学的时代已经到来。

从根本上，复杂性科学的发展向我们昭示了一种新的复杂性思维。传统思维方式的主客二分结构下，主体即人已经先验地把自己与世界割裂开来，进而通过理性以一种对立的立场、审视的态度、确定性的求索以及控制性的目的、功利计算的方法等来对待万事万物，这种立场、态度、目的……等经由生存压力的驱动，集中反映为人的求强思维。求强思维不仅首先表现为如前所述人对自然的控制和征服，更自然地延伸到人类社会当中人与人之间以及由人所构成的不同组织之间。其中最为典型的，是霍布斯关于"人对人是狼"和"一切人对一切人的战争"的著名观点，以及霍布斯提出的两条人性公理：追求生存、权利和荣誉的自然欲望公理；恐惧死亡、向往和平的自然理性公理。当然其最为深刻的体现，还在于现代人心理中普遍存在的无意识压抑、人格危机等。求强思维在人的内在精神上，造成了某种程度的"分裂"；在人与自然关系上，造成了大自然对人类的报复；而在人类社会中，则不仅造成了人与人、组织与组织等之间的紧张关系，而且极大提高了社会交易成本：1+1是可以"大于"2的，但普遍存在的是"1+1小于2"的情况。更重要的是，地球发展史已经证明，强者未必赢得生存，在大尺度的历史视野中，历经考验最终生存下来的不一定是最强的，却一定是最具有适应性的；人类生活实践也一再地表明，在各个领域的激烈竞争中，以弱胜强并非罕事，以小搏大常有发生。究其原因，求强思维立基于确定性的环境判断，着眼于主客双方常态力量对比的理性计算，视角局限，反应迟钝，行为僵化，结果，当"强者"仍致力于加固"马奇诺"的时候，对手早已出其不意从另外的防线突破。而在复杂性的视域中，既然世界不再是"拉普拉斯妖"① 所设想的一个秩序井然的领域，而是扩散和凝聚、解构和建构等相反相成的复杂过程。世界充满着随机性、不确定性、偶然性，正是这些系统内外的不确定性因素，要求我们必须以一种新的思维方式去面对、应对、最终适应这个世界：不确定性、非决定性、随机性、偶然性等不能再被视为应予消除的"噪音"，而应成为领悟现实的不可消除、至关重要的一部分。这个新的思维，尽管可以从整体性、非线性、有机性、混沌性等多个不同的角度去解读，但最核心的，还是求强思维向求适思维的转变，前述"适应性效率"就是一个具体表现。总体来说，求适的复杂性思维，或许并没有那么"强"，或许并不一定非常具有"进攻性"，但它却一定是生存概率最大化的。

需要强调的是，"复杂性是一个提出问题的词语，而不是给出解决办法的词语。"这并不是说复杂性没有问题的解决办法，而是说世界本不存在那种抽象的、统一的、放诸四海皆准的所谓方法，更不能执着于任何一种特定的即便是曾经很好解决问题的方法。诚如一首禅诗所云："沿流不止问如何，真照无边说似它；离相离名人不秉，吹毛用了急需磨。"既然一切皆流，那就与时俱进。质言之，适应复杂性环境，必须采用复杂性方法。几千年前的《黄帝内经》中流传至今

---

① "拉普拉斯妖"是由法国数学家拉普拉斯于1814年提出的一种科学假设，认为，"我们可以把宇宙现在的状态视为其过去的果以及未来的因。如果一个智者能知道某一刻所有自然运动的力和所有自然构成的物件的位置，假如他也能够对这些数据进行分析，那宇宙里最大的物体到最小的粒子的运动都会包含在一条简单公式中。对于这智者来说没有事物会是含糊的，而未来只会像过去般出现在他面前。"

的一个理念就是，"上医治未病，中医治欲病，下医治已病"。某种程度上，复杂性方法更多的就是某种"上医"式思维，它首先关注的不是主客博弈的"针锋相对"，不是你争我抢的"外在超越"，更不是你死我活的"非此即彼"，而是以"自我整合"为基础，以"内在超越"为指向，以自身修养提升或者自组织、自适应性能力的增强为表现的一种生存方式。庄子云："得其环中，以应无穷"，唐司空图在《二十四诗品·雄浑》中说，"超以象外，得其环中，持之匪强，来之无穷"，都以某种方式展现了复杂性方法的精神意象与现实效用。

　　需要特别指出的是，战争是事物矛盾运动最激烈、最尖锐的一种形态，也是最能体现事物复杂关系及其发展变化的一个领域。因此，古往今来，凡是在军事战略与战争指导领域有所建树的，不论是中国古代的孙武，还是近代西方的克劳塞维茨，不论是理论研究的扛鼎之作，还是作战实践的辉煌战例，深究下来，或多或少都对军事复杂性有着深刻的认识和精妙的把握。在信息化时代以及正在到来的智能化时代，战争的不确定性特点愈益凸显，因此，战争指挥的科学与艺术也成为复杂性研究的重要内容。

| 第三章 |

复杂性思维是超理性认知的过渡形态

从前文已知，科学发展本身也日益发现了理性和传统认识论的局限，并自发产生着新的思维方式与新的认识论观点。比如，传统思维认为可以把科学思想建立在确定的基础上，但后来"找到绝对的基础的梦想由于在研究的过程中发现了不存在这样的基础而破灭了"①；比如，波普尔否定了归纳法的效用，认为"证实"不足以保证一个科学理论的真理性，科学性的特点在于"可证伪性"，科学理论都只是暂时的、尚未被证伪的假设；比如，哥德尔不完全性定理说明了任何一个形式体系必定包含某些体系内所允许的方法既不能证明也不能证伪的命题，逻辑系统内包含着先验的内容；还比如，科学发现测不准原理是微观世界的一个普遍原理，物理学家们把这一原理重新命名为不确定性原理；等等。于是，"逻辑学产生了裂缝。理性在……不安。基础的不确定性潜伏在所有的局部确定性的背后。没有确定性的基座。没有奠基的真理。"② 这就是复杂性科学的复杂性思维探索的出发点。从其发展趋向来看，复杂性科学的产生是科学发展正在突破理性边界的重要标志，复杂性思维与超理性认知是互相契合的，当然，复杂性思维本身，作为通达超理性认知的一个过渡形态，也需要得到进一步的拓展。

---

① 埃德加·莫兰. 对认识的认识 [M]. Seukl 出版社，1986：14－15.
② 埃德加·莫兰. 对认识的认识 [M]. Seukl 出版社，1986：15－16.

一、复杂性科学的产生是科学发展正在突破理性边界的重要标志

近代以来，科学与理性成为社会进步与发展的两大主要推手。即便是现代社会，科学与理性仍然是难以撼动的两大基石，以至于两者几乎成了同义语。事实上，回顾历史，科学与理性不仅并驾齐驱，而且相得益彰，两者之间客观存在着相互支持、相互强化的循环累积效应。比如，近代科学的迅速发展主要开始于17世纪，此一时期，理性的哲学奠基者笛卡尔的机械论自然观显然受到了同时代已趋于完善的机械技术的影响；同时，牛顿是近代科学的集大成者并且完成了近代科学革命，而牛顿所建立起的自然哲学体系也是建立在对笛卡尔思想批判地继承之上的。正是在科学与理性的相互加持下，主体至上、知性为自然立法、知识就是力量等理性观念深入人心，科学也被认为是人们了解和掌控自然的唯一方法，科学主义终于成为不容置疑的时代信仰，实体性、机械性、还原论、普遍性、确定性、有序性、线性、可逆性、可量化等思维方式，在人们头脑中深深扎下根来。

然而，随着时代的进步，源于生活实践的反思对科学思维的质疑从未停止，科学发展的前沿也不断在挑战理性的边界，从而使得科学与理性相互强化的链条正在逐步松脱、瓦解。其中尤为典型的，就是兴起于20世纪80年代的复杂性科学的勃兴及其所带来的方法论和思维方式的变革。基于复杂性科学，关于世界的关系性、过程性、有机性、不确定性以及非线性等思维越来越形成共识，人们忽然发现昔日所重视并秉持的许多必然性的观念不过是一种特例，以不确定性为代表的复杂性也是甚至主要的是世界的本质特征。而诸如"波粒二象性""薛定谔的猫""相对论""测不准原理"等科学的新发现，已经超出了理性的理解范围之外，甚至以爱因斯坦为代表的科学家们也现身说法，证实了许多科学的重大突破不是理性逻辑推理的结果，而往往源于"直觉""想象"甚至"梦境"等非理性或超理性的启示。其实，历史上因为固守理性的藩篱而导致错失重大科学发现

的案例也不乏其人。人们终于发现，与科学的复杂性转型相比，人类的传统认知方式即理性已经过时了。

其实，科学发展超出理性边界最为典型的案例恰恰就是关于"复杂性"这个概念的定义。迄今为止，仅科学领域内有关复杂性的定义已经从几十种发展至上百种，甚至霍根在《科学的终结》一书中戏称复杂性科学为"混杂学"，认为所有这些研究都已从复杂性走向了"困惑性"。某种程度上，"复杂性"这个词本身就代表了人类理性无法像过去那样，给相关的科学发现予以逻辑的观照这个事实。在本质上，这并不是因为复杂性科学发展尚不成熟，而是因为人类的认知方式已经落伍，亟待一场深刻的认知革命。莫兰指出，人类社会的现阶段并未达到黄金时代，同样也不是黄金时代的黎明阶段，而仍然只处在"铁器时代"。……我们仍然处于"人类精神的史前期"，……走出"全球的铁器时代"和"人类精神的史前期"要求我们以彻底复杂的方式思考。这并非危言耸听，而是实事求是。追根溯源，其根本原因，就是自以为高度文明化了的人类，其实仍然生活于狭隘理性的困境当中。那么出路何在呢？"只有复杂性思想可以使我们的认识文明化"。①"彻底复杂"的思考方式，一定意义上就是指的"超理性认知"。复杂性思维对于走出"人类精神史前期"并最终走向超理性认知具有不可或缺的现代意义。

二、科学推动下思维正以"复杂"的形式向超理性进化

所谓"一叶障目，不见森林"。理性不过是人类思维的一种方式，只是由于理性的简洁高效，使得人类对其偏爱有加直至长期受其蒙蔽。但是，当理性在复杂的现实中屡屡碰壁的时候，对其本身进行反思以及探索新思维方式的重要性就愈益突出了。也正是由于复杂性的现实挑战，简单性思维进而理性才开始了艰难的自我"革命"。于是，"汲取于复杂性理论的原则可能会宣告一种新的话语实

---

① 埃德加·莫兰. 复杂性思想导论 [M]. 上海：华东师范大学出版社，2008.

践，我们称之为'复杂性思维'。在我们看来，这种话语实践仍旧在形成之中，它将缓慢地被表达出来……"①。复杂性思维首先是一个思维内涵不断拓展或者新思维"定律"不断增加的过程。那么，复杂性的思维表征主要包括哪些内容呢？事实上，如莫兰所说，"复杂的东西不能被概括为一个主导词，不能被归结为一条定律，不能被化归为一个简单的观念。……复杂性不是能用简单的方式来加以定义并取代简单性的东西"②，我们其实是无法说出复杂性"是什么"的，我们只能从扬弃简单性范式的角度说出复杂性"不是什么"，并在此基础上隐喻其"是什么"。

迄今为止，对应于简单性范式，人类思维的复杂性转变正在从如下至少 6 个方面展开。第一，从线性思维到非线性思维③。复杂性科学揭示，世界运行带有混沌或潜在混沌性，一个系统中最小的不确定性通过反馈作用而得以放大，也有可能在某一分岔点上引起突变，使系统发生不可预测的惊人事件。因此，从本质上讲世界是非线性的，线性作用反而是一种例外。相对应的，非线性思维有两个层面的含义，一方面是指把思维对象作为非线性系统来识物想事的思维方式；另一方面是把思维过程（活动）作为非线性动力学系统来看待和对待的方式。④ 第二，从还原论思维到整体性思维。还原论思维是把自然现象还原为机械运动，把整体分解为部分来认识其构成和功能，但还原的每一步，实际上都是对整体、对过程、对复杂性的一种抽象和切割，都丧失着原有的部分关系和属性。复杂性理论认为事物归根结底是"自生"的，微观世界与宏观世界以"涌现"相连，这种"涌现"而产生的多层次性以及每个层次的特质，事先难以预测、事后不可还原；整体大于部分之和，整体也小于部分之和；部分存在于整体中，而且整体也存在于部分中。第三，从实体性思维到关系性思维。传统科学主要研究各个不同层次的客观物质的性质和状态，传统思维对事物的考察也总是从某一实体性的

① 小威廉・多尔，等．复杂性思维：存在于关系之中［J］．全球教育展望，2011（5）：3.
② 埃德加・莫兰．复杂性思想导论［M］．上海：华东师范大学出版社，2008：2.
③ 所谓"到"，不是指的"取而代之"，而是一种强调或侧重.
④ 苗东升．非线性思维初探［J］．首都师范大学学报，2003（5）.

事物出发,焦点聚集在实物上。但复杂性科学认为,世界是普遍联系的,系统是世界普遍联系的方式,亦即演化的单元并不是孤立的实体,而是由实体与其周围的环境要素所组成的一种组织模式、关系模式,从而使我们必须以一种关联性的思维来进行分析和考察。在这种相互规定和相互依赖中,关系者脱离了关系就失去其意义,部分也不能离开整体而独立存在。第四,从静态逻辑思维到动态过程思维。简单性范式将连续的运动轨迹分割为不连续的、静止的质点来看待,"一尺之锤,日取其半,万世不竭"的思想实验已经证明了静态逻辑分析的荒诞。复杂性科学认为世界在本质上是某种从混沌中产生出来的东西,是某种发展起来的、生成着的、未完成的东西。法国哲学家亨利·柏格森把这一过程表示为一种不可预测、不可重复、不断创造,因而新奇性不断涌现着的"绵延"即一种生成之流。英国思想家怀特海也认为世界是由性质和关系组成的有机体构成的,有机体具有内在的联系和结构,具有生命与活动能力,并处于不断的演化和创造中,这种演化和创造就表现为过程。第五,从机械论到有机论。简单性范式下,作为主体的人以跳脱自然之外的方式来观察"自然",于是,"自然"成为一个被动的、静态的、可以被控制、被观察的物件。这就逐渐形成了机械论的思维方式。为了获得精确性知识,机械论的思维用"奥卡姆剃刀"肢解自然;而为了综合这些知识,它又像蹩脚的裁缝那样去拼凑自然。机械论有其存在的价值及必要性,正如恩格斯所说,"为了了解单个的现象,我们就必须把它们从普遍的联系中抽出来,孤立地考察它们"。但同时他也说,"我们不要过分陶醉于我们对自然界的胜利,对于每一次这样的胜利,自然界都报复了我们。每一次胜利,在第一步都确实取得了我们预期的结果,但是在第二步和第三步却有了完全不同的、出乎意料的影响,常常把第一个结果又取消了。"①这一论断已被各种复杂性案例所证实。科学发现,自然界和人类社会一样,都是一个有机的、统一的生命之"网",从这个意义上说,地球上的每一个事物对于维持整个生态系统的平衡

---

① 恩格斯. 自然辩证法 [M]. 北京:人民出版社,1984:96.

都发挥着不可替代的功能，"盖亚假说"① 就是一个典型的代表。第六，从求强到求适。② 前文已述，简单性范式下，主体即人已经先验地把自己与世界割裂开来，并进而必然走向"一切人对一切人的战争"的求强思维。但地球发展史已经证明，强者未必赢得生存，活下来的不一定是最强的，却一定是最具有"适应性效率"的。从复杂性的角度看，不确定性、非决定性、随机性等不能再作为解释中应予消除的噪音出现，而应成为我们对现实的领会和认识中不可消除、至关重要的一部分。在这样的复杂背景下，我们必须具备一种新的"求适"思维去面对、应对、最终适应这个世界。

需要强调的是，尽管复杂性的思维表征标志着人类思维开始超出理性摆脱简单性，但本质上它只是复杂性现象在人类思维之上打下的烙印，或者说是人类理性所发现的复杂性规律，因此，毋宁说它仍然停留于简单性思维的宏观框架之下，还不能与超理性认知画上等号。为此，我们还需要对其进行哲学角度的分析解读。

三、复杂性思维的哲学观照

目前复杂性研究在一定程度上达成的共识是：复杂性代表了"一种既起源于科学又有哲学深度与广度的新体系"③，而复杂性思维则是这一体系的认识论主张。但是，我们赞同复杂性思维的哲学意味，但并不认为复杂性思维的渊源只是现代科学。事实上，复杂性这个范畴，从其直接的来源来说，是 20 世纪 80 年代以来系统科学的最新发展；但从其哲学的渊源来说，则与西方哲学的非理性主义传统密不可分。换言之，哲学层面的复杂性思维决不能简单理解为现代科学理论的哲学应用，恰恰相反，与科学史上哲学理论常常扮演着科学创新的启发者与推

---

① 盖亚假说的核心思想是认为地球为一个生命有机体，具有自我调节的能力，为了这个有机体的健康，假如她的内在出现了一些对她有害的因素，"盖亚"本身具有一种反制回馈的机能，能够将那些有害的因素去除掉。

② 张铁男，等. 企业战略的动态适应性范式以及研究方法 [J]. 商业经济与管理，2011（3）：28.

③ 洪晓楠. 复杂性科学与当代唯物辩证法 [J]. 安徽师范大学学报（哲社版），1998（2）.

动者一样，复杂性思维也是长期以来哲学对人类认知能力本质孜孜以求的必然产物。事实上，哲学层面的复杂性思维早于现代科学，并且，关于复杂性思维的哲学认知，还将对于科学的创新发展继续发挥重要的牵引与指向作用。因此，有必要从哲学的层面对复杂性思维进行更深入的讨论。

（一）非理性主义是复杂性思维的准备

或多或少，在前文关于复杂性思维的有关论述中，哪怕是在科学探索层面，我们都感觉到了某种非理性主义甚至神秘主义的意味。东方文化都"不语怪力乱神"，理性至上的西方文化自不待言。然而，从阿那克萨哥拉的"努斯"、柏拉图的"迷狂"，① 到康德的审美、叔本华的生命意志、弗洛伊德与荣格的"无意识"、尼采的"酒神"以及柏格森的"绵延"、维特根斯坦的"沉默"等，非理性主义在西方哲学史上不仅不是个例，甚至前后贯通形成了一条隐约可见的发展线条。这又为何呢？

事实上，西方两千多年的哲学发展史，尽管理性主义始终是其主流，但非理性主义作为附属也一直在对理性主义的批判中不断发展。并且，在黑格尔哲学使理性主义发展到其顶峰之后，自 19 世纪下半叶，非理性主义思想在叔本华之后也获得了极大的发展。甚至到了 20 世纪 60 年代末，在后现代主义运动中，非理性主义对传统理性主义的批判更为激烈并掀起了新的高潮，甚至出现了反理性主义观点。

所谓"存在即合理"，非理性主义的长兴不衰特别是其在现代社会的勃兴是有其客观原因的。总的来说，非理性主义源自现代社会运行中自然界对人类的报复、人性的压抑以及普遍性的精神危机，因此也有学者认为非理性主义是"精神危机的哲学"。对于这些问题，人们发现，不仅人类所崇尚的理性逻辑失去了它的力量，理性不再能提供为人类彻底解决问题的方法指南，而且深入的分析甚至还发现上述问题的根源就在于理性本身。

---

① 包括预言的迷狂、宗教的迷狂、诗性的迷狂、理性的迷狂。

针对理性的固有弊端，非理性主义发展出了一系列的对治性理论主张与思维方式，这些观点大都凸显人的情感、意志、本能，具有神秘、直观的意味。以柏格森的"绵延说"和"直觉观"为例。柏格森的理论直接源自对"芝诺悖论"与"阿喀琉斯追不上乌龟"的批判，认为其错误的根源在于通过理性把整体的运动分割成了孤立、静止的空间部分。进而，柏格森认为，宇宙一方面如同川流不息的长河，无时不在运动变化、渗透融合中，另一方面，宇宙又是一个巨大的生命体，充满着创造性和不定性，这是一个绵延着的与传统哲学观完全不同的世界存在。柏格森认为，理性的方法以逻辑推理为基础，在本质上是一种分拆和组合的分析方法，它首先把生成的事物静态化，并将其分解为已知的要素，之后又试图把空间中静止的这些已知要素连接起来重新构成运动。这本身就是悖论，因而根本认识不到运动、创造和绵延的世界本身。柏格森发现，只有通过"直觉"才能认识绵延着的世界。这里，直觉就带有强烈的非理性主义的性质。他说："我们把直觉叫作共感（sympathie），通过共感，我们置身于对象之内，以便与对象中那独特的、因而是无法表达的东西融为一体。"① 柏格森的直觉与本能有关，但不等于本能，超越了理性，也不排斥理性。总体上，这种方式具有"整体性""不可言喻性""超生命性"，由于直觉直接进入对象内部，不借助于任何中介而直接与对象"接触"，这样便直达了绵延的实在。需要说明的是，尽管作为"绵延的思"的直觉属于"人的本质力量"，但它也是一种需要训练才能形成的能力，因为平常人已经习惯于理性思考因而"无法随时随地展现直觉的能力，不能时刻感知绵延的实在，也无力经常体悟到生命的自由和冲动。"②

显然，以柏格森直觉方法为代表的非理性主义思维，作为理性主义的对治，它也与复杂性思维具有共同的使命。在此基础上，从时间的先后序列角度，可以把非理性主义看作为复杂性思维的哲学准备。然而需要强调，非理性主义并不能与超理性认知画上等号，非理性意在"否定""反对"，超理性重在"扬弃""超越"。

---

① 莫伟民，等. 二十世纪法国哲学 ［M］. 北京：人民出版社，2008：66.
② 张峰. 在本能与理智之间 ［J］. 武陵学刊，2013（9）：41-46.

（二）超理性认知是复杂性思维的指向

从上述考察可知，涉及复杂性思维的主要哲学观点均不同程度地带有非理性甚至神秘的意味。那么，是否可以把复杂性思维看作为理性与非理性的结合？并且这种结合也指明了其未来的发展方向？不能简单地这么认为。

首先，从复杂性科学的发展来看，如上文所述，复杂性的主要思维表征，如不确定性、非线性、动态过程性、不可还原性以及混沌、涌现性等，主要的都来源于系统科学的最新发展，是基于理性的科学探索成果给思维造成的直接影响。因此，严格意义上，思维的这些复杂性表征，并非人类思维品质的内在提升，而只不过是思维内容的拓展，是理性认知的科学规律。

其次，从复杂性思维的哲学渊源来看，尽管非理性主义包括后现代主义是复杂性思维的前身，但西方的非理性主义及神秘主义与东方文化的"天人合一"还是有着微妙而本质的不同。上文已述，在西方哲学发展的两千多年中，理性主义一直是主流，非理性主义一直是附属。更进一步，西方的非理性主义是附属于理性主义而存在的，是一种理性基础之上的非理性，同样是为了把握理性预定的目的即那种绝对的真理。在西方，可以找到比较单纯的理性主义哲学家，但几乎找不到完全非理性的哲学家。而且，"哲学"几乎可以和"理性"画上等号，而一旦谈及非理性，则会主要的与"神"有关且几乎和哲学无关了。质言之，如胡塞尔所说的，在西方，一切非理性哲学其实都还是理性的。①

可见，从其发生学意义上，不能把复杂性思维与非理性主义画上等号，因为归根结底它是理性之树上开出的花朵；当然也不能把复杂性思维等同于理性主义，因为毕竟其带有显著的非理性特征。如前所述，哲学对理性简单性范式的反思已经深入到了主客二分结构的假定前提，后文还将说明这种反思的指向是"后主客关系的天人合一"，既然理性不过是沟通主体—客体的桥梁，当主客二元结构已被超越，那么理性本身也就自然被超越了。因此，在这个意义上，与其说复

---

① 邓晓芒. 西方哲学史中的理性主义和非理性主义 [J]. 现代哲学，2011（3）：46.

杂性思维是理性与非理性的结合，倒不如说是它在本质上就是理性思维进而非理性主义的自我超越即"超理性认知"。某种意义上，"超理性认知"就是复杂性思维的必然发展指向。

复杂性思维既在西方哲学非理性理论中有着广泛的基础，但更在以"神秘主义"著称的东方文化中有着深刻的根源。于是在这里就必须要讨论并说明东西方文化中两种不同"非理性主义"或神秘主义的区分了。事实上，非理性主义从来就是西方世界基于理性的骄傲而对东方文化的贬义概括，而不是东方文化的自生范畴与自我认知。这是因为，非理性是与理性相对而言的，而东方文化中自来就欠缺西方意义上的理性传统，甚至正因如此，不少西方学者认为中国"没有哲学"。"没有哲学"或是"欠发达"的，但若一种文化在"没有哲学"的同时也"没有宗教"，那就非常耐人寻味了，而东方的中国正是如此。对比来说，西方世界同时存在着理性崇拜与宗教信仰这两个本来水火不容的精神现象倒是匪夷所思的。在西方，许多大科学家同时就是虔诚的信徒，比如近代科学的奠基者牛顿晚年就致力于神学的研究。与西方世界的这种"精神分裂"式生活相反，貌似中国人的注意力向来是聚焦于日用平常、水墨山水而不暇他顾的，中国人对于西方所谓哲学并不怎么在意，更谈不上严肃、虔诚的宗教信仰。何以两者有此截然相反的不同？这个问题其实也不难回答。对于西方文化，由于理性思维的固有局限，它连类似飞矢不动的芝诺悖论都无法解释，对于世界的本体自然也只能望洋兴叹，于是，理性思维主导的科学越进步，人们对于世界图景的困惑就越深刻，对于宗教的终极关怀就越渴望，这也就是为什么晚年的牛顿把研究的焦点聚焦在了那个神秘的"第一推动力"上。反之，在中国，"没有宗教"是因为不需要宗教，而"没有哲学"则是因为西方世界不懂得中国的哲学。在东方文化"天人合一"式世界观之下，所谓"天在内，人在外""民吾同胞、物吾与也"，人不仅不是世界的主体，人与万物也都是同胞同类的关系，人的价值与使命并不在于自我的实现，而是"参赞天地之化育"，因而，理性思维作为"主体"物欲向外驰求的工具，也就从根本上成了无源之水。对此，庄子"抱瓮汲水"的故事就是一个精彩的说明。事实上，中国哲学很早就明确了"为学日益"与"为道日损"的两种路向并自觉走上了"为道"的后者，并在此基础上发展出了一整套与西方文化迥异的思维方式、生活态度与价值观念。中国文化也曾发展理性，但从来不崇尚理性，甚至贬低、歧视理性进而科学，并因为同样的原因，从根本上中国文化是与宗教格格不入的。冯友兰说："人不一定应当是宗教的，但是他一定应当是哲学的。他一旦是哲学的，他也就有了正是宗教的洪福。"① 中国人正是这样的有着自己"哲学宗教洪福"的人。在这个意义上，不能把中国文化与哲学看作为所谓的"前理性"文化，东方智慧压根就是另外一种文化路向的。

在上文中我们指出了中国特有的哲学衍生出了一整套与西方文化迥异的思维方式、生活态度与价值观念，其实作为超理性认知前身的复杂性思维，就是其中的一部分。由于自来不重视理性，这些思维方式、生活态度、价值观念在西方看来并在西方语境中就只能是"非理性主义"以及"神秘主义"的，但这种以理性主义为内核的非理性主义的标签，与另外一种路向的中国文化的思维方式，却有着微妙然而本质的区别。同样的，尽管奇妙的天人合一也常常被打上"神秘主义"的印记，中国却并不存在宗教意义上的神秘主义。因此，中国哲学不仅不是所谓"非理性主义"，而且完全就是"超理性认知"。

正因如此，我们说，复杂性思维不是理性与非理性的结合，但很有可能是西方文化与中国文化的某种结合。对于这一问题，后文还将进行更为深入的讨论。

（三）复杂性思维尚未达到超理性认知

恩格斯说，"每一时代的理论思维，从而我们时代的理论思维，都是一种历史的产物，在不同的时代具有非常不同的形式，并因而具有非常不同的内容。因此，关于思维的科学，和其他任何科学一样，是一种历史的科学，关于人的思维的历史发展的科学。"② 的确，每个世纪都有自己的科技特征，每个世纪也都有属于自己的思想特征，思维范式的创新是人类社会文明进步的重要动力。在过去几百年里，简单性思维的确不失为看待世界的有效方式，它使复杂现象简单化，

---

① 冯友兰. 中国哲学简史 [M]. 北京：北京大学出版社，1996.
② 恩格斯. 马恩选集：第三卷 [M]. 北京：人民出版社，1972：465 – 466.

非线性问题线性化，作为认识事实某些层面的有用方法，它极大地推动了科学的发展，使人们对自然界从模糊的定性认识转变为精确的定量分析，以至于"通往诺贝尔奖的辉煌殿堂通常是由还原论的思维取道的。"但是，21 世纪，随着科技的进步与认识的深化，人们日益发现以简单性为核心的经典科学及其思维范式已经越来越显示出其致命的局限。事实上，"自然界不是存在着，而是生成着并消逝着"①，"客观世界并不稳定，它充满了解构和建构、发散和内聚以及复杂系统自我组织的内聚性进化、动荡、演化和令人震惊的事情"，② "因果性、确定性、决定性、稳定性、简单性这只是世界本质属性的一个方面，而概率性、不确定性、非决定性、动态演化性则是世界本质属性的另一方面，两者的互补与统一才构成了世界的真实图景。"③ 世界的复杂性不断地为人类所解读，人们的思维范式也越来越深地被打上了复杂性的印记：不断地"由关注简单性跃进到关注复杂性、从线性思维过渡到非线性思维、从还原论思维转向整体思维、从实体性思维演进到关系性思维、从静态思维走向过程思维"，等等。④ "I think the next century will be the century of complexity"（霍金）。的确，复杂性范式作为"一种既起源于科学又有哲学深度与广度的新体系"⑤，"宣告了科学思维的新纪元：表现在人类自身和人类社会中的进化达到了自我意识的纪元。"⑥ 人们乐观地预期，"（复杂性思维）将缓慢地被表达出来，鼓励我们开始超越天文望远镜式的、客观的现代主义的看问题方式。我们开始用不同的视角观看，聚焦于关系和互动，具有回归性，与差异进行游戏并且进行探究，注意直觉，容忍神秘和歧义，愉快地放弃确定性。"⑦

　　但是，在某种程度上，尽管复杂性思维对简单性思维的扬弃是一个巨大的进步，它本身却更多只是一种模糊的指代，或者一些反传统观念的统称。它否定了

---

① 恩格斯. 马恩选集：第三卷 [M]. 北京：人民出版社，1972：451.
② 吴彤. 复杂性范式的兴起 [J]. 科学技术与辩证法，2001（6）.
③ 颜晓峰. 20 世纪的科学技术发展与思维方式变革 [J]. 湖南文理学院学报（社科版），2003（5）.
④ 周学忠. 复杂性思想：开创人类思维范式新变革 [D]. 西安：陕西师范大学，2005.
⑤ 洪晓楠. 复杂性科学与当代唯物辩证法 [J]. 安徽师范大学学报（哲社版），1998（2）.
⑥ 欧文·拉兹洛. 进化——广义综合理论 [M]. 北京：社会科学文献出版社，1988：20.
⑦ 小威廉·多尔，等. 复杂性思维：存在于关系之中 [J]. 全球教育展望，2011（5）：3.

一些什么，却并未真正建立一些什么；它仿佛什么都包括在内，细究起来却又不知所云；它并非是指引式的，更多带有过渡的性质。究其原因，一个重要的方面是，复杂性思维主要诞生于科学的发展，而科学本身总体上仍然是理性的事业，它仍然以人类为主体和中心、以自然为对象、以语言范畴为基础、以逻辑演绎为工具、以"相对真理"为满足、以效用原则为标准、以资源的开发和攫为重要目的。就科学本身来看，它的确是卓有成效的。但科学的大厦再怎么宏伟华丽，也终究掩盖不了其地基的"沙漠化"、人在科技系统中的"工具化"，以及科学正日益把人类"掩护"到一个失真的假设系统世界中的事实。的确，科学的发展已经揭示了旧科学、旧思维方式的局限，但与新的科学所对应的新的思维方式仍难免科学本身带来的束缚。在历史上，科学是从哲学中分化出来的，并因其摆脱了哲学的约束而高歌猛进；在现时代，哲学迫于科学的压力越来越走近科学，而所谓科学式的哲学在科学面前也黯然失色了。但是，这并不意味着科学依然可以特立独行，科学本身的发展已经暴露了科学及其思维方式的弊端。同时，这也并不意味着哲学的消亡，科学可以反思科学式思维但却无法独自突破科学式思维，复杂性自身定义的"复杂化"就是典型例证。同样的，正因为哲学在很多时候"不太科学"，哲学才在真正意义上成为哲学并依然对科学及其思维方式发挥着澄清前提、划清界限的批判作用与归正方向、返本开新的指南作用。

莫兰曾指出，现代化以来的短短五百年间，人类急速破坏了成亿年累积沉淀而成的自然界财富，捣毁了人类的生活环境①。所幸，"生活世界"中的生活仍在延续，而"褴褛彩衣"遮盖下的现代人的思维仍然表现出了超理性的维度。经过与复杂性科学的对话，在复杂性思维基础之上，超理性认知向前迈出了重要一步。

---

① 高宣扬. 论莫兰的复杂性思想之"道"［J］. 跨文化对话（"关于复杂性思维的讨论"专栏），2012，1（29）：88.

四、余论

理性简单性思维至今仍指导着人类的科学实践与生产生活且卓有成效。但是，在赞美理性孤岛的时候，我们不能忘记了更为浩瀚的超理性海洋。更为重要的是，过去成功的不代表未来仍会成功，已经暴露出弊端的今天就要引起足够的警惕。在人类已经掌握前所未有物质力量的今天，人类思维的只能化程度还远远滞后。对于人类的命运而言，这种情况与其说是社会的进步，毋宁说意味着巨大的风险。因此，总体而言，人类精神与思维的提升才是发展的真正当务之急。

所幸，人类具有至关重要的反思能力，这在一定程度上保证了人类精神的持续进化。但历史的经验表明，常常在巨大的挫折面前，这种反思才会真正发生并真正发挥作用。复杂性思维在哲学中久已存在但迟迟未得彰显就是一个例证。考虑到人类发展面临的风险与威胁主要来自人类自身行为这一事实，哲学社会科学发展必须摆在科技创新与物质进步的前面。

然而现实中存在的事实却是自然科学"硬的不硬"、哲学社会科学"软的更软"。在一定意义上，哲学社会科学不强也是自然科学发展缓慢的重要原因，因为制度框架决定着科技创新与经济发展的绩效，而作为国家治理水平体现的制度平台则主要是由哲学社会科学发展程度决定的。在这个意义上，哲学社会科学发展也必须优先于自然科学。

一定程度上，自然科学属于简单性的范畴，而哲学社会科学则属于复杂性的范畴。简单性思维或许在自然科学领域仍能发挥一定作用，但作为人类精神之外化的哲学社会科学发展，则必须破除简单性范式，树立复杂性思维。而在理性简单性范式已然大行其道的今天，树立复杂性思维的前提不是别的，就是要加强哲学社会科学中对于复杂性理论的研究与阐发。

在中国研究复杂性理论具有得天独厚的条件，因为中国哲学本来就富含关于"超理性认知"的中国智慧，冯友兰立足于中西文化会通所提出的中国哲学"负的方法"就是一个典型代表。后文还将继续对此进行更为深入的讨论。

第二部分　超理性认知的综合考察

丨 第四章 丨

超理性认知的心理学探索 I：自我复杂性的 深度心理学分析

前文已述，我们观察的不是自然本身，而是自然向我们的探究方法所呈现的东西。因此，欲对外界万物进行观察，返观内照"探究方法"本身就首当其冲。中国文化主张，"心之官则思"。这就说明了为什么理性思维具有非本质性的根本原因：理性思维诉诸"头脑"，而"思"本身却是"心"的事业。这里的"心"不只是"心理"，甚至主要的并不在于心理，但由于心理是人类认知的机制与载体，"心"首先表现为心理。因此，思维是派生的，心理则带有本源性，对理性的超越，首先还需要从人类心理开始。换言之，如果说世界的客观复杂性是"所思"，那么思维着的心理本身即"能思"。一方面，"能思"之"如何思"已经在很大程度决定了"所思"在人类之思中的"映像"；另一方面，虽然"所思"之复杂性不难外向观察，但"能思"之复杂性则不易内在觉知。事实上，心理学的发展已经在无意识中发现了超理性认知的重要心理基础，这就是自我复杂性。尽管心理学的"自我复杂性"（Self–complexity，SC）理论尚不完善甚至还很粗略，但心理学的精神分析以及分析心理学派已在认识自我复杂性方面迈出了长足的步伐，并提供了深刻的启发。

一、"自我复杂性"理论开启了复杂性心理学的新阶段

"未经理性审视的生活是没有价值的"是古希腊哲学家苏格拉底的一句名

言。他认为，"善"是自然万物的内在原因和目的，具体到人身上，就是"德性"。德性是人的本性，但是人人都有"德性"并非指现实的拥有，而是潜在的拥有。换言之，人并不是生来就符合人的本性，只有在理性指导下认识自己的德性，才能使之实现出来，成为现实的和真正的"善"。所以苏格拉底以德尔菲神庙"认识你自己"的铭言为自己的座右铭，认为一个人只有真正地认识了他自己，才能实现自己的本性，并实现其生命的价值。与此类似，中国古代先哲老子也在《道德经》中说："知人者智，自知者明""胜人者有力，自胜者强"。认识自我的重要性由此可见一斑。

然而，由于自我的"复杂性"，认识自我的难度与其重要性成正比，古往今来认识自我一直是一个历久弥新的艰深课题。长期以来，人类的视野聚焦于外在的世界，作为个体的自我笼罩着神秘的"无知之幕"。现代社会，囿于众多的学科之见，自我也常被假设为单维度或单向度的"××人"如"经济人""政治人""社会人"等，①对自我的认识既谈不上全面更谈不上深刻，并由此导致人的整体即"社会"的发展也存在着种种弊端甚至病态。再没有什么比把丰富多彩、生机盎然的生命本身禁锢在某种机械冰冷的逻辑框架内更藐视和残害人性的了，以牛顿力学为代表的简单性科学及简单性思维就是典型的代表。在某种意义上，简单性科学所以长期大行其道，正是人对自我认识的狭隘视角所致。反过来，也正是因为简单性科学不断遭受新发现的世界复杂性本质的挑战，才逼迫着人类不得不去反思自我思维的局限。这种反思的本质和最大成果，就是从心理学和复杂性科学两个进路，对自我和世界复杂性本质的认识的不断深化。"自我复杂性"理论就是一个结合两者的重要代表。

自 1890 年詹姆斯（James）在其《理学原理》一书中首次提出"自我概念"（self – concept）一词之后，心理学关于"自我"的探讨不断深入。早期研究者与传统物理学的"原子概念"一样将自我看成是单一、紧致的实体，后来的心

---

① 20 世纪六七十年代西方管理学提出了"复杂人"假设，已经在很大程度上优化了人性假设，但还缺乏复杂性的科学支撑与理论自觉。

理学则逐渐聚焦于自我概念的内容和结构这两个基本属性上来，其中内容属性指的是个体对自我的描述和评价，结构属性则涉及自我概念的内容如何组织。越来越多的研究者认识到，自我概念的结构对个体的行为和情绪体验起着更为重要的调节作用，因而，林维尔（Linville）所提出的自我复杂性理论引起了广泛的关注。林维尔的自我复杂性的压力缓冲模型认为，自我是一个有组织的多维认知结构，涉及人们看待自身的方式，比如对自身的特质、角色、身体特征、爱好、能力等方面的看法，都是人们根据有意义的方式对自我进行组织的结果。这些看待自我的方式即"自我维度"（self aspect），相当于"亚自我"。人的自我概念中包含着大量这样的自我维度，个体在自我维度的数量及其"重叠"程度上不同，从而表现为自我复杂性的差异。如果一个人从较多的自我维度来思考自身，且这些自我维度之间的重叠性较少，则这个人的自我复杂性水平较高；而如果一个人从较少的自我维度思考或者自我维度之间存在着很多的重叠特征，则这个人的自我复杂性水平较低。高自我复杂性可以缓冲日常生活压力对个体的消极影响。

SC 理论在很大程度上推进了对自我复杂性的认识，特别是其在量化模型建构方面取得了较为明确具体的进展。最重要的，这一理论第一次从复杂性的角度对自我进行探究，从而为心理学研究引入了最新的研究视角和方法，当然也为复杂性理论拓展了其应用的领域。然而这一理论在受到广泛关注的同时也引起了不少质疑甚至批评，批评的指向既包括其具体的方法也包括模型本身。从心理学与复杂性科学的角度细究这些质疑或批评，我们发现问题的根源并不在于模型或某些测量方法本身，而在于多数心理学研究者仍然秉持的简单性思维。回顾心理学发展史，自其从哲学当中独立出来以后，心理学就一直致力于成为自然科学家族中的一员，科学主义逐渐占据了主导地位，而另外一条路线即人文主义心理学则沦为非主流。结果，"现代心理学不能解释什么是本质的人，而且，它所呈现的进展越大，事实上它就越远离心理学所应具有的目标。结果，现代心理学不仅毫无价值，而且实际上具有腐蚀性，它破坏了任何企图洞察人类行为的可能性。"①

---

① 保罗·凯林. 心理学大曝光［M］. 北京：中国人民大学出版社，1992：1.

甚至有学者总结现代心理学的理论缺憾与误区：一为意识模糊，二是人兽不分，三是心身混淆，在心理学与生物学混为一物的同时模糊了人的本质。①

随着反思的深入，现代心理学已经逐渐意识到，作为人类精神的一个关键节点，自我是不可能被某种逻辑或某个公式所界定的。这是因为复杂性的本义就是"没有限定"或者"无法限定"，复杂性追求的不是绝对的结论，而是模糊的近似。事实上，同属于人文主义心理学的大师弗洛伊德与荣格所开创的精神分析理论以及分析心理学，已经在很大程度上揭示了"自我"的复杂性本质。但即便如此，他们仍然对人类精神非常谨慎。正如荣格所说，"我如此尊重人类灵魂中发生的事情，以至于我不敢笨拙地介入其中，以免干扰或歪曲了这一默默发生的自然过程"，"心理学似乎既远未能理解其任务之庞大艰巨，也不明了作为其研究对象的心理所特有的错综交织、令人棘手的复杂本质。"② 莫兰也认为，"应该停止将人简化为'工匠'和'智者'。人……原本就既富理性，又富非理性。"③因此，使自我复杂性理论获得其真正的复杂性内涵，就有必要复归其哲学传统，借鉴复杂性理论，复归其人文主义进路，从深度心理学的层面，对自我的复杂性进行更为深刻的探究。

二、深度心理学对自我复杂性的深刻揭示

在心理学发展史上，产生于 19 世纪末 20 世纪初的精神分析理论被称为现代心理学的奠基石。一定程度上，精神分析理论的真正价值，并不仅仅在于对于自我的潜意识背景的深入分析，而是通过对潜意识的研究无意识揭示了人类精神的复杂性本质，从而开启了一个心理学发展的复杂性新阶段。根据弗洛伊德尤其荣格心理学的主要发现，结合复杂性理论，可以对自我复杂性做出更为深入全面的

---

① 潘菽. 潘菽心理学文选 [M]. 南京：江苏教育出版社，1987：231－241.
② 荣格. 象征生活 [M]. 北京：国际文化出版公司，2011：10.
③ 埃德加·莫兰. 迷失的范式：人性研究 [M]. 陈一壮，译. 北京：北京大学出版社，1999.

分析。

（一）自我是一个多元的整体，具有组分复杂性

　　潜意识理论是弗洛伊德创始的精神分析学说的核心和基石。严格说来，潜意识并非弗洛伊德首先发现的，然而弗洛伊德却是潜意识研究的开先河者。潜意识的发现，在人类历史上第一次奠定了深层心理学的理论基础，并彻底破除了传统的把自我假定为单一、纯粹、不可分实体的错误观念。概言之，潜意识是指人类心理活动中不能认知或没有认知到的部分，是人们已经发生但并没有达到意识状态的心理活动过程。潜意识的来源是多方面的，既包括人的意识所思考的一切，更包括人的梦境、本能、各种实践经历等。重要的问题在于，我们通常以为根据理性意识的判断所采取的言行，其实在很大程度上或者本质上是由潜意识所决定的。据言，弗洛伊德认为人的行为 70% 受潜意识控制，事实上按照他的"冰山理论"或"岛屿理论"，潜意识实际控制着绝大部分的人类行为。弗洛伊德对潜意识深存敬畏，认为潜意识像"一口本能和欲望沸腾的大锅""带有动力性和内驱性的一团混乱的力量并力求发泄"，并认为"本我过去在哪里，自我即应在哪里"。显然，由于潜意识深藏于意识阈限之下但又对意识发挥着事实上的影响甚至决定作用，作为外在表征的自我也不可能是清晰明确与单一抽象的。

　　弗洛伊德曾说：潜意识是精神生活的一般性基础，潜意识乃是真正的"精神实质"。然而使问题变得更为复杂的是，分析心理学家荣格发现，弗洛伊德意义上的个体潜意识（personal unconscious）并不是人的精神的最深层，在其之下还有一个更为广阔的领域——"集体无意识"（collective unconscious）。荣格认为，作为存在于人类心灵最深处、超越所有文化和意识的共同基底，集体无意识不像个体潜意识那样由本人曾经感受的经验构成，而是包含了人类往昔岁月的所有生活经历和生物进化的漫长历程。尽管"集体无意识不能被认为是一种自在的实体；它仅仅是一种潜能，这种潜能以特殊形式的记忆表象，从原始时代一直传递给我们，或者以大脑的解剖学上的结构遗传给我们"，但是"没有天赋的观念，

却有观念的天赋可能性。"① 也就是说，集体无意识"既是人类经验的储蓄所，又是这一经验的先天条件；既是驱力和本能之源，同时也是将创造性冲动和集体原始意象结合起来的人类思想感情的基本形式之源"。② 正如 20 世纪初社会心理学家居斯塔夫·勒庞（Gustave Le Bon）所著《乌合之众》里的场景：在特定的情况下，一群聚集的人会表现出全新的特点，那就是群体精神统一性法则。在群体之中，个体约束力往往显著降低，人们变得冲动、偏执、狂热、专横，容易屈从于各类暗示和煽动，而这种盲从和狂热会相互传染，最终造成人们丧失理性，陷入集体无意识之中，随之带来的可能是巨大的暴力和破坏。显然，集体无意识对自我意识也发挥着深刻的影响，勒庞总结道：集体无意识会磨灭所有个体的理性。

当然，荣格的集体无意识与勒庞有所区别。勒庞的集体无意识更多从宏观角度揭示了群体心理的失控现象和个体理性的盲从性，而荣格则主要深入挖掘了人类心理的底层基质，在意识与潜意识的关系上也更为积极与乐观。荣格认为自我意识对于潜意识并非无所作为的。根据荣格所做的试验，意识可以与潜意识进行某种意义上的"对话"，这个复杂的互动过程，既能够在某种意义上"调节"潜意识，也可以赋予意识以丰富的启发。总之，自我并非某种单一、纯粹的不可分实体，而是一个具有组分复杂性的多元整体；自我也并非我们通常所认为的那样运行于严谨的逻辑、清晰的思路、纯粹的理性之下，而具有事实上的混沌与涌现特质。正如莫兰所说的，"理性的病理学存在于合理化中，后者把现实关闭在一个逻辑协调的但是局部性的和单方面的思想系统中，并且不知道现实的某些部分是不能够合理化的，而合理性的使命就是与不可合理化的东西对话"。③ 我们将要发现，自我不仅具有组分复杂性，还具有交互的关系复杂性。

---

① 荣格. 论分析心理学与诗歌的关系 [EB/OL]. https：//www. docin. com/p－542985929. html.
② 尹立. 意识、个体无意识与集体无意识 [J]. 社会科学研究，2002（2）：64.
③ 埃德加·莫兰. 复杂性思想导论 [M]. 上海：华东师范大学出版社，2008：9.

（二）自我是一个交互的网络，具有关系复杂性

"在复杂性理论看来，每一个独立的主体都是一个复杂系统，两个主体之间就可以构成复杂性互动，三个主体之间就会构成高级复杂性互动……"。① 自我心理当中，"理性与情感"的冲突大概是出现频率最高的矛盾了，而正由于理性与情感相互关系的复杂性，自我意识也因此呈现出相当的主观性、不确定性、难以预测以及不可还原性等。事实上，在理性与情感冲突的表象之下，实际发生着的是个体心理中本我（id）、自我（ego）和超我（super-ego）之间复杂的交互过程。本我、自我和超我是精神分析学说在潜意识理论基础上提出的人格结构三分说。具体来说，本我是人类心理中最原始的部分，是内心深处本能和欲望的体现，是我们建立人格的基础，按照快乐原则行事；自我是从本我中分化出来的，代表着理性和机智，遵循现实原则，一方面尽量满足来自本我的各种原始欲望和需求，同时又要考虑到种种外在规范对本我不合理的冲动和欲望进行抑制；超我是人格结构中的理想化部分，处于人格的最高层次，它由良心和自我理想构成，遵循道德标准，是外界道德规范和行为准则的内化。本我、自我和超我三者关系相当复杂。通常情况下，只有当本我、自我和超我达到和谐一致时，人格才处于稳定健康的状态。但这种和谐一致经常性地遭遇威胁。一般来说，本我是心理能量的动力之源，超我则是标准严苛的道德法官，两者仿佛是对立的两极，形成一种内在的张力。正因如此，自我作为本我、超我的仲裁者，始终处于持续紧张的两难处境。弗洛伊德这样描述自我扮演的两难角色："有一句格言告诫我们：一仆不能同时服侍两位主人。然而可怜的自我却处境更坏：它服侍着三位严厉的主人，而且要使它们的要求和需要相互协调。这些要求总是背道而驰并似乎常常互不相容。难怪自我经常不能完成任务。它的三位专制的主人是外部世界、超自我和本我。"② 显而易见，就仿佛骑马者与马的关系一样，人格三分结构给"自我"

---

① 李东坡. 思想政治教育复杂性及其创新发展［J］. 教学与研究，2018（2）：36.
② 弗洛伊德. 精神分析引论新讲［M］. 合肥：安徽文艺出版社，1987：86.

带来了平衡冲突的难题，而现实的自我也正由此而陷入了理性与情感的永恒矛盾当中。

自我的复杂性不仅源于理性与情感的内在天然矛盾，还可从荣格所发现的"人格面具"（persona）中找到原因。"人格面具"是荣格首次提出并得到广泛应用的心理学概念。在《原始意象与集体无意识》一书中，荣格对人格面具做了如下阐述："人格面具……是个人适应世界或以他认为所该采用的方式以对付世界的体系。……可以稍加夸张地说，人格面具实际上并非戴面具其人，但其他人甚至连自己都认为该面具即是其自己。"因此，人格面具可以理解为"个体因适应外界而隐藏真实个性以将最好的特质呈现给外界的工具，主要强调个体在戴面具的过程中所引致的内外不一致的非单一个性"。[①] 在这里，"面具"并非贬义词，它就像人与社会交互的"润滑剂"，其最大的功能是通过对自我言行的调控与设计，使个人与环境的关系趋向协调。人格面具不仅能使个体通过心理防御机制来缓冲高强度的心理负荷并适应社会，也是人类更好地适应团体与社会生活的基础条件。某种意义上，人格就是一个人所使用所有面具的总和。因此，自我成长的重要目标之一，就是通过人格面具的多样化来实现对外界环境的适应。然而，人格面具的存在和运用也有诸多副作用。第一，由于"呈现的人"并非"真正的自己"，故人格面具往往成为真正自我的"牢笼"，从而不断在个体潜意识当中郁积负能量，这种负能量的隐性干扰，会造成自我意识的不平衡性，不仅使之难以保持稳定的常态，甚至会产生心灵创伤与"人格分裂"；第二，由于外界环境的多样性，故自我心理中存在的多样化人格面具之间也存在着微妙的相互关系。比如，面对同一事件，自我内心发生的根据不同人格定位而应采取的不同角色表现之间的冲突，也会令自我左右为难。显然，这里不仅存在前述理性与情感的单一矛盾，更会有不同道德标准、不同理性尺度、不同身份立场、不同情感波动等相互交织的许多复合型关系，这就使人类心理从根本上就具有了理性难以理解更不用说规范、掌控的特质。

---

① 郭品希. 荣格人格面具思想探究 [D]. 上海：华东理工大学，2011：3.

（三）自我充满着自主性"情结"，具有生态复杂性

精神分析理论的核心概念是潜意识。那么，潜意识又是由什么构成的？弗洛伊德主要通过释梦来认识潜意识，而梦境的典型特点就是混沌与复杂。相比而言，荣格分析心理学的"情结"（complex）更有说服力且容易验证。荣格的情结是在大量的字词联想实验中发现的。他发现，过去常被当做实验失败对待的被试者对某些特殊字词反应不畅的情况并非偶然，而是因为那些特殊的字词如同"扳机"一样触发了被试者潜意识中的某些特殊"群集"，因而扰乱了正常的联想过程。因为"扳机"触发"群集"的过程常伴随着强烈的情绪和情感体验，荣格就用情结来描述类似现象。在这里，情结主要是指"由个人某些隐私事件所引起的思想和情感的群集"，用以指代个人无意识中对造成意识干扰负责任的那部分自发的无意识内容。荣格曾用一个形象的例子来说明情结：我们可以把人类精神想象成一个类似于太阳系的三维空间。自我意识就是地球、大地和天空，地球周围布满了各类星体，这一空间就是无意识，而那些星体就是当进入宇宙空间时首先会遇到的对象，这就是情结。分析心理学认为情结的产生既有与生俱来的内因，又有后天经验所提供的外因，特别是一些对个体具有特殊意义的事件比如创伤，荣格也曾指出情结可能是基于"人类终究无法成为完人的道德冲突"而造成和触发的。

正是因为情结构成了潜意识，自我意识充满着复杂性。荣格有一句名言就是，"人们都知道可以拥有情结，然而我们并不知道，理论上也更为重要的是，情结也会拥有我们"①。研究发现，情结虽潜存于潜意识当中，但却带有一定的能量，并且具有内在性、相对独立性、自主性、情绪黏结性和动力性。因此，情结作为一个具体而微的人格结构，它本身构成了一个独立的人格子系统，可被视为"人格断面""次级人格"或"人格碎片"（personality fragments）。因其属于

① Jung C G. A review of the complex theory：collected works of CG. Jung（vol, 8）. 2nd ed. Princeton University Press，1971. 96.

"人格"，情结也潜在地构成自我并以不为意识明确觉察，某种程度上无法控制，受其自身机制推动，同时伴随着强烈情绪、情感的方式而现实地发挥作用；同时，因其属于"碎片"，情结也往往带有"第二个自我"或"人格分裂"的特性，因而常引起意识不同程度和不同时长的波动，这个波动过程是一个能量释放过程也是一个能量消耗的过程。因此，当某种偶然机缘触动情结爆发的时候，自我的理性常因情绪、情感的波动而体验到某种程度上的"失控"感（削弱或增强），直至被情结俘虏而产生非理性的决策与言行。由于自我潜意识中情结众多，且情结具有自主性、动力性和情绪黏结性，故情结之间也以复杂性方式相互关联，这就构成了一个类似生态群落的复杂网络。这个情结之网，就是自我复杂性的深层根源。

显然，正如我们拥有生活同时生活也拥有我们一样，自我拥有情结的同时情结也拥有着自我。因此，尽管情结表示存在着某种不协调的、未被同化的潜在对抗性事物，但情结的作用是可转化的，也许它是一种障碍，但也是一种做出更大努力获得新成就的诱因。这同时意味着，我们通常所强调的"自我"是非常狭隘的（荣格认为"自我"也是某种"情结"），事实上人格的内涵远比"自我"更为丰富而复杂，因为人格包含了远远超出意识理性之外的无意识内容，这是"我思故我在"的理性原则所不能覆盖或尚未言明的。

（四）自我的原型冲动呈现非线性涌现特征，具有动力复杂性

分析心理学发现，正如情结构成了个体潜意识，原型（archetype）构成了集体无意识，同样，正如情结造成了个体潜意识的复杂性，原型也在更深层次决定了集体无意识的复杂性。

前文已述，集体无意识主要是指在漫长的历史演化过程中世代积累的人类祖先的经验，是人类必须对某些事件作出特定反应的先天遗传倾向。与个体潜意识不同，集体无意识既是先验的，也是超验的。荣格经过对大量历史素材的研究以及长时间的切身体察，发现了集体无意识的主要构成就是原型。在荣格看来，原

型是一切心理反应的普遍一致的先验形式，这种先验形式是同一种经验的无数过程的凝缩和结晶，是通过大脑遗传下来的先天的心理模式。① 荣格特别强调，"它并非来源于个人经验，并非从后天中获得，而是先天地存在的。"② 原型作为集体无意识的载体，它不能为具体的个体所意识、所描述，要对原型有具体的理解必须借助于原始意象。荣格指出，"它们只是原始素材，为了取得一种意义，这些素材必须首先被翻译成当今的语言"③。这种内在意象被翻译成特定时代语言的过程就是象征，象征的实质是一种投射，象征把无意识意象结合到意识之中，这就是通过象征性投射与无意识原型沟通的过程。由于原型的象征表现和形象化表述就是意象，因此荣格认为，人的无意识心理是一个意象世界，它们不断形成象征，并在人类文化中表现出来。

　　一方面，在哲学的角度，原型类似于柏拉图的"理念"和康德的"范畴"，是一种"天赋可能性"；但与此同时，在心理学的角度，原型又绝对不限于纯粹的理性形式，而是对幻想、直觉、情感、思维等一切心理活动起着一种看不见的影响和"规范"作用。与情结——自我"相互拥有"的关系不同，我们的确"拥有"原型，然而原型更从根本上"掌控"着我们。这种"掌控"在艺术创作中表现得最为淋漓尽致。在《论分析心理学与诗歌的关系》中，荣格生动地描述道，"他被洪水一般涌来的思想和意象所淹没，而这些思想和意象是他从未打算创造，也绝不可能由他自己的意志来加以实现的。尽管如此，他却不得不承认，这是他自己的自我表白，是他自己的内在天性在自我昭示"；由于原型是"同一类型的无数经验的心理残迹"，"每一个原始意象都有着人类精神和人类命运的一块碎片，都有着我们祖先的历史中重复了无数次的欢乐和悲哀的一点残余，并且总的说来始终遵循同样的路线"，荣格也特别指出了无意识原型被触发后常伴随的一种类似于情感、常触发情感却又超越情感的"激动我们的力量"：

---

① 朱立元. 现代西方美学史［M］. 上海：上海文艺出版社，1996：389.
② 荣格. 集体无意识的原型［M］//荣格文集. 苏克，译. 北京：改革出版社，1997：39－40.
③ L·弗雷－罗恩. 从弗洛伊德到荣格［M］. 陈恢钦，译. 北京：中国国际广播出版社，1989：93.

"就像心理中的一道深深开凿过的河床，生命之流在这条河床中突然奔涌成一条大江，而不是像先前那样在宽阔然而清浅的溪流中漫淌"；"一旦原型的情境发生，我们会突然获得一种不寻常的轻松感，仿佛被一种强大的力量运载或超度"；"……情境的瞬间再现，是以一种独特的情感强度为标志的。仿佛有谁拨动了我们很久以来未曾被人拨动的心弦，仿佛那种我们从未怀疑其存在的力量得到了释放"。① 原型的形式对人类造成的这种特殊的情感影响，荣格称之为"自主情结"。因为"创造"常常带有某种艺术性，"自主情结"并不单单局限于艺术家，而是深深地根植于我们每一个人的内心里。② 另外，在上文所述《乌合之众》里的场景中，我们也仿佛看到了另外一种原型支配下的自主情结。总起来说，自主情结与个人情结不同。一方面，自主情结是不能被个体意识到的，"它是一种心理的分化物，独立地生活在意识的系统之外"；另一方面，自主情结是一种人格核心的或生命最深邃的本能冲动，具有强大的深层无意识能量。因而，自主情结的存在使得自我意识存在着深刻的动力复杂性，动力复杂性说明理性在自我认识过程中甚至只是处于非常不重要的位置。

（五）自我人格成长是一个自性自组织过程，具有过程复杂性

在日常生活经验中，意识自我是整个心理的中心。然而荣格却说：自我是地球，自性是太阳，自性化就等于是日心说③。自性是荣格人格心理学的核心，"自性"的出现使自我变得更为复杂。简言之，自性并不是一个实体，而是一个作为原型存在的、指向精神整合的人格组织原则。也可以说，人类精神中事实上有两个"自我"，分别是意识自我（ego）和原型自我（首字母大写的 Self）。荣格认为，人的精神或者人格，尽管有一个成熟、发展过程，但它一开始就是一个整体，并且在发展过程中始终自发地指向统一、和谐、稳定的整体性，而人格的

---

① 荣格. 论分析心理学与诗歌的关系 [EB/OL]. https：//www. docin. com/p – 542985929. html.

② 参见 http：//blog. sina. com. cn/s/blog_ 4d9ab3e70102xnwo. html.

③ 荣格. 分析心理学的理论与实践 [M]. 北京：三联书店，1997.

成熟就是自性的充分实现，也就是"自性化"。自性化是一个内在的自组织过程。

表面看来，两个"自我"截然相反。事实上，自我和自性是一而二、二而一的关系。在荣格看来，人类精神包括意识与潜意识，意识先于自我而产生。在人的成长过程中，内外世界的冲突促使自我觉醒，随之在不断的"冲突"中，自我作为一个情结逐渐被"赋能"并发展壮大，渐至成为意识的中心。在《伊涌》一书中荣格对自我界定如下："它仿佛是构成意识场域的中心，就它构成经验人格这个事实而言，自我是所有个人意识作为的主题。"① 也就是说，意识作为"场域"涵盖了我们称之为"经验人格"而被觉知到的内外世界，而自我则处于意识的中心，指的是个人拥有的一个展现意志、欲望、反省和行动中心的经验。然而，与此同时自我具有一种先天的遗传取向，会偏好某种特定类型的态度与功能组合，这是因为"自我一方面立基于整个意识领域，另一方面也立基于无意识内容的综合"②。显然在这里，"自我在哪里，自性也在哪里"。因此荣格指出，"只有自觉认同内心的那个声音之力量的人才能获得人格"，他更提醒到，"如果一个人不遵从他自己的法则，因而不能获得人格，那他将无法实现自己生命的意义。"③

重要的是，尽管自我与自性是天然统一的，然而自我与自性并不自然和谐一致。也就是说，自我本来就是"意识中的一个客体"，自我本质上是一个"情结"，在以意识与无意识的博弈形式体现的个体与世界的冲突中不断发展。这意味着作为意识与无意识全体的自性事实上是人格的中心，具有高于自我的地位，体现着更高的价值。这也意味着自我的发展本质上是心理的发展，心理的成熟程度取决于意识与无意识的互动状况。但是，尽管对于自性来说自我必须对之开放，但由于自我固有的局限性，自我的需求、意愿、价值和目标常常与自性不相符合，并且由于自我保护和防御机制等的作用，自性经常遭到压抑。由此可见，

---

① 王新生. 论荣格心理学中的"自我"概念 [J]. 黑河学刊，2011（7）：29.
② 王新生. 论荣格心理学中的"自我"概念 [J]. 黑河学刊，2011（7）：29.
③ 郭品希. 荣格人格面具思想探究 [D]. 上海：华东理工大学，2011：10.

自我与自性的统一是作为一个原则、一个趋势、一个过程而存在的。它说明了自我心理的成长方向，以及自我人格的"至善"标准。也正因为自性是原则、方向和标准，自我能否做到内在心理和谐、能否形成现实健全人格，归根结底是由"自性化"的程度所决定的，而自性化本质上就是意识自我与无意识原型不断地积极互动和沟通交流。

总之，自性其实是一种体现于个体身上的人类全部潜能及人格整体性的一种原型意象。"人生最终目的是在于个体化的完成"，亦即，每个人都与生俱来一个天赋的使命，那就是不断通过"自性化"的人格整合过程成为真正的自己，即一个人的环境所允许的最为完满的人①，并在此基础上，"进一步去寻找更清楚、更深层的生命意义"。但是，这一自性化过程必然面临一个挑战，那就是汪丁丁所谓在生命个体出生起即发生的"双重历史性"（特定时刻个人在人类全部先天性质分布曲线上的位置、特定时刻个人在人类社会全部性质分布曲线上的位置）的矛盾，每个人双重历史性的契合程度决定着个体能否合理吸纳集体无意识的精神能量。② 显然，"自性化并不是与世隔绝，而是聚世界于己身"，并且，这一"双重历史性"的会合与平衡情况是因人、因时、因地而异的，是一个动态发展的复杂过程。自性与自我互动复杂性的一个典型表现是荣格用"共时性"所表征的"非因果性质的有意义关联"。

复杂性的一个典型特征是"区分而不分离，结合而不同一化或还原"③。自我亦是如此。总之，人的无意识精神背景是一个自性化主导、原型支配着的情结网络，并由此而再生了整体的"情调"。由于情结具有同化联想的群集效果（凡

---

① 荣格定义一个人的"自我"朝向"自性"的转化过程为"个体化过程"（individuation process），意指一个人的人格整合过程，或自性的发展过程，也是一生当中意识与无意识的整合并逐渐迈向彻悟的过程。换言之，也就是导向能对全体觉察的心灵发展过程，寻求更高意义的探索，以成为他（或她）的真正自己。犹如禅宗的"觉悟"与"明心见性"，一个在自性化的道路上走得越远的人，内心就越和谐，从而就越能带给这个世界和谐和幸福。因此，理解自性化以及如何实现人的自性化发展，对于每个个体而言意义都十分重大。

② 汪丁丁. 意识、无意识、集体无意识——儿童教育政治学之十 [J]. IT 经理世界，2013（13）.

③ 埃德加·莫兰. 复杂性思想导论 [M]. 上海：华东师范大学出版社，2008：9.

不适合于情结的东西都一眼掠过，而适合于情结的便被吸收集合起来），具有积极活跃的功能，具有强大的内聚力和高度的自主性，情结作为精神整体结构的单元，是精神生活的焦点和动力。随着情结的扰动，整体情调的主旋律会产生涟漪或者相应的变调，从而产生特定的心理体验，并为显在的理性思维提供能量背景和动力驱动。由于它富有智慧启发甚至价值指引，它只在非常有限的程度上接受意识心理和理性逻辑的控制，因此，从本质上来说，自我是一个典型的复杂性系统，这个系统根本就是"超理性"的。

三、自我复杂性是超理性认知的重要心理基础

康德曾说："有两样东西，愈是经常和持久地思考它们，对它们历久弥新和不断增长之魅力以及崇敬之情就愈加充实着心灵：我头顶的星空，和我心中的道德律。"正如同向宇宙的探索没有止境一样，对自我内心的省察也是一个难以穷尽的过程。随着时代的发展，人们在世界的复杂性和人类精神的复杂性方面越来越达成共识。如管理学提出的"复杂人"人性假定，如经济学家亚当·斯密在《道德情操论》中强调的"心中的那个居民、内心的那个人、判断我们行为的伟大的法官和仲裁人"，等等。作为专门探究人类精神意识的学科，心理学研究不仅提出了"自我复杂性"这个至关重要的范畴，而且其精神分析理论和分析心理学等流派也已对自我复杂性进行了深入的探究，并提出了许多富有启发性的真知灼见。尽管心理学还有着偏爱实证、执着"规律"、求解"公式"等带有简单性色彩的科学主义倾向，但心理学更有着悠久的哲学和人文主义的传统。诚如复杂性科学所揭示的，承认世界的复杂性并不是对简单性的否定，而只是对其超越。心理学发展也是如此，我们诚然希望开启一个复杂性心理学的新时代，我们当然并不否认科学主义所独有的优势。所谓"以道驭术"，科学主义与人文主义的结合，应当是心理学复杂性转型的第一步。

回到自我复杂性这个核心议题上，应该承认，一旦具体而微地考察心理这个

对思维具有内在决定性的内部存在人类机能，我们就会发现它几乎是我们所认知的所有事物中最复杂性的。心理学已经证明，作为人类精神的一个关键节点，我们所熟悉的"自我"是不可能被某种逻辑或某个公式所界定的。在理性这种典型的西方式思维和认知方式之外，还存在着与之迥异甚至"背道而驰"的另外一种"超理性认知"。这是因为人类深层心理是由许多不易觉察的情结和原型共同融汇、交互而形成的"情调"，带有"区分而不分离，结合而不同一化或还原"的典型复杂性①，比如荣格所说的"共时性"不仅跨越了心理与物理的鸿沟，事实上也已超越传统心理学范畴进入了中国文化意义上的"心学"领域。这就使得表面看来清晰简洁的思维事实上具有深刻的不确定性和涌现性。在传统思维中，这是难以理解的。在心理学探究中，这又是客观存在的。正如莫兰所说，"心理学似乎既远未能理解其任务之庞大艰巨，也不明了作为其研究对象的心理所特有的错综交织、令人棘手的复杂本质"②；"应该停止将人简化为'工匠'和'智者'。人……原本就既富理性，又富非理性。"③ 总之，人类对心理复杂性的探索让我们开始接近超理性认知的深层本质。

　　审视现实，我们真正担心和世界迫切需要解决的问题并不是理论的困难，而是人类理性的路径依赖甚至恶性循环式的加速膨胀。这种加速膨胀，不仅内在地导致了普遍性的幸福感缺失、心理失衡、抑郁焦虑、精神异化，而且外在地招致了大自然的无情报复以及人与人、族群与族群、集体与集体之间的紧张、对峙、分裂甚至斗争。人类已经前所未有地掌握了物质性力量，但人类精神的发展或许仍处于幼年时期。莫兰告诫我们："理性的光明似乎把迷信和蒙昧压制到了精神的最底层。但是在各处，谬误、无知和盲目跟随我们的认识同时进展"④。莫兰深刻指出，人类社会正处于"思想的未开化纪元"，"我们正处在建立一个复杂性范式（超理性认知——著者）的开端……这并不是某个思想家个人的任务，

---

① 埃德加·莫兰. 复杂性思想导论 [M]. 上海：华东师范大学出版社，2008：9.
② 荣格. 象征生活 [M]. 北京：国际文化出版公司，2011：10.
③ 埃德加·莫兰. 迷失的范式：人性研究 [M]. 陈一壮，译. 北京：北京大学出版社，1999.
④ 埃德加·莫兰. 复杂性思想导论 [M]. 上海：华东师范大学出版社，2008：3.

而是各种思想汇集在一起的历史使命。"① 毫无疑问，这一使命的完成，心理学理论责无旁贷，自我复杂性对超理性认知心理基础的揭示是首要的。"眼前的现实与实现这一希望之间还有一条鸿沟，……我们必须一块石头一块石头地把这座桥梁建起来"②。

---

① 埃德加·莫兰. 方法：思想观念［M］. 北京：北京大学出版社，2002：266.

② Jung C G. Problems of modern Psychotherapy：collected Works of CG. Jung（vol，16）. 2nd ed. Princeton University Press，1971：75.

| 第五章 |

超理性认知的心理学探索 II：自我复杂性的超个人心理学分析

心理学不仅有"深度"，也有"高度"。如果说深度心理学主要从人类心理的深层存在探索了超理性认知的底层机理，那么"超个人心理学"则主要从人类心理的未来发展指明了人类认知事实上遵循着"前理性—理性—后（超）理性"的进化路径。超个人心理学对于自我复杂性的深刻揭示，说明了超理性认知的第二个重要的心理基础。

一、超个人心理学达到了心理学发展的新高度

正如同哲学把"我是谁，我从哪里来，我要到那里去"作为其追问深思的一个根本问题一样，对于西方心理学，其实也一直有一个"灵魂之问"在推动着它的发展并衡量着它的发展水平，这就是"人的思维可以认识自己吗"？在行为心理学那里，在精神分析学那里，在人本主义心理学那里以及在其他各种心理学那里，这个问题都没有得到回答或者根本就没有触及。但是在超个人心理学这里，基于它对人类意识的深刻觉察，这个问题在一定程度上得到了回答。从这个意义上，可以不夸张地说超个人心理学达到了心理学发展的新高度。当然，这里的心理学仅限于狭义上的西方心理学，而并不是指中国的"阳明心学"、释家的"唯识论"等诸如此类的理论或学派，这是因为西方心理学之所以能够发展到前所未有的新高度，并不是因为别的，就是因为它的发展融入了许多后者的理念、

观点、元素。

（一）作为"第四势力"的超个人心理学

1968 年，萨蒂奇在《人本主义心理学杂志》上发表了一篇论文：《超个人心理学：一支正在出现的力量》，宣布了超个人心理学的诞生；1969 年 6 月，由萨蒂奇任主编的《超个人心理学杂志》正式创刊；1971 年超个人心理学会正式建立。单纯从显在的学派创立角度讲，一般认为超个人心理学是从人本心理学中分化出来的心理学的"第四势力"。这个"第四势力"是自封的，但它完全当得起这个评价。在超个人心理学看来，行为主义是心理学的第一势力，精神分析是第二势力，人本主义是第三势力，超个人心理学则是"第四势力"。其中，主张不应研究意识、只应该研究行为，而且认为全部行为包括心理活动都可还原为物理、化学变化的"第一势力"即行为主义心理学，因其理论的"超级简单"已被大部分人所抛弃；而"第二势力"即弗洛伊德的精神分析学，虽然深刻揭示了意识阈限之下的个体潜意识，但由于弗洛伊德把心理活动归结为狭义上的"力比多"，并对人类意识持一种总体上的悲观态度，也饱受世人诟病。至于"第三势力"即人本主义心理学则较为复杂。一方面，人本主义心理学通过对行为主义物化论和精神分析本能论的批判，成功实现了对健康人性与自我价值的回归，使心理学由非人性化过渡到人性化，其理论和实践意义都是巨大的；但另一方面，随着时代的发展，建立在马斯洛"需求理论"基础上的人本心理学偏于个人本位与自我中心，这就使其自我实现的理想受限于"小我"的约束而难以说明人类的更高精神需求，比如不足以诠释人类为真理而献身的崇高精神和行为，这就使传统主流心理学陷入了困境。

20 世纪 60 年代，马斯洛在其晚年发现了上述困境，为此他对其需求理论进行了修正，提出了第六个层次即"最高需求"（超越性或灵性需求），并以此为基础提出了"超个人心理学"的概念，开创了心理学"第四势力"，以弥补从个人出发追求人的价值的动机论的不足。正如马斯洛所说，"我视第三势力心理学的人本思潮只是过渡性的，为更高的第四心理学，即超个人或超人本心理学铺路，它是以宇宙为中心，而不只注意人性需求或兴趣而已，它超越人性、自我及自我实现等观念……。缺乏超越的及超个人的层面，我们会生病，会变残暴、空虚，或无望，或冷漠。我们需要比我们更大的东西，激发出敬畏之情，重新以一种自然主义的、经验性的、与教会无关的方式奉献自己"①。显然，超个人心理学的创立有两个重要基础，一是传统人本心理学的自我实现的局限客观上造成的人性异化与扭曲，二是人类心理不断由低级向高级发展的自我超越规律所规定的人性净化与升华需要。从其本质上，超个人心理学仍然是人本主义的心理学，但这里的人已经是突破了自我的局限，具有忘我性、开放性、超越性甚至"宇宙意识"的人。

关于超个人心理学还需要说明的是：第一，尽管其实际创立的时间还不长，但其思想的源头可上溯至公元前的东西方文化，特别是中国传统文化；第二，马斯洛并不是"超个人"概念提出的第一人，作为超个人思潮先驱的心理学家，更早的还有"心理学之父"詹姆斯（william James，1842—1910）和荣格（Carl Gustav Jung，1875—1961）。他们二人是最先使用"超个人"一词的学者，虽然其有关的思想还比较粗糙甚至存在某些错谬②。第三，在很大程度上，超个人心理学并不是作为一个学派而存在的，而是代表了整个心理学发展的重要趋势与方向；或者说，传统心理学认为理性为人类意识发展的最高阶段，而超个人心理学则认为，人类意识在理性之上还有更大的发展空间即"非理性 – 理性 – 超理性"③。无疑这是一种创见，并预示了未来心理学的发展方向。

（二）复杂性视域中的超个人心理学

某种意义上，超个人心理学的产生与发展，也是整体科学复杂性转型的一个重要体现与组成部分。超个人心理学的复杂性主要是指"自我"的"超越性"，

---

① 亚伯拉罕·马斯洛. 存在心理学探索［M］. 张晓玲，等，译. 重庆：重庆出版社，2018.
② 比如，荣格的集体无意识原型，很容易被简单看作是"超个人"的。但超个人心理学家威尔伯认为除了"大我"以外，大多数荣格意义上的原型虽然是集体的、历史的，但并不是"超个人"的。
③ 方梦凯，李蒙. 超个人心理学研究评析［J］. 人力资源管理（学术版），2009（9）.

体现于其研究的目的、对象、方法、理论四个方面。

1. 目的复杂性：意识不仅有深度，更有高度

回顾心理学发展史不难发现，在很长时间中，心理学研究都局限于认知、情感、意志等显在特征或指标的研究，行为主义虽然关注这些心理特征背后原因的探究，却简单地把它们归结为环境影响下"刺激－反应"式的肌肉、腺体的物理化学变化。只有弗洛伊德的精神分析理论与荣格的分析心理学，深刻揭示了深处意识阈限之下并对意识发挥重要决定性作用的个体潜意识与集体无意识，真正使得心理学有了深度。特别是荣格所发现的集体无意识，不仅在人类心理的最底层潜在发挥着重要作用，而且这种集体无意识还包括人类"同一类型的无数经验的心理残迹"，这就使人类意识的深度远远超出了个体的生活经历，拓展到了作为群体的人类的久远历史之中。而更重要的是，由于无意识原型能够"唤起一种比我们自己的声音更强的声音。一个用原始意象说话的人，是在同时用千万个人的声音说话。它吸引、压倒并与此同时提升了它正在寻找表现的观念，使这些观念超出了偶然的暂时的意义，进入永恒的王国。它把我们个人的命运转变为人类的命运，它在我们身上唤醒所有那些仁慈的力量，正是这些力量，保证了人类能够随时摆脱危难，度过漫漫的长夜"①，在这里荣格事实上已经指出人类意识不仅具有深度，更具有一种超个人的"高度"。而人类意识的高度，正是超个人心理学所关注和研究的重点。

事实上，更早的"心理学之父"詹姆斯也是从人类意识的"高度"这个意义上提出并使用"超个人"这个概念的。比如，他在《宗教经验种种》中就指出，"可见世界是更广阔的精神世界的一部分，前者的主要意义是从后者获得的；与这个更高的世界达成融洽或和谐的关系，是我们的真正目的。"② 詹姆斯强调，个人可以通过沉思的训练进入"无我"的高级意识状态，而使人生的痛苦得到解脱。

与上述历史一脉相承的，超个人心理学的直接创立者马斯洛所关注的重点也

① 荣格. 论分析心理学与诗歌的关系［EB/OL］. https：//www.docin.com/p－542985929.html.
② 詹姆斯. 宗教经验种种［M］. 尚新建，译. 北京：华夏出版社，2005：294.

正是人类意识的"高度"。马斯洛在晚年认识到，不能以"自我实现"为人的终极目标，若只是专注他早期的需求理论不放，必然导致对人性的盲目认识，助长人的骄傲的同时把人真正的价值贬低了。从 1966 年开始，马斯洛越来越意识到人本心理学的缺陷，走向超人本心理学的方向。他认为这种新的研究领域为人提供了一个新形象、新概念或新界定，可同时包容人性中的深度层面和高度层面。他的工作就是在人的本能之上，添加一层更高的需要和一层最高的需要。他甚至直接把"第四势力心理学"称为"高度心理学"。显然，这为"超理性认知"提供了新的心理学支撑。

2. 对象复杂性：高级心理现象

正是出于探究人类意识的高度这个特定的研究目的，超个人心理学的研究对象也不是一般的心理现象，而是"高级心理现象"，可以从如下几个层面来认识：

第一，超出正常健康状态的人的心理现象。超个人心理学的创立者、倡导者包括其先驱即更早的詹姆斯在内都有一个共同的信念，即认为我们低估了人类心理成长和健康的潜能；人的使命不只是人本心理学所强调的自我实现而已，人还需要自我超越；现代心理学必须能够清楚、准确地阐述起源于人的神秘体验的一些问题，这些体验代表着人类心理活动的一些极致后果，它们不能被忽略。超个人心理学采用"超个人"一词，就是为了研究那些超出正常健康状态的人，研究那些处于不同意识状态下的人。

第二，超越通常的自我界限、超越时空的意识状态。在反思传统的需求层次理论并试图对其进行突破的过程中，马斯洛曾试用不同的字眼来描述新加的"最高需求"，例如：超个人、超越、灵性、超人性、超越自我、神秘的、有道的、超人本（不再以人类为中心，而以宇宙为中心）、天人合一等，最终选用了"自我超越的需求"这个表述。具体来说，超个人心理学排除了机械论唯物主义的肤见，认为：人的生命存在并非只是一个个个体的小我（self），还有包含小我在内的"大我"，个人具有超越小我实现"大我"的精神需求。当个体通过"沉思""静坐"等针对性训练实现"大我"意识的觉醒，是达到一种难以言表、妙不可言的超个人境界或超个人意识状态，自我中心不复存在，小我融入"大我"或

"宇宙意识"之中，个体出现对世界虚空、山河大地、万物众生一切非我的广泛认同。在"物我一如"的境界中，无限的悲悯、大爱及智慧油然而生。

第三，转换的意识状态。超个人心理学关心的是那些与"终极的人类能力或潜能"有关的心理学方面，研究的理论核心是意识论，但它不同于西方传统的意识理论，而是一种包含意识和潜意识在内的、分层次的、有高低级之分的意识理论。概括地说，人的意识可分为正常的意识状态和转换的意识状态。前者是低层次的、分化的意识状态，而后者则是高级的、超越自我的意识状态。塔尔特将其定义为"个体明显地感觉到其心理功能的模式发生了质的变化，就是说，它感觉到的不只是一种量的转换，而且其心理活动的质已有所不同"①。萨蒂奇在说明个人心理学的研究对象时曾指出："超个人心理学特别关注对成长、个人和种族的超越需要、终极价值、统一的意识、高峰体验、存在价值、神入、神秘体验、敬畏、存在、自我实现、本质、极乐、惊叹、终极意义、超越自我、精神、一体性、宇宙意识、个人与种族的协同一致、最高的人际了解、日常生活的神圣化、超越现象、宇宙的自我幽默和嬉戏、最高的觉知、反应与表达，以及相关的概念、经验和活动等实证的与科学的研究"②。不难发现，超个人心理学所关注的是那些被主流心理学所忽视，但对个人的发展又至关重要的意识现象。这些现象在日常生活中大量存在但并没有得到应有的重视。心理学应该对这些现象进行认真的考察和研究，以便更全面地了解人类包括理性在内的内外部经验和行为。

3. 方法复杂性：东方的智慧与"驳不倒的推论"

超个人心理学至今仍不为主流心理学所完全接受，这并不是因为人们不承认人类意识也具有高度，也不是因为人们看不到各种高级心理现象的广泛存在，在很大程度上主要是因为超个人心理学的研究方法迥异于"科学的"研究方法，由于种种原因，其不仅难以理解，而且难以重复验证，更缺乏标准的科学方法所特有的那种严谨、精确、明晰、客观等特点。

必须要申明的是，超个人心理学致力于研究的是一个相当特殊的领域，因

---

① Tageson, C. W. Humanistic psychology: A synthesis. Homewood, IL.: Dorsey, 1982: 198.

② 参见 https: //wenku. baidu. com/view/585953d53186bceb19e8bba5. html.

此，用传统的科学观点来看待这个领域，就会提出很多"非科学性"的指责。这很容易让人联想到关于中医是否是科学的"世纪之争"，即便在中国这样一个具有悠久东方文化传统的国度，中医都几度濒临存废的边缘，更何况是极端崇尚理性与科学的西方社会。超个人心理学不被接纳才是"正常"的，广为流传反倒是奇怪的事。当然，由于正在进行的科学的复杂性转型，人们已经深刻认知了理性主义与科学主义的偏执，超个人心理学能获得一席之地也就不足为怪了。

更为重要的是，超个人心理学研究对象的特点已经决定了，它所面对的是一个比科学的复杂性更为复杂的人类精神领域。在"双缝干涉"实验中，人们是否观察对于实验结果产生的影响是明确的，人们只是对人类的观察究竟如何影响了实验结果的内在机理参详不透。最终人们发现：我们观察的不是自然本身，而是自然向我们的探究方法所呈现的东西。这喻示着，我们并不能观察到真实的世界，或者说，我们所看到的世界，不过是我们思想的构造物。这本身就已经匪夷所思，然而对于超个人心理学而言，它所直面的，或者说它的实验对象，就是这个"观察"本身。在某种意义上可以说，超个人心理学所触及的以及所要认识的，就是那个与"同一终极实在"相对应的终极的复杂性；至于复杂性科学本身，则不过是人类的认知已经意识到但尚未达到那个神秘的"合一之境"，从而带有过渡性、临时性和折中性的称谓。在《物理学之"道"——近代物理学与东方神秘主义》中，作者已经通过深入的比较分析说明了这一点。事实上，对于超个人心理学所面对的这个终极的复杂性，古今中外的文化传承中并不乏深刻的实践体认与精辟的理论总结，而中国传统文化中的释儒道思想就是其最为典型的代表。这也就是为什么超个人心理学家都普遍地承认，东方文化的深刻智慧对其思想与认知发挥了至关重要的指导和启发作用。

还值得一提的是，正是在东方文化的启发之下，超个人心理学家普遍采取了开放互鉴、包容并蓄的研究视野与研究方法。比如肯·威尔伯（Ken Wilber）的"定位归纳"与"驳不倒的推论"方法，就主张任何一位思想家或评论家都不可能愚蠢到全错，每一个人都可能观察到一些不完整的真相，而各种不同的知识领域在纯抽象的层次上，其实是相互融通的，而一旦有了驳不倒的推论，学者就可以将各种领域的"真理"紧密串联在一起。在《一味》中，威尔伯引述了一个比喻来说明这个方法："在这个四分五裂的世界里，我们每个人的手中只拿到一块扭曲的宇宙圆镜碎片。像他这样的人才是我们最需要的，因为把这些碎片加以修复就是他替自己定下的任务，至少在他的面前，人类又变得完整了。要想知道这些碎片属于哪一面镜子，你必须对整体有些概念。"① 正因如此，对于各种各样的学科理论，威尔伯采取了一种"串联起各种知识领域的真理主张"的"统观"的方法。②

当然，正如复杂性科学是对简单性科学的超越而不是否定一样，超个人心理学也不排斥并力图运用传统的科学方法来进行客观的实证。同样在《一味》里，威尔伯也记载了通过不同的脑波频率来测试、标注不同意识状态条件下的物理反应的心理试验，无疑，这在一定程度增强了超个人心理学的"科学性"。③ 总之，超个人心理学的研究方法也表现出了显著的超理性特点。

4. 理论复杂性：跨界东方与西方，整合"科学与宗教"

超个人心理学的理论包罗万象，表现出跨界整合、交叉融合的复杂性。具体分析，主要表现为如下几个方面：

第一，基于人类心理的极端复杂性，超个人心理学提倡一种整合的研究取向。超个人心理学认为，人类的心理是相当复杂的，不可能只用一种简单的心理学理论就能把人类心理的全部复杂性包揽无遗。只有采取兼容并蓄的途径，把超个人心理学打造成一门研究人类最终发展目的的学问，才能反映出人类向上发展超越极限的可能性。一句话，人类发展最终最理想的目的是与神圣的宇宙、生命的实相等合二为一。因此，不同的心理学理论体系应当相互整合，才能达到对人类本性的全面了解。最终，从其根本的立场上，超个人心理学并不盲目排斥其他学派的心理学研究，而是尽可能融会贯通，融为一体。

第二，基于复杂性科学的时代背景，超个人心理学代表了整体意义上心理学

① 肯·威尔伯. 一味 [M]. 深圳：深圳报业集团出版社，2010：12.
② 肯·威尔伯. 一味 [M]. 深圳：深圳报业集团出版社，2010：15.
③ 肯·威尔伯. 一味 [M]. 深圳：深圳报业集团出版社，2010：74.

研究的新范式。与复杂性科学不是科学的某一门类，而是科学的整体性转型一样，超个人心理学也不能被看作是心理学的一个分支，而是对应着复杂背景下心理学研究的新范式，它将一种新的世界观和方法论带入到了具体的研究中。因此，超个人心理学并不是心理学历史的简单性延续，而是一种整合基础上的总体超越。

第三，心理学本来就具有跨界的特点，超个人心理学的跨界体现为东西方文化的深层汇通。《心理学百科全书》（Encyclopedia of Psychology）的主编柯西尼（R. Corsini）认为：超个人心理学是"西方与东方心理学融汇的产物，这一现象不仅对心理学，更对全人类的影响深远。"[1] 这个评价并不过分，但如果要表达得更为准确的话，可以说，超个人心理学实现了东方心学同西方心理学的整合、科学研究与神秘体验的整合、理性思维与超理性直观的整合，以及个人与超个人的整合等。可以说，尽管超个人心理学并不是哲学，但却与现代科学研究的前沿一样特别具有哲学的意味与启发。这里特别需要强调的是东西方文化的深层会通。这不仅是因为超个人心理学突破了西方心理学固有的对于东方文化的无知与傲慢，更是因为西方心理学对于东方智慧的独到眼光与深刻理解。人类理性的发展总体上会经过"前理性—理性—后理性"三个阶段，所谓"不识庐山真面目，只缘身在此山中"，经过现代理性、逻辑与科技充分陶炼的西方式思维，一旦与东方文化相结合，就能在很大程度上促进人类思维发展水平向"后理性"或"超理性"阶段的飞跃。

二、超个人心理学对自我复杂性的独到认识

超个人心理学在理论层面表现出来的复杂性，不过是其研究对象即人类意识复杂性的外在表现。由于人类意识的特殊性，超个人心理学相关理论常常表现为带有显著个体性、经验性或是默识性的体悟，因而很难使用我们一般所习惯的科

---

① 参见 http://blog.sina.com.cn/s/blog_7615effc0102yf1y.html.

学语言或理性逻辑来表述。不过好在这些特殊的体悟常常表现出一些共同的特点，使我们在一定程度上能够去认知它们并得到一些有益的启发。

（一）在发展方向上，"后理性"是意识发展的更高阶段/水平

如前所述，在总体上，超个人心理学认为人类意识不仅有深度，更有高度。这种高度不仅表现为马斯洛意义上不同需求层次的阶梯跃升，更表现为人类心理发展"前理性——理性——后理性"的客观性规律。在超个人心理学的角度，现有的人类历史已经经历了两个发展阶段，第一个阶段是漫长的前理性时期，欧洲中世纪的黑暗是其典型代表；第二个时期是理性阶段，以笛卡尔的"我思故我在"为起点一直高歌猛进到现在；第三个时期就是"后理性"时期，是人类心理未来的发展方向。当然，这个阶段划分是概略的，在前理性时期也不乏高度彰显的理性以及散见的后理性，而现代社会也表现出了理性与后理性两个阶段的重合与交叉特征。这是关于人类历史发展的宏观考察，至于微观的个体心理就更为复杂了，虽然每个人的心理成长也表现出大体上的"前理性——理性——后理性"规律，但每个人的发展进度是不同的，且常常表现出同一时点上三种不同水平意识的不同程度的混搭融合。某种意义上这也是威尔伯"意识谱"理论的一个表现形式。

超个人心理学所说的"后理性"，在一定程度上就是"超理性"。事实上，"超理性"并不罕见甚至较为常见，但由于这种状态几乎只能是一个个体意识的默识性过程，而且个体意会性知识的表达与分享也极为困难，因此，无论是作为理论的超个人心理学，还是作为个体经验的"超理性"觉察，几乎都遭到了普遍的忽视与轻视。这也就是为什么威尔伯的《一味》等著作在学术上曲高和寡，但在读者群却获得无数共鸣的深层原因。其实，与知识分享的困难相比，理论探索的困难就更为突出了。在分析心理学发展过程中，荣格也曾用好多年的时间去亲身体察集体无意识，甚至一度濒临精神崩溃的边缘，直到接触中国文化典籍《易经》特别是《太乙金华宗旨》等，才使其研究"柳暗花明又一村"。

在人类理性真正觉醒之前的漫长历史中，非理性一直统治着人类意识，而且

人类理性的觉醒也历经坎坷，甚至付出过很高的代价。相比较理性对非理性的觉醒，或许后理性对理性的超越需要跨越更为艰险的鸿沟。后理性崇尚"心灵"，但"心灵"并不等于有神论，更不是宗教。在这样一个"附魅——祛魅——复魅"的过程中，由于后理性与前理性均有"非理性"类似的表现形式，故我们不仅要努力实现从理性到后理性的提升，同时还要警惕后理性与前理性的混淆甚至对后者的简单"复归"。

（二）在内部构成上，意识具有四位一体的内在结构

从历史的角度，哲学常被称为"科学之母"，心理学也是从哲学中分离出来的。但是，问题的复杂性就在于，正是因为摆脱了哲学的羁绊，当心理学发展到超个人心理学的阶段，它已能够在一定程度上回答"我是谁、我从哪里来、我要到哪里去"的哲学经典问题。甚至超个人心理学还发现，哲学之所以产生这么个经典问题，以及为什么哲学无法从根本上回答这个问题，就是因为哲学只是哲学，只是理性的范畴。而超个人心理学则不同，它已经达到"后理性"水平，它对于"自我"意识已经有了触及根本的觉知。

简言之，一般心理学所谓的自我主要是指的"理性"，精神分析理论的自我是"理性＋个体潜意识"，分析心理学的自我则是"理性＋个体潜意识＋集体无意识"，这已使自我具有了超个人性并拓展到了跨越时空的族群范围。但在超个人心理学看来，"自我"只是人类意识中的一个层次，而人类意识与这个世界本为一体。

超个人心理学对于人类意识的理解大同小异，比较典型的是威尔伯的"意识谱"（the spectrum of consciousness）理论。威尔伯把人的意识区分为四种基本层次，即心灵层、存在层、自我层和阴影或人格面具层。处在不同的意识层次中，个体的自我认同就表现出不同的形式，表明个体对自我有不同的理解。其中，心灵层是意识的最高层，指人的意识与宇宙的终极实在"物我两忘"的意识状态。在心灵层，正如同波浪与大海都只不过是水一样，个体与整体之间没有界限（疆界），个体意识到自己和宇宙在本质上是一体的，狭义的自我并不具备本质性与

终极性的意义，它是也只是整个宇宙的造化或如庄子所说"是天地之委蜕也"，因而心灵层又被称为宇宙意识层、人的最高同一性。第二层次是存在层（the existential level)，此时人开始把自己与有时空的身心机体相认同，开始把我与非我、生命有机体与外部环境区分开来，区分的界限就是个体的皮肤。皮肤之内的就是"我"，之外的则是"非我"。"非我"部分的事物，有些可以成为"我的"，却不是"我"本身，例如"我的"职业、"我的"家庭，但它们不等于"我"。皮肤界限是最通常的我与非我的分界。在这一层次，人的理性思维发挥主导作用。在这里，个体虽然没有感受到自己与宇宙万物同体，但仍然能与自己的机体融为一体，将自己视为一个身心统一的有机整体。第三个层次是自我层（the ego level)，自我层是在身心之间划界，个体只与其自我意象相认同。自我层的"自我"事实上是分裂的，一个是作为"仆人"的物理自我，另一个则是作为"主人"的心理自我。这时，物理自我即身体好像不是"我"，只是"我的"。人的本体意识在这一层次进一步缩小。第四个层次是阴影或人格面具层，或角色的层面（the persona level)。这一层次，在把身体分离出去之后，自我在心理内部继续划界。个人只和自我意识的某些部分相认同，戴上与此认同的人格面具；常常否定或压抑某些心理内容，把这些不认同的心理活动视为"非我"，将它们当作痛苦的、不适当的"阴影"（shadow）排除或投射出去。显然，在这里我们看到了弗洛伊德的潜意识与荣格的"情结"。

客观地说，除了第一个与超理性对应的"心灵层"不太好理解以外，其他的三个层次都符合一般的生活常识，并且其他的心理学理论比如精神分析学也可以很好地包容在内。因此，超个人心理学对于人的意识的内部结构的划分是有说服力的，它在一定程度上说明了"超理性认知"的意识结构根据。

（三）在互动关系上，意识不同层面构成"意识谱"

传统心理学与理性一样主张主客二分，从而把身与心、我与非我、心灵与宇宙人为地分隔开来。与之不同，超个人心理学认为天地万物息息相关、浑然一体，身体与心灵、理智与本能、人与自然、内在与外在是不可分割的。但是人类有自我意识，由自我意识衍生而出的理性具有分析的本能与分化的作用，于是各种界限便被人为划定出来并习惯成自然地也在认知中构建出许多相互对立的范畴，使原本一体的天地万物被人为地割裂开来，划分成有不同边界和范畴的层次和领域。个人内心的各种经验也被分裂得支离破碎、矛盾丛生，由此导致现代人生活在与自然、与他人无止境的冲突之中，以及普遍性的内在矛盾与焦虑之下。哲学所谓"我是谁"的问题，在本质上就是一种本我对于自我的"灵魂之问"，就是不同层次自我对于各种各样人为疆界的质疑与求索。最终，摆脱种种纷争、冲突与痛苦就需要超越各类人为界限，最终"同于大通"。因而，在超个人心理学视域中，即便人类意识也被划分为如威尔伯理论所描述的若干不同层次，但这些层次之间并非相互隔绝与机械叠加的关系，而是构成一个意识谱，好像一道彩虹由七彩构成，却又没有明确的色彩分界，相互之间是自然过渡的，并且高度关联交相融合，从而联结成一个连续统一体。

但这里需要说明的是，"意识谱"只是一种物理概念的借用或者方便的说明，而并不意味着四个主要意识层次的地位与作用是等同的。事实上，如同壮观漂亮的土星环归根结底受制于土星中心的引力一样，"心灵层"或者"精神"被威尔伯视为其意识理论的核心。也就是说，不同层面的意识谱显示出人的自我的不同境界。在存在的层面上，环境被视为非我；在自我层面上，身体成了非我；在角色层面上，不只是环境和身体，心理的某些内容如压抑的潜意识也成了非我。而事实上，唯有"一体意识"才是终极的"我"或根本的意识，而其他层面的意识都带有非本质性。最终，只有"精神"才能照亮我们不同层次的自我，因而"后理性"或"超理性"境界的标准就在于意识的发展最终达到"心灵层"，并获得了"天人合一"的神秘体悟。也正是在这个意义上，超个人心理学致力于克服各种人为的疆界，使身与心、我与非我、心灵与宇宙整合成为一个统一的整体，实现意识的"前个人—个人—超个人"发展，走向与宇宙精神认同的无界之境，从而恢复生命潜能，从内而外焕发出积极、健康的自然能量。可见，在很大程度上，这是一种"激活"、一种"澡雪"、一种超越、一种发展提升、一种真正的至高境界。

（四）在特性品质上，意识具有一系列整体性特点

终于在这里我们迎来了那个不可回避又无比艰难的终极问题："超个人"究竟是一种什么样的心理状态或意识觉悟？

从根本上，"超个人"作为一种本体意义上或者超越性的存在，是"不可思议"的。老子不可谓不睿智，而《老子》巨著皇皇五千言，无数后来者解读不尽；庄子不可谓不智慧，而《庄子》通篇"顾左右而言他"，充满暗喻比方；释家不可谓不精深，而如来拈花不语，众弟子唯摩诃迦叶破颜一笑；如此等等，皆是言语道断，心行处灭。之所以如此，是因为人所思考、理解、诠释和言说的一切，无论是理性演绎的逻辑，还是指称概括的范畴等，都只不过对应着叔本华所说的"表象"或是维特根斯坦意义上的"语言游戏"。换言之，那个一切所依赖、一切所从出的，是无法通过"一切"来得到"说明"的。

但尽管如此，如老子"强字之曰'道'"一样，"超个人"意识尽管不可直接说它是什么，但我们可以说它不是什么；或如宇宙中的"黑洞"，我们无法直接看到它，却也能通过周边的"视界"对之进行大概的描绘。从这个意义上，超个人意识大体上有如下的几个特点值得研究：

第一，从科学表征上，超个人意识往往伴随发生特殊的脑波频率。物质的不同结构形态常常对应着不同的性质特征，有机体的不同层次比如组织、分子、量子也对应着不同的功能用途。与之类似，有大量的证据表明，超个人意识常常伴随发生着特殊的脑波频率。比如在《一味》中，威尔伯就曾对此有所记录："阿尔法波代表的是醒时放松的觉知；贝塔波显示出专注的分析思维；……通常西塔波只在梦境中出现，而德尔塔波只在深睡无梦中出现，因此受测试的人能够在完全清醒的状态下产生这两种波，表示他可以同时示现粗钝、精微及自性三种境界。……我发现不同的脑波确实与不同层次不同种类的冥想有关，起码这项测试

可以帮助我们进行更妥当及更有节制的研究。"①

第二，从特性品质上，超个人意识具有感应性、共时性、纠缠性等特点。科学实验已经说明了人类意识（比如观察）在某种程度上参与着通常理解的"客观"现实；"量子纠缠"所表现出的粒子间不可思议的超距作用或者世界的某种整体性质已为大众所熟知；那么人类意识也具有类似的感应特点吗？回答是肯定的。因为，不仅在日常生活中大量存在着诸如"第六意识""直觉"等类似的个体经验，专业的心理学研究也发现了较为客观的证据，荣格心理学所发现的"共时性"即"非因果关系的有意义巧合"② 就是一例。在某种意义上，并非仅仅意识具有整体性，这表明了"一切存在形式之间的深刻和谐"。

第三，在其价值意蕴上，意识具有内在的整体性、超越性、终极性。超个人心理学的创生背景之一，就是马斯洛所深切感受到的现代社会伴随科技发展、物欲横流而产生的严重精神危机，而这种精神危机的根源，就在于人本主义的不足或者自我价值追求的偏执。因此他说应当把人类生活"再度圣化及灵化"，从"人身上去寻找解铃之道"③。因此，超个人心理学的本意就在于提升人类的心理层次，跨越自我，走向"真我"，以塑造适应人类社会未来发展的更健康、更自然也符合人心之天性、更完美的心理状态。而事实上，所谓"求仁得仁"，超个人心理学的深入研究也的确发现了人类意识具有本质上的整体性、超越性、终极性。威尔伯说："真正具有整合性的观点，不会只探讨物质、肉体、心智、灵魂和灵性——因为每一个阶层都涉及艺术、道德与科学，我们必须详加说明这一切。譬如，我们有物质、肉体次元的艺术（自然主义、写实主义），我们也有心智次元的艺术（超现实主义、观念艺术、抽象派），我们还有属于灵魂与灵性次元的艺术（默观的、转化的）。同样的，我们也有从感官次元产生的道德（享乐主义），还有从心智次元产生的道德（互惠、公平、正义），以及从灵性次元产

---

① 肯·威尔伯. 一味［M］. 深圳：深圳报业集团出版社，2010：12.
② 荣格. 寻求灵魂的现代人［M］. 苏克，译. 贵阳：贵州人民出版社，1987.
③ 李安德. 超个人心理学——心理学的新典范［M］. 新北：桂冠图书股份公司，2000：189.

生的道德（宇宙大爱与慈悲），等等。"① 也就是说，超个人意识（超理性认知）不仅意味着真，也意味着善、美，甚至"乐"。

（五）在训练方法上，凸显"沉思""感应""直观"

正如人类理性与科技的进步也曾经历漫长的沉睡、觉醒、奋斗、抗争乃至拼搏的历史过程一样，超个人意识，作为在理性基础上更高层次的发展阶段，作为目前人类目力所及的心理学发展的至高目标，其最终的实现也很难是一帆风顺的过程。所幸，如前所述，即便在人类意识发展的前理性阶段，也已大量存在超理性或超个人意识的成功实践，这些实践的经验总结，集中体现在独具特色的中国智慧中，也散见于许多其他国家的传统文化中。更何况，超个人心理学基于东西方文化整合的视角，经过诸多先行者的努力探索，对于超个人意识的训练方式，也已初窥门径，甚而登堂入室。

梳理一下，超个人意识的训练方法其实已有很多。比较典型的如老子的"常有""常无"；庄子的"心斋""坐忘"；儒家的"知止而后有定，定而后能静，静而后能安，安而后能虑，虑而后能得"；释家的"心如墙壁，可以入道"；等等，这些都是登堂入室的路径指南。除此之外，阳明心学"四句教"、叔本华的直觉主义、康德的审美愉悦、伽达默尔的"游戏"，甚而至于流行的"灵修""冥想""瑜伽"等，也都是重要的方式方法。总括起来，超个人意识训练的核心途径，就是威尔伯所说的"同时拥有两种心智"（类似于"一心开二门"）②。

借用心理学的语言，超个人意识训练的主要方法，其实就是通过常规理性的"止"和内在心灵的"观"来弥合自我的裂痕，跨越小我的局限，从而实现向"大我"的转化。但这里需要说明三点：第一，超个人意识的达成需要正确的方法，需要艰苦的训练，不是一蹴而就的。并且，种种原因所致，真正能够达到意

---

① 肯·威尔伯. 一味［M］. 深圳：深圳报业集团出版社，2010：63.
② 肯·威尔伯. 一味［M］. 深圳：深圳报业集团出版社，2010：24.

识"转化"的难度非常之大，绝大多数人只能实现一定程度的"转译"①，也就是获得了对于现实的一种新的理解方式，当然，这对于个人的心理健康也是非常有益的。第二，超个人意识的达成意味着个体与整体的契合，但这种"契合"表现为"有神论"和"灵修"的西方基督教的方式，以及主张"天人合一""道法自然"的东方文化方式。显然，前者是我们不认同的，后者是我们所主张的。第三，由于东西方理性发展程度的不同，以及"后理性"与"前理性"的形式相似，在逻辑思维与科学精神尚不够"发达"的中国，在追求理性超越的过程中，要谨防陷入理性"退行"的陷阱。

三、超个人心理学对于人格塑造与思维进化的启发

基于超个人心理学对于自我复杂性的深刻认知，对于人类思维的超理性进化有如下四个方面的启发：

（一）突出"积极健康"，开发心理资本

良好的心理健康水平，不仅是超理性认知的坚实基础，也是正常生活的前提条件。但是，现实中对于心理健康问题的处理，更多是一种常规性的心理知识辅导，是一种被动性的心理问题纾解，因此大多数人的心理状况实际上是处于一种"放任自流"的"消极健康"状态。这里的消极健康，并不是指的不健康，也不是指亚健康，而主要是说的诸如"不出问题就是正常""负面情绪合理宣泄"等的消极做法所导致的人类"心理资本"（Psychological Capital）被无意识闲置且未得到有效开发的状态。

在这里"心理资本"是一个重要的概念。心理资本是由美国著名学者Luthans 于 2004 年提出并逐渐延伸到人力资源管理领域的。一般认为，所谓心理资本，是指个体在成长和发展过程中表现出来的一种积极心理状态，是超越人力资

---

① 肯·威尔伯. 一味［M］. 深圳：深圳报业集团出版社，2010：27.

本和社会资本的一种核心心理要素，是促进个人成长和绩效提升的重要心理财富。心理资本至少包括如下几个方面的心理品质：希望、乐观、韧性、主观幸福感等。

较之以"消极健康"，心理资本及其开发是一个特别有针对性的和值得深研的课题。但在很大程度上，心理资本及其开发的研究，其出发点和目的虽然是好的，但其理论基础仍主要是传统的心理学，现实实践也较多局限于"心灵鸡汤"，这就在一定程度上束缚了其实际的效果。超个人心理学，作为聚焦于人类意识"高度"的心理学，正好弥补了传统心理学的不足，并契合了心理资本开发的价值目标。未来，有机结合超个人心理学与心理资本开发，应是人格塑造与思维进化的重要方向。

（二）注重"内在道德"，增强内生驱动力

"内化于心，外化于行"是人格塑造的一条基本要求。表面来看，这没有什么问题，并切实尊重了人类心理规律。但细究起来就会发现，"内化于心"的前提假定，仍然以"外在"的道德规范为前提。这是存在问题的，这正是传统精神分析理论的核心主张。对于人类心理的内在结构及其运动方式，精神分析理论立足于"自我—本我—超我"的三分法，并由"超我"的外在性、权威性甚至强制性而合乎逻辑地推导出人类心理必定处于永恒的矛盾或紧张状态的悲观结论。相比较传统单一实体的看法，这的确是洞见，也能合理地解释、处理许多心理异常和问题。但在更加注重意识"高度"的超个人心理学看来，"自我—本我—超我"的三分法正是自我划界、自我隔膜的根本原因，并实际导致了"心理的某些内容如压抑的潜意识也成了非我"这样的消极后果。显然，正像"人对人是狼"一样，这时的"自我"已经是内在"分裂"了的自我，并时刻处于"人对自己也是狼"的内在心理冲突当中，且个体潜意识当中始终郁积着越来越多的心理负能量。试问，这难道就是人格塑造希望的结果？

在超个人心理学看来，正像人类社会的正式制度归根结底都源自非正式制度一样，社会道德规范从其本义上讲也必然是并必须是内生的以及内在的。道德本

来就深植于人类本性当中，所有人共有的人性就是道德的内在源泉。威尔伯也认为，道德建立在人的相同性（humansameness）基础之上。① 所有人都共有一个超越的意识，它是我们道德行为的基础。因此道德是内在的、由深度心灵或者内在意志所指引的。故而，从道德心理学的角度讲，不应该背离人性去强加给个体一些准则，因此人格塑造与思维进化的工作重点并不在于如何使外在的道德要求"化"到人类本性当中，而是应当关注如何通过启发性手段开启人性的内在光明，这也正是中国传统文化比如阳明心学的重要主张。

（三）启发"最高道德"，破解生死观教育难题

奉献精神和牺牲精神是道德的最高境界。以军人为例，军人的道德标准恰恰就是奉献、牺牲，所谓"除却生死无大事"。然而在对军人进行"生死观"教育时，现有的做法多数停留于"军人以服从命令为天职"的理性命令、"牺牲我一个、幸福千万家"的功利计算，以及"你不扛枪我不扛枪谁来保卫她"的情感熏陶等层次。这些教育的核心关键词都有一个"我"字，在其本质上，与"我"有关的这些道德规范，都属于威尔伯所划分的道德三阶段（自我中心、伦理中心、世界中心，这与冯友兰的人生四阶段说类似）的前两个阶段。显而易见的是，达到牺牲奉献的最高道德标准，仅仅以习俗和伦理作为基础是远远不够的，我们需要一种世界中心的也就是超个人的道德基础。威尔伯提出了"道德指南针"理论用以说明上述"最高道德"的伦理基础。"道德指南针（moral compass）指的是引导道德走向一种精神智慧"，威尔伯认为："道德是超越于现实社会的规则，由更高水平的来自灵魂的智慧加以引导。这就需要人们不断地进行道德反思，通过对自己灵魂的不断追寻和沉思，来达到净化心灵、提升道德的目标"；"道德智慧主要是通过个体在一定的认识和体验水平下，通过有意识的整合，把宇宙的智慧、灵魂的智慧和世俗生活的智慧进行合一而实现的。"② 在这

---

① 郭永玉. 精神的追寻 [M]. 武汉：华中师范大学出版社，2002：285.
② 姚便芳. 威尔伯的道德发展观对中国道德教育的启示 [J]. 经济研究导刊，2011（25）：322.

里，所谓"灵魂"不是有神论，而是深度心灵（deep psychic），是天人合一状态下的高度意识。威尔伯认为，"道德指南针"作为"宇宙意识"层次的伦理导向，它既是一种真理发现，同时又包含着一种道德体认，只不过这种体认并非是与外在的伦理规范产生认可，而是与自性真理建立情感联系。由于深度心灵的领悟，在很大程度上，个体意识可以超越狭隘的自我疆界，而达到超越性自我（transpersonalself）的境界；但同时，深度心灵也参与现实世界的生活，而现实生活正是道德选择之发生地。由此，深度心灵及其显示的智慧就充当了现实世界的"道德指南针"。

显然，威尔伯的"道德指南针"理论，不仅说明了道德的内在性，也在一定程度上说明了最高道德标准的心理基础。西方国家军队，"行走在战场之上的上帝仆人"即随军牧师是从宗教的角度解决这一问题的。对于我军来说，在心理学的层面，"道德指南针"理论是有一定借鉴意义的。

（四）提高超理性认知能力，优化心智模式，增强创新能力

超个人心理对"自我"的超越，不仅包括了道德规范方面的超越，也包括思维方式的提升。从其理论渊源以及主要理论观点可以看出，虽然超个人心理学的目的在于超越"人性"，它的真正关注点仍在于对"理性自我"的批判以及拓展，它事实上是深度心理学从不同的角度、在不同的层面上的延伸，因此在本质上超个人心理学也可称为"超自我心理学"。换言之，一般心理学所谓的自我主要对应着"理性"，精神分析理论的自我是"理性+个体潜意识"，分析心理学的自我则是"理性+个体潜意识+集体无意识"，这已使自我具有了族群性的超个人特点。但在超个人心理学看来，"自我"只是人类意识中的一个层次，而人类意识的核心精神与这个世界本为一体。显然，这就从人类心理的本体论角度为超理性认知奠定了坚实的基础。威尔伯事实上也认为，"道德指南针"作为"宇宙意识"层次的伦理导向，它不仅是一种道德体认，其实也是一种真理发现，甚至还是一种美的鉴赏从而达到了"真、善、美"的有机统一。因此，超个人心

理，不仅有道德提升价值，也有智慧启发功能。

超个人心理智慧启发功能的第一个方面就是能够有效突破认知性的路径依赖。所谓"一叶障目，不见森林"。这个障目之"叶"，既包括潜意识中的情结，也包括理性的固有心智模式。在天人合一、物我两忘的直观境界，情结的黏着作用被缓释，僵化思维的约束状态被纾解，认知性路径依赖就比较容易地从内部被突破了。

超个人心理智慧启发功能的第二个方面是可以实现既有知识的"创造性破坏"。莫兰曾经深入分析了有序与无序在事物发展中各自必不可少的重要作用，事实上人的知识创新过程也是如此。后文将要讨论的博伊德的 OODA 循环理论之所以被称为一种"西方的禅"，主要也就是因为他对于人类"组装摩托雪橇"式认知方式的探索。正是由于在超个人的心理状态中，原有知识的许多机械逻辑关系被自然解构了，而同时在由无数不同类型、不同层次、不同作用等意识单元或"精神纤维"构成的知识海洋中，相反的结构过程也在同步大量进行，于是许多创新性知识也就在其中以"灵感""启发"等方式随机涌现了。

超个人心理智慧启发功能的第三个方面是可以领悟世界运行的发展指向。日常生活中被打上诸如"正常""标准""健康"等标签的"自我"，在超个人心理学看来，由于每个人每时每刻都在为大量的内外信息所影响，就像被风吹雨打扰动着的湖面一样，其实其意识都在不同程度上处于一种动荡不居、搅扰不定，甚至扭曲泛滥的非最优状态。在这时，所谓的自我是处于多重割裂状态的，不同的人格在争吵，不同的角色在博弈，不同的能量在互动，那种微妙的"宇宙意识"既不会显现，也不可能被觉察；而一旦通过有效的训练使得个人意识达到"本来无一物"的境界，自我有机整合，甚至达到"天人合一"，那么这时的自我就常常能够直观体认到许多不言自明的智慧洞察与灵感启示，人类心理潜能就会达到极大限度的开发和发挥，这正是超理性认知的一个核心内涵。

必须要申明的是，超个人心理学致力于研究的是一个相当特殊的领域，因此，用传统的科学观点来看待这个领域，就会提出很多关于其"非科学性"的指责。但这毫不奇怪，因为即便是现代科学也早已发现"我们观察的不是自然本身，而是自然向我们的探究方法所呈现的东西"。必须意识到，所谓"道不远人"，在某种程度上，我们越以自我理性的方法去拷问自然，自然就离开我们越远；我们越能超越个体的狭隘性去观照自然，自然反而越会自发地向我们"敞开"和"开显"。

总之，超个人心理学主要研究的是超越个人的"后理性"或说"超理性"意识。在本质上，超个人心理学就是"盗火者"，就是以西方心理学语言阐述的中国式智慧。同中国的中医一样，或许在可见的未来，超个人心理学仍将为争取主流的认可而继续付出许多努力，但由于其准确把握了人类意识超越性的一面，其光明的发展前景是无可置疑的。

| 第六章 |
超理性认知的西方哲学源流

在某种程度上，心理的边界就是哲学的边界。这是因为迄今为止的哲学大多属于理性的范畴，而理性仅仅对应着复杂人类精神的意识表层。这也就是为什么尽管心理学也是从哲学中分离出来的，但它已发展到超个人心理学阶段，并发现了所谓理性以及自我的非本质性，从而能够在一定程度上回答"我是谁、我从哪里来、我要到哪里去"的哲学问题。但反过来说，正如荣格分析心理学所发现的，人类的意识理性越强大，无意识中对应的"非理性"阴影就越强大。某种程度上，就像太极图一样，这种"非理性"阴影恰恰以其独特的方式"隐喻"着人类精神中超理性维度的同步发展。换言之，对哲学发展史本身进行"心理分析"表明，自笛卡尔以来的近代哲学一方面在显在的一面不断研究、彰显了人类的理性，但在其隐性的一面也在不断孕育、不断召唤着超理性认知的发生。

一、笛卡尔理性命题中的"直观"与"天赋观念"为超理性认知埋下了伏笔

笛卡尔被誉为近代西方哲学之父，比如黑格尔就把笛卡尔称为"近代哲学史真正的创始人"以及"哲学史上了不起的英雄"。众所周知的，"我思故我在"是笛卡尔哲学的第一原则。就是这一原则所确立的人的"主体性"和"理性"，标志着欧洲哲学走出了漫长且黑暗的中世纪神学，完成了本体论向认识论的转折，并扫清了近代哲学尤其是科学的发展障碍。在某种程度上，以科技、民主、

自由等为核心的整个近现代社会人类发展所取得的主要文明，都是从笛卡尔起始的和与笛卡尔的哲学贡献分不开的。

但是，与历史上牛顿物理学对笛卡尔哲学的强有力印证一样，现代物理学尤其是复杂性科学已经逐渐抛弃了以确定性因果律为核心的世界图景，而认为世界以及关于世界的知识在本质上是不确定性的，这已在极大程度上背离或者动摇了从笛卡尔开始到现在依然根深蒂固的追求关于世界的确定性知识的信念，从而说明有必要重新审视"我思故我在"的理论本质及其适用范围。

事实上，哲学史上关于"我思故我在"的质疑与争论从未停止，甚至不少人认为笛卡尔的理论疑似"循环论证""偷换概念"。究其原因，其理论自身存在含混和模糊性应是没有疑问的。比如，笛卡尔所确立的人的主体本质上是"先验主体"；比如，笛卡尔认为自明性（天赋观念以及理智直观）才能是真正知识的基础和真理的标准，自明原理是科学研究的出发点，自明性既不需要经验的证据，也不需要逻辑的证据；比如，笛卡尔哲学最基础的方法就是"直观"，即一种"纯净而专注的心灵的构想"，也就是一种纯粹的精神活动，是依赖于感官又超越于感官之上的理智的"看"；比如，笛卡尔特别强调"天赋观念"的重要性，认为天赋观念的作用就在于为人们进行确定的逻辑推理获得科学知识提供一种理论前提，并在这一普遍性、必然性的理论前提基础上获得科学知识的普遍性和必然性；还比如，笛卡尔通过理性首先就论证了"上帝"的存在，甚至"上帝"的存在对于获得真知也是一个重要的环节；等等。

当然，我们不必苛求古人，毕竟笛卡尔身处新旧时代与新旧哲学的转换点上，其理论难免带有过渡性与折中性。但我们也应看到其理论内在的矛盾之处，就是在"我思故我在"中，一方面以"思"确立了"理性"的地位，另一方面为什么这种理性又以"直观""自明"等某种程度上的"非理性"因素为前提和方法？以及其中的"我"，一方面树立了人的"主体"地位，另一方面何以对于真知的追求又掺杂了"天赋""上帝"的作用，等等。这些矛盾表明，笛卡尔哲学在确立理性主体地位的同时，其实也在无意识中对"超理性认知"埋下了伏笔。事实上，后来的现象学家胡塞尔就是受到笛卡尔的启发，而发展出关于"直观就是知识唯一的确定的基础"的"本质直观"理论的。

二、休谟赋予"想象"以意识的正当性及其在人类认知中的基础性

在哲学上，休谟主要以其或多或少遭受轻视的"怀疑论"被载入史册，似乎其主要的理论贡献不过是继笛卡尔之后针对理性的可靠性与合法性提出了一个"最深刻的哲学问题"，而问题的解答则是由后续的康德等人来完成的。然而从超理性认知的角度，完整地对其理论进行考察，我们就会发现休谟的真正贡献，事实上是以非常富有建设性的方式，提出并考察了"想象"这样一个与理性并行的，甚至作为理性内在机理或者基础的超理性因素。不夸张地说，在这方面，休谟可以作为其后续康德、胡塞尔等人的老师，至少也发挥了启发和指导的作用，这也是为康德所承认的。

西方哲学自古希腊始一直面临着或者试图解决一个"知识论难题"，其本质就在于追问"人类知识何以可能"。这个难题发展到休谟的时代，已经逐渐演变为如何跨越感性经验与理性判断之间的鸿沟问题，如何解释理性判断中"普遍性、必然性"的源泉问题。休谟面对"知识论难题"，首先以著名的"休谟问题"提出了对笛卡尔以来理性崇拜、理性独断甚至理性迷信趋势的挑战，认为理性的逻辑不过是"未来必须符合过去"，难以成为知识的来源；同样，理性也很难从"存在"中推导出"应当"，因此对于价值即人类道德问题也无能为力。在瓦解了理性的可靠性信仰之后，休谟事实上重点考察了"想象"这种"不在场意识"对于知识的重要性，并提出了许多真知灼见。比如，休谟认为知识的本性就是要超出经验的在场而达到一切可能的（不在场的）经验世界，对于不在场的东西，唯有"想象"才能通达；比如，休谟提出了"记忆、感官和知性都是建立在想象或观念的活泼性上面的"重要命题，赋予想象在人类认知活动中的基础地位；比如，休谟认为凡是能呈现于心灵的东西都称作为知觉，而一切知觉都具有"印象－观念"结构，"想象"就包含于这种先验的结构之中，从而将想象

规定为心灵的基本要素之一；比如，休谟发现"想象极为敏捷地体现它的观念，并且在需要或有用的时刻，立刻把这些观念显现出来。这种敏捷程度真是十分奇异的。想象在收集属于任何一个题材的观念时，可以从宇宙的一端搜索到宇宙的另外一端"，这真是人类灵魂的一种"魔术般的能力"，"但它是人类理智的最大努力也无法加以解释的"①；……等等。此外，休谟还对想象的内在机理、主要类型、心理基础、自由与被决定的双重性等进行了非常细致的考察。最终，休谟认为，"这就是想象的宇宙"，并且"我们实际上一步也超越不出自我之外"，"整个说来，必然性是存在于心中，而不是存在于对象中的一种东西"，这是一个"最为骇人的"发现②。在这里，休谟关于"想象"的学说不仅是经验主义的，而且是先验的，甚至发现了人类知识的一个秘密：超越性。"休谟是第一位用'超越'（going beyond）来定义知识的哲学家。"③

总的来说，休谟试图以建立一门全新的科学即人性科学来实现使哲学走出知识论困境的雄心，而"想象"就是休谟人性论以及认识论中的一个核心概念。时至今日，即便是在科学界，"想象"也不再是一个贬义词，相反被认为是人类最重要的创造能力。比如，爱因斯坦就认为"想象力比知识更重要，因为知识是有限的，而想象力概括着世界上的一切，推动着进步，并且是知识进化的源泉。严格地说，想象力是科学研究中的实在因素。"④ 我国著名哲学家张世英先生也认为，"想象的基本含义是飞离在场，……对事物的整体把握和认识在于通过想象，把无限的不在场的东西与在场的东西综合为一体"，因此"哲学应该把研究想象放在思想工作的核心地位。"⑤ 显然，休谟不仅是笛卡尔以后关于理性的哲学发展的一个关键环节，也是超理性认识论的重要开创者。

---

① 休谟．人性论：上 [M]．关文运，译．北京：商务印书馆，1997：30.
② 休谟．人性论：上 [M]．关文运，译．北京：商务印书馆，1997：190 – 191.
③ Gilles Deleuze, Kant's Critical Philosophy: The Doctrine of the Faculties, translated by Hugh Tomlinson and Barbara Habberjam, University of Minnesota Press, 1984：11.
④ 许良英，等．爱因斯坦文集：第1卷 [M]．北京：商务印书馆，1983：284.
⑤ 张世英．论想象 [J]．江苏社会科学，2004 (2)：1.

三、康德划清了理性的边界并以"先验性""想象力"为超理性预留了空间

着眼于破解"知识论难题",为了回应休谟的怀疑主义,同时受休谟关于"想象"观点的启发,康德的哲学本质上是基于批判而为理性进行辩护的体系。康德的"三大批判"使理性作为人类认知方式的前提及界限更加清晰了,但与此同时,超理性认知不仅没有被康德所终结,反而与理性一样更加明确而彰显了。

首先,康德划清了理性与"物自体"的界限,无形中也因此指明了超理性认知所在的境域及其目标指向。康德处于一个理性与批判的时代。他声称"我们这个时代可以称为批判的时代,没有什么东西能逃脱批判的"。因此,在以理性为武器批判一切之前,康德首先对理性进行了批判。"批判"的实质就是"澄清前提"和"划清界限"。结果康德发现,一方面,物自体是认识的来源;另一方面,物自体是认识的界限。换言之,理性的地盘限于"现象界",理性对于"物自体"是无能为力的。康德意义上的物自体不可知是从理性的边界来讲的。在这个意义上,康德实质上就从理性走向了非理性,并因此指明了超理性认知与物自体的对应关系,他的哲学也因此成为非理性主义思潮潜在的源头。其实,康德自己也承认物自体尽管不可知,但是"可思"的。比如他说:"假如对象不提供给我,我的表象同对象之间的关系就没有任何根据,除非把它归之于灵感。"① 但是康德在这里却退缩了,他最终认为"直观的理智"或"理智的直观"只能是"上帝"的认知方式。而"直观的理智"或"理智的直观"恰就与超理性认知相对应。

其次,"知性为自然立法"使康德的理性深刻打上了超理性认知的"先验"烙印。"知性为自然立法"被称为"认识论的哥白尼革命"。针对关于知识普遍

---

① 康德. 未来形而上学导论 [M]. 北京:商务印书馆,1978:41.

性必然性来源的休谟问题 I，康德提出人类在认识过程中，对于"直观"得来的感性知识，是人的先验知性的范畴（康德列出了 12 个先验范畴）通过"统觉"去对其进行提炼的，从而形成更高层级的知性知识并进一步形成理性知识的。在康德看来，一切认识的最高根据就是先验主体的自我同一性。康德称之为"先验自我""先验我思"或"先验统觉"，以区别于"经验统觉"，也就是变化不定的意识情状。换言之，我们的意识如何形成一个稳定的世界，并如何形成稳定的关于对象的知识，以及我们如何生活在一个稳定的世界里，且有这么多已经成型的和稳定的知识，这一切的一切，都要归功于先验自我。对象的同一性，归根结底乃是意识的同一性，而意识的同一性则必须以自我的同一性为基础和前提，所以一切认识的最高依据，就是先验主体的自我同一性，也就是先验自我。① 这里关键在于，先验自我类似于唯识论的第七识，或者后来叔本华意义上的意志主体，它也是超出理性界限之外的，或者说先验自我就属于超理性认知的范畴。

第三，康德意义上的"想象力"对于认知来说兼具"中介性"与"先验性（超越性）"的双重特征。"想象"作为心灵的一种能力，即心灵主体无须对象在场的直观能力，也得到了康德的高度关注。康德对于想象力的认识比历史上第一次系统讨论想象力的亚里士多德和康德本人也受其启发的休谟都更进了一步，但康德的观点也有模糊与争议之处。一方面，康德似乎回到了亚里士多德关于想象力的传统立场，他将想象力置于感性与知性之间的位置，并将之视为联结感性与知性的一种心灵能力；另一方面，他又赋予想象力以先验的地位。② 比如康德认为："我们有一种纯粹的想象力，作为人类灵魂的基本能力，它先天地为一切知识建基。凭借它，我们一方面把直观的杂多并且另一方面把纯粹统觉的必然统一性连接起来。两个终端，即感性和知性，必须借助想象力的这种先验功能而必然地相互联系……。"③ 具体来说，康德认为，人类心灵的感性力对应于直观的综观性综合，知性力则对应于概念的统一性综合，想象力则作为"先验图式"的

---

① 戎川. 佛教末那识与康德之先验自我 [J]. 长江大学学报（社科版），2014（11）：184.
② 王庆节. "先验想象力"抑或"超越论形象力" [J]. 现代哲学，2016（4）：60.
③ 康德. 纯粹理性批判 [M]. 李秋零，译. 北京：中国人民大学出版社，2004：A94.

源泉把这两端有机联结、"中和"起来。这也就是康德所说的，"必须有一个第三者，它一方面必须与范畴同类，另一方面必须与现象同类，并使前者运用于后者成为可能。这个中介性的表象必须是纯粹的（没有任何经验性的东西），并且毕竟一方面是知性的，另一方面是感性的。这样的表象就是先验的图式"①；"想象力为某个概念提供其图像，我把对想象力的这样一种普遍做法的表象，称为导向该概念的图式。"② 在康德看来，"感性、想象力和统觉，这就是一般经验和经验对象之知识的可能性所依据的三种主观知识来源。它们中的每一种都可以被视为经验性的，亦即处于对被给予的现象的应用中的，但它们也都是本身使这种经验性的应用成为可能的先天要素或者基础"③；因此康德将"纯粹的""先验想象力"称为"灵魂不可或缺的功能"，而且"……如果没有这种功能，我们在任何地方都根本不会有知识"。④ 在这里，康德对于想象力的"先验性"的理解，事实上已经接近了"超越性"，他事实上已经在具体讨论超理性认知的内在机理了，但由于众所周知的康德的理性辩护立场，在这个地方他却退却了。关于想象力的超越性问题，是由后来的海德格尔以其"天地人神四方域"的"飞离在场"所解决的。

此外，康德还最早发现了审美的重要性，并把审美作为沟通"现象界"和"物自体"的桥梁。他说："以无利害的愉悦为本质特征的审美判断力和具有主观特征的美感的普遍传递性，肩负着沟通两个世界的使命。……人们能够通过审美抵达道德的自由。"⑤ 在这里，康德的包括"无目的合目的性"在内的"四个契机"其实就是对那种合一之境的隐喻。无疑，这也是超越康德所钟情的理性之外的。事实上，康德认为知识的产生源于心灵的两种基本能力即直观和概念，概念对应着理性，而直观则与审美有关。但康德囿于主客二分结构，否定了智性直观的可能从而与超理性认知失之交臂，这不能不说是一种遗憾。

---

① 康德. 纯粹理性批判 [M]. 李秋零，译. 北京：中国人民大学出版社，2004：A138/B177.
② 康德. 纯粹理性批判 [M]. 李秋零，译. 北京：中国人民大学出版社，2004：A140/B179.
③ 康德. 纯粹理性批判 [M]. 李秋零，译. 北京：中国人民大学出版社，2004：A115.
④ 康德. 纯粹理性批判 [M]. 李秋零，译. 北京：中国人民大学出版社，2004：A78/B103.
⑤ 康德. 判断力批判 [M]. 北京：人民出版社，2002：53.

总之，康德的哲学作为一座"桥梁"，既为理性做出了辩护，也在划定理性界限、澄清理性前提的同时为超理性认开辟出了空间、探索了机理，甚至指出了方向。

四、叔本华的"直观认识论"开启了现代非理性主义认知的先河

继康德之后，与黑格尔把传统理性主义发挥到顶峰并预示着西方近代哲学终结的同时，同一时代的唯意志主义的代表人物叔本华对应的以他的直观认识论开启了现代非理性主义的先河。可以认为，尽管没有采用"超理性"的关键词，但从其内容来看，叔本华的直观认识论就是对超理性认知的一种直接而具体的阐释。

前文已知，康德只承认感性直观，尽管他的先验性理论已经触及了"超越性"，并曾设想过某种理智的直观比如"灵感"，但出于理性辩护的立场，他却把它归结为"上帝"。正是在康德止步的地方，叔本华发展出一种意志哲学，绕开了理性对现象界的依赖性所造成的无法认识物自体的局限性，并敏锐地发现了直观的认识方式。在《作为意志与表象的世界》中，叔本华打破了康德"物自体"不可知的禁区，深刻指出人类认知并非只有理性的单一向度，通过直观，世界的本质即物自体或者叔本华所说的"意志"是可以达到的；而且，理性并非是可与直观相提并论、并驾齐驱的认知方式，事实上直观比理性更为根本。

概括来说，在叔本华看来，物自体就是"意志"，现象就是"表象"。与杂多表象都自然、自明以及必须遵循"充足根据律"（因果律、逻辑推论、数学证明、行为动机）或以其为表现形式不同，意志在本质上是不受"根据律"制约的带有唯一性、整体性、自在性和自由性等特点的"永远的变化和无尽的流动"。意志本身虽然是唯一的、整体性的，但它作为无目的性的"无尽的追求"却又凭借其原创力不断地扬弃自身、"自我分裂"，从而生生不息地客体化为种种理念和杂多表象。人本身就是意志，然而人同时也是表象。因为人是意志，所

以人具有自在的、实在的主体性，是发展出感性、知性、理性和自我意识等认知方式并使其发生作用的主体，并是时间、空间、因果性这些认识的主体性形式所从出的根源；同样的，因为人也是表象，作为时间和空间之中的存在，是认识着的、其自身也可以被认识的现象与对象，并且必须遵循充足根据律的范导与其他表象相联系。因此，人作为被认识者时，是现象或表象；作为认识者时，则是自在之物或生命意志，只不过常常被充足根据律和时间、空间的"个体化原理"所遮蔽，也就是说常常不是"主体""大我"在认识，而只是已经"异化"了的主体即"自我"在认识。正是在这一意义上，"叔本华认为，我们实际上可以去认识作为自在之物的实在，因为我们每一个人所具有的真正本性，就是实在。的确，我们不能通过我们的感性、知性、理性去认识我们真正的本性，因为它们证实了我们不过是作为现象的东西。然而，只需借助于我们与我们的根本本性的同一性，我们又完整地意识到了自己的根本本性。我们自身这一方面的'空幻世界的面纱'被揭开了，我们并不是通过空间、时间和因果性这些变了形的框架，而是通过直觉（即直观——著者），在我们真正的和最内在的本性中认识了我们自己。并且我们发现，我们所是的，不只是生理的、动物的肉体，甚至也不仅仅是思维和理性，而是意志。"①

特别需要指出的是，叔本华不仅非常深刻地说明了直观相对于理性更为根本，或者说理性不过是直观的衍生物，而且还指出直观不仅是对表象的经验直观（对应着康德所说的现象界），而是还包括对"理念"的艺术直观、对"意志"即世界本质的道德直观（分别对应着"真""美""善"），并对其内在机理进行了具体而微、富有启发性的探索。②

在表象的经验直观方面，叔本华说明了"直观是一切真理的源泉，是一切科学的基础"③。尤其富有启发性的，是他在康德知性范畴基础上对于意志主体与内部直观的探讨。叔本华认为，进行着认识活动的"自我"，一般都是意志在一

① D. J. 奥康诺. 批评的西方哲学史 [M]. 洪汉鼎，等，译. 北京：东方出版社，2005：687.
② 李纲要. 叔本华直观认识论探析 [D]. 济南：山东师范大学，2006.
③ 叔本华. 作为意志和表象的世界 [M]. 石冲白，译. 北京：商务印书馆，1982：107.

种特定根据律即动机律（表现为自我的欲求、需要、愿望和激情等）的形式下的具体形态，这就是"意志主体"。显然，"意志主体"从意志而来，但不等于意志，而且它因动机律而发生，所以本身也是一种表象因而成为认识的对象，而意志主体作为认识主体两者其实是一回事，这就意味着对认识着的意志主体的"认识"就只能是"自我感觉"或"一般自我意识"。这里，意志主体与认识主体通过自我意识统一于"我"，因此这种自我意识是"最直接的意识"，即"内部直观"。内部直观具有非常重要的意义。笛卡尔说"我思故我在"，而叔本华则更深入一层指出了所谓"我"的作为意志主体的本质，以及作为动机（以根据律表现出来的意志）之工具的"思"即理性的内在发生学的依据。同时，这里的"自我意识"也深刻说明了主体的"意向性"，就是说在认识的全过程，动力因和目的因其实都在以"下意识"或者"潜意识"的形式，成为认识之所以发生和如何发生的动力源。这实际上是说内部直观是包括感性、知性、理性等在内的一切认识活动的基础和前提，并将主体深层的价值判断渗入了理智和认识，价值的主体性和认识的主体性合二为一。叔本华对此给予极高的重视和评价，称之为他的整个哲学的总的线索，全部形而上学的基石。显然，经验直观深刻地揭示了超理性认知的客观基础与内在机理。

在理念的艺术直观方面，叔本华提出了某种自圆其说的"新柏拉图主义"，认为理念是"圆满"的、"美而纯粹"的同类表象的"标准模式"或者"原型"，是"意志恰如其分的客体性"，理念的认识方式是艺术直观。艺术直观意味着认识主体的认识过程摆脱了它作为意志主体而被动机的束缚，因而不再以"何处""何时""何以""何用"等理智的方式去考察事物，而仅仅只是"什么"的方式去直接领略、感悟那认识对象所呈现出来的"理念"。这时，主体摆脱了它与个体意志的一切关系，客体也走出了它对自身以外任何事物的一切关系，因而只是作为同类表象的"标准模式"即一般理念"呈现给观审者，个体意志的隐退——理念的静观——纯粹的主体总是作为对应物而同时进入意识。这时，原来意义上的主体和客体都取消了，它们已经"完全相互充满、相互渗透"①，这种直观者与直观交融为一的认知过程，主体所体验到的是一种暂时摆脱动机律之必然束缚后的自由，客体也以圆满而美的方式呈现了其内在的理念的"真"。这是一种与受制于根据律之必然约束的"主观理智"相反的、摆脱了理性主义与个体化原理，因而揭穿了"摩耶之幕"的超常的认识能力即"客观理智"。在这里，叔本华的本意是人本主义角度的，然而他也揭示出艺术直观也是真理澄明的一种方式。因此，艺术直观就构成了超理性认知的一个重要类型。

在意志的道德直观方面，叔本华对"作为意志和表象的世界"中人的命运和拯救进行了终极意义上的考察，并得出了与中国哲学"良知说"类似的启示，也就是说道德直观是超越有限进入无限、超越必然进入自由、超越时空进入永恒、超越意欲进入德性的必由之路。在叔本华看来，生命意志在本质上是毫无目标、毫无止境的创造性的力，是"永远的变化，无尽的流动"，生命意志的唯一性和整体性与其自我分裂性的矛盾不可调和，理智和认识对人开显出并照亮了这表象世界原本就有的、在根据律和个体化原理的必然约束下的、个体意志与个体意志在各种动机支配下相互争斗的深刻矛盾。因此，在此命运中的人类要想被拯救，就必须把理智的方向与方式"内转"，以道德直观的方式看透"自我"以及一切以"自我"方式呈现的个体意志或者意志主体的狭隘的必然性根据。于是"他无庸作逻辑的推论而直接认识到他自己这现象的本体也就是别人那现象的本体，这本体也就是构成一切事物的本质，是存在于一切事物中的那生命意志。"②所以"我们真正的自我不仅是在自己本人中，不仅在个别现象中，而且也在一切有生之物中"③。一旦到达这个境界，认识者将不仅在终极意义上领悟了这表象世界的本质，而且还将同时体会到一种源自于直观认识的"同情"，这是一种本质和本源意义上的"元德"，也是真正意义上的美德，并且只有发自这种"同情"的行为才有真正的道德价值。正因为只有通过直观才能在一切表象中看到同

---

① 叔本华. 作为意志和表象的世界 [M]. 石冲白，译. 北京：商务印书馆，1982：252.
② 叔本华. 作为意志和表象的世界 [M]. 石冲白，译. 北京：商务印书馆，1982：538.
③ 叔本华. 作为意志和表象的世界 [M]. 石冲白，译. 北京：商务印书馆，1982：512.

一的本质，所以叔本华说，"美德必然是从直观认识中产生的"。与此同时，同情也意味着一种自发的道德责任，人因此就是天生的道德主体。这样，人们就在生命意志的反身自观和消解中达到与生命意志的更高境界的"通一"。① 在某种意义上，道德直观就是那种终极意义上的真、善与美的最高统一。

　　总之，作为现代非理性主义的开创者，叔本华名副其实。在很大程度上，他的直观认识论也就是超理性认知论，他不仅揭示了超理性认知的"超越性"，也在此基础上同时说明了可资实践的超理性认知的现实性。

五、尼采的"视角主义"以一种奇异的方式颠覆了理性的底层逻辑

　　尼采与叔本华一脉相承，甚至把叔本华称为其"伟大的老师"，这充分体现在尼采的"强力意志"与叔本华"生命意志"的高度相似性。然而，总体来说，尼采与叔本华的生命价值取向是截然相反的，或者说尼采克服并超越了叔本华理论中还残留的"基督性"②，因而表现出了某种带有积极性的"强力"色彩。同样，在认识论上，尼采的"视角主义"并没有违反叔本华的核心观点，但也表现出了很大程度的特殊性。

　　概括来说，尼采的"视角主义"认为：①每一个主体都有特定的存在结构、存在方式，因而都是与此对应的一个观察世界的独特视角和与此视角相对应的世界图式；②任何认识，注定是主体特性的反映，因而，主体眼中的世界和对象各不相同；③认识在认识之初就已经偏离了追求"事物本身"的目的，这意味着并不存在纯粹中立的、不掺杂主观视角的认识；④理性所强调并看重的逻辑真理，也不过是反映着人类主体自身的尺度和理解世界的视角，即不过是相对于人类主体的种族尺度而言的，而绝非客观的真理。这也就是人们把"把自己的界限

---

　　① 叔本华. 作为意志和表象的世界 [M]. 石冲白，译. 北京：商务印书馆，1982：504.

　　② Young, Julian. Schopenhauer [M]. Francis：Taylor& Group published，2005：224.

当作世界的界限"①；⑤认识无法摆脱"主观性"，因而，想要摆脱主体的视角来发现一个客观的"自在世界"，只能得到虚无，尼采声称："根本就没有什么自在之物！假如真有那么一个自在之物，一个绝对之物，那么，它因而也就是无法认识的！"② ⑥"事物的本质不过是关于'此物'的见解而已"③，就是说某物"是什么"，只能是在与主体的关系中表现出其所是，也就是说，认识只是一种维护主体生存的手段，是生命的伴随物。这一点是与"语言游戏说"相通的；⑦作为主体的生命总是追求保存自身、提高自己在环境中的影响力，同化、掌控一切异己者。因此，在尼采看来，思维、判断、知觉等一切认识活动，"都具有同化的性质"④，因此尼采说，"对认识和感觉的骄傲像是一场弥天大雾，遮住了人类的视线和知觉"⑤；⑧也存在某种有效性的知识，就是那种在更为全面视角下形成的世界或事物的图景。这是说，主体的每一观察视角，实际上都来自某种欲望和情绪。如果我们在审视某一事物的时候，让各种不同的情绪和欲望都表露出来，"我们就会对同一件事情使用更多不同的眼睛，于是我们对这件事的'概念'、我们的'客观性'就更加全面"⑥；⑨从根本上，尼采所谓有效性的知识标准是被锚定在强力意志或权力意志之上的。一方面，"真理的标准在于权力感的提高"⑦。真理的标准是从知识给主体带来的效用方面来讲的；另一方面，权力意志水平高的强者本身就是真理的标准。这意味着，真理之所以能被普遍接受，是因为强者能够凭借其意志影响那些异议者，消除异议者的疑虑，击溃异议者的反驳，瓦解或同化异议者的观念，从而使异议者认同。⑧

总的来说，尼采认识论对于理性的批判态度是鲜明的，其批判的力度在叔本华

① 尼采. 权力意志 [M]. 张念东，等，译. 北京：商务印书馆，1991：699.
② 尼采. 权力意志 [M]. 张念东，等，译. 北京：商务印书馆，1991：190.
③ 尼采. 权力意志 [M]. 张念东，等，译. 北京：商务印书馆，1991：191.
④ 尼采. 权力意志 [M]. 张念东，等，译. 北京：商务印书馆，1991：628.
⑤ 尼采. 哲学与真理——尼采1872—1876年笔记选 [M]. 田立年，译. 上海：上海社会科学出版社，1993：101.
⑥ 尼采. 道德的谱系·善恶之彼岸 [M]. 宋祖良，等，译. 桂林：漓江出版社，2000：94.
⑦ 尼采. 权力意志 [M]. 张念东，等，译. 北京：商务印书馆，1991：702.
⑧ 朱连增. 认识中的"返"与"进" [J]. 武陵学刊，2020（1）：30.

基础上有所增强。在某种程度上，尼采的价值取向更为积极，但带有极端色彩且他的认识论范围有所收敛，主要从认识的主体性即动机律的角度揭示了知识的非客观性和理性的工具本性，这对于理解和把握超理性认知的必要性是有帮助的。

六、胡塞尔认为人类意识具有能够"本质直观"的意向性

如果说尼采干脆否认了"自在之物"的存在，那么胡塞尔则相对温和地"悬搁"了物自体或者给物自体加上了"括号"存而不论。之所以这样做，是因为与康德类似的哲学始终不能解决"知识之谜"的问题，即"内在之物在我之内，超越之物在我之外，那么认识任何可能"的"超越性"难题。这样一"悬搁"，一方面避免了尼采的武断之嫌，另一方面也使哲学获得了立场上的独立性，满足了作为严格科学的哲学应当没有任何预先假设的要求。立足于悬搁之上，胡塞尔"回到事情本身"，把哲学研究转向到了"直接的被给予性"，反而发现人类意识具有某种内在超越性，即能够"本质直观"的意向性。

悬搁物自体意味着胡塞尔的直接研究对象或者研究的出发点就是"意识"本身，即与感性直观对应的印象材料。但胡塞尔的"感性直观"具有特殊性。在康德意义上，立足于现象界与物自体的二分，感性直观是与知性范畴相对应的，科学知识的构成是感性直观和知性范畴二者相互结合的结果。而在胡塞尔这里，物自体已经被悬搁，那么就没有所谓现象界与物自体的二分，也不存在感性直观对应现象、逻辑演绎对应本质的前提预设，因此在胡塞尔这里感性直观不能被简单定义为从感性而来的被动的接受性，同时也有了认识本质的可能。而胡塞尔研究的结果真的就发现了感性直观中蕴含着的"本质直观"。其实，直观本身就意味着"与本质的直接相遇"，这意味着直观本身就是"本质性"的。比如，我们的"经验"永远只能呈现出"对象"的某个部分、某种角度，但我们却从来不会怀疑那个没有被看见的、被"经验"到的部分不存在。那么，这个在"意识行为"中，构建我们的"意向对象"真实性的东西，实际上就具有了一种

"超越"性质；同时，在一次性被给予的意识之外的，因"意向性"而被作为"意向对象"进入的，就是"超越的"；再有，尽管"对象"在我们面前的每一次显现都是有限的、不充分的，但是其却在多样的显现中达到了自身的"同一性"，这也就是"超越性"。还比如音乐之于人类。当音乐响起，人们通过听觉感受到了一个个音符在以声波的方式在空气中传播，但是，音乐欣赏的本质却在于"旋律"的欣赏亦即动态整体的旋律的"明见性"和"当下直接所予性"。（张智伟）那么这里问题就来了：旋律的本质可以从音符以及声波中的传播通过逻辑的分析得出吗？不可能；再者，旋律是本来就存在于人类意识之中的吗？或许在，但一定不是主观的存在。同时再反过来追问：旋律可以离开音符吗？不能；旋律能够离开人类意识的"欣赏"吗？也不行。于是这里就貌似出现了一个悖论：旋律既不是外在于意识的客观存在，也不是内在于主体的主观存在；既不在感性材料之中，又必须奠基于感性材料之上。那么旋律何来？其实，这里所谓悖论的症结就在于，音乐的欣赏是一种"本质直观"，这种本质直观是意向主体与被意向对象交融一体的共同建构，而我们仍然不自觉要以主客二分以及现象界物自体二分的逻辑方式去把握它。就是在这个地方，胡塞尔发现了人类意识"超越性"的一面即"意向性"的能力。

概言之，胡塞尔的本质直观揭示了人类意识具有某种超越性的意向性能力。这种意向性的内在机理在胡塞尔那里尚是"无法论证"的，它既与康德知性的"先验性"有所关联，但立场完全不同；又与分析心理学家荣格意义上的集体无意识"原型"有所接近，但仿佛还不止于此。需要着重指出的是，尽管胡塞尔的立足点是"悬搁"后对意识本身的研究，他却得出了某种整体主义的非主客关系二分以及非现象界物自体二分的结论。由于一切意识活动都有意向性；没有不意向物的意向，也没有不被意向的对象，因此，胡塞尔的结论具有某种程度上的普遍性和深刻的启发性。从胡塞尔出发，也有后来的研究认为，直观就是知识唯一的确定的基础本身，"本质直观乃是认识活动中的'奠基性'元素，当下时间中的直观与其前后的直观相互勾连就呈现为连续的逻辑思维即演绎，逻辑演绎乃自本质直观开始的、逻辑与历史相统一的认识活动的必然；关于对象的本质认识是先验主体当下构造的、以一个个直观环节为持续联结的方式在实践中展开的得以不断实现的。"①

此处还需要特别指出的一点是，胡塞尔的直观是由想象和感知共同构成的，而想象在本质直观中居于核心地位。胡塞尔也对想象进行了详细的探究，并被认为超越了康德意义上"按自我意识先验统一性的规律性统一经验"的"先验的构造的想象力"②。康德的想象力是指人的先天认知结构，而胡塞尔的想象揭示的是想象行为的内部结构。总的来说，胡塞尔的想象理论在带有"二元"残余的同时体现出了"合一"倾向，对于理解超理性认知也具有重要意义。

七、柏格森"思入绵延""扭转了思想活动习惯的方向"

如果说叔本华是现代非理性主义的开创者，那么柏格森则自认为以及被认为"扭转了思想活动习惯的方向"，这个方向同样也是批判理性、彰显超理性的方向。与叔本华基于康德"物自体""现象界"二分法所提出的"直观"认识论不同，柏格森是基于他关于"绵延"的生命哲学提出"直觉认识论"的。与叔本华对直观进行的细致的分析相比，柏格森的"直觉"理论显得比较单一和概括。同时，与叔本华对于世界的本质即"意志"的理解笼罩着一层悲观意味不同，柏格森意义上绵延着的"生命实体"则显得比较中性甚至积极，它同样是"永远的变化，无尽的流动"，但并不是"自我分裂"，而是永恒的变化与生长的过程，且在不断改变自身的同时又在这种改变中维持自身的统一。叔本华主张个体意志应当看透并摆脱动机律的支配方能获得真善美的自由，柏格森则主张"在绵延中思""我思故我绵延"。另外，柏格森的直觉与感性、理性无涉，更加带有超验性质。柏格森曾说，"叔本华的直觉不是一种好的直觉，因为它是在寻找永恒而不是在体味绵延。"③

---

① 参见 https：//www.bilibili.com/video/BV1Ty4y1B7gk？from=search&seid=7074436581559987432.
② 谢友情. 从设定到还原——论胡塞尔的想象对康德想象力的超越 [J]. 唯实，2009（11）.
③ 王理平. 差异与绵延——柏格森哲学及其当代命运 [M]. 北京：人民出版社，2007：321.

概括来说，柏格森认为，世界的本质不是客观的物质世界，也不是主观的意识世界，而是永动不息的生命之流。这种生命之流从不停歇，流动不止，因此他称之为"绵延"或"生命冲动"。能量的释放是生命的真正本质，绵延就相当于"纯粹的记忆"（这里的记忆不属于纯物质也不属于纯精神，而是物质与精神的结合点），是一种不断从过去向现在进而未来涌现的过程。这就是说，整个宇宙是一个在没有开始也没有终点的、过去现在未来作为有机整体的、无法量度只能体认的"纯粹的时间"中的，带着记忆创造进化的过程，其动力源自生命冲动。在这种永恒生命过程中人也是一种绵延，我们看到和感知到的一切都是通过绵延生成出来的，我们通过体认绵延从而"直觉"永恒生命的实体，在这个意义上可以说直觉就是生命，忘了直觉也就忘了生命。在这里，柏格森既不是从主客二分也不是从物自体现象界二分的角度来说明直觉的，因为绵延本身也是意识的最根本属性，因此把握绵延只有运用直觉的方法，并且只有记忆才是直觉的来源。"所谓直觉，就是一种理智的交融（一种超越感性和理性的内心的体验），这种交融使人们自己置身于对象之内，以便与其中独特的、从而无法表达的东西相符合。"①

那么既然生命本身就在于绵延，只能通过直觉来体认绵延，又如何理解理性等认识方法的存在呢？柏格森虽然认为理性具有割裂性、静止性、抽象化、表层化等根本的缺陷，但并不一般地反对理性，而是从"表层自我"与"深层自我"的区分来看待理性与直觉两种方法的。对于生活于一般时间里的表层自我，外界各种物质相对静止，可抽象并可量化，因此理性以及对应的自然科学是适用的；但从深层自我所处的绵延的时间来看，对于事物内在的本质，只能"运用一种精神的听诊法去感触原本东西的心灵的搏动"②，这就是排除感性和理性等一切中间过程之后的"心灵"的力量即"直觉"，直觉是探求真理的唯一方法，没有直觉的介入，人们将无法达到绵延。其实就绵延而言，比喻来说，众所周知的"我们不能两次踏进同一条河流"也不成立，这是因为其实并非有一个河水在流淌，

---

① 亨利·柏格森. 形而上学导言 [M]. 刘放桐，译. 北京：商务印书馆，1963：3-4.
② 亨利·柏格森. 形而上学导言 [M]. 刘放桐，译. 北京：商务印书馆，1963：29.

而是每一瞬间都是一次质有不同的喷涌，而每一瞬间连起来时就像一种流淌。一定意义上，这就从根本上破除了理性的底层逻辑即因果律。其实更深层次来说，绵延本身是不可分的，每个人事实上都处于一个万物共有的绵延中，人表面是一个区别于其他的个体，其实这也只是一种假设，因此人的思维也只能是一种"抽象"。那么直觉如何运作呢？柏格森认为主要有三点：共感、入戏、记忆。当然，对于理性根深蒂固的现代人来说，直觉产生的一个必要条件就是必须克服人们理性思维的习惯，抛弃语言，忘记概念、判断和推理等逻辑形式，这样才摆脱理性思维对直觉的束缚，实现对生命之流的体验。

柏格森直觉认识论比叔本华更为积极。他认为"当我们把自身的存在放回自己的意志中，并把意志放回到使它绵延的冲动中的时候，我们可以理解和感受到实体就是持续不断地成长、永无止境的创造，意志已经完成了这一奇迹。人们的每一项工作中都包含着发明，意志的每一个活动里都含有自由"①，因此，"作为绵延的我们是自己生活的创造者，每一瞬间都是一种创造"②。柏格森特别把人与动物做了对比："动物还在拖曳着锁链，它作的一切努力充其量只能使锁链延伸；只有人类的意识才能真正摆脱锁链。在人类，也只有在人类，意识才获得自由。"③ 当然柏格森也警告说，"我们的自由在确立自由的运动中创造出日益强大的习惯势力，如果自由不运用不懈的努力更新自己，就会被这些势力所窒息，自由后面就是无意识。"④ 总体来说，柏格森的绵延与唯识论的第八识有所接近，而直觉的认识论则比较类似带有反省意味的第七识。

总之，"直觉"在柏格森这里不再是一般所说的带有情绪性体验的个体的偶然发生，而成为一个真正的哲学意义上的方法概念。因此有评论指出，柏格森在哲学史上的最大贡献是对于理智主义的批判，他的学说的出现标志着理智主义的灭亡。柏格森自己也认为："研究哲学，就在于扭转思想活动习惯的方向。"⑤ 可

① 亨利·柏格森. 形而上学导言 [M]. 刘放桐，译. 北京：商务印书馆，1963：188.
② 亨利·柏格森. 形而上学导言 [M]. 刘放桐，译. 北京：商务印书馆，1963：196.
③ 亨利·柏格森. 创造进化论 [M]. 王珍丽，余习广，译. 长沙：湖南人民出版社，1989：208.
④ 亨利·柏格森. 创造进化论 [M]. 王珍丽，余习广，译. 长沙：湖南人民出版社，1989：100.
⑤ 亨利·柏格森. 形而上学导言 [M]. 刘放桐，译. 北京：商务印书馆，1963：147.

以说，柏格森不仅完成了自己设定的任务，也成为超理性认知发展史上的重要一环。

八、海德格尔的"澄明－遮蔽说"说明了超理性认知的"此在"基础

海德格尔作为胡塞尔的学生，是从现象学出发的，却走向了存在主义哲学并发展出了基于存在主义的认识理论。作为存在主义哲学家，海德格尔深刻指出以前的哲学史都是存在的"遗忘史"，这是因为从古希腊以来到黑格尔一直研究的不过是以"共相""本质"等命名的"存在者"，在这种抽象中"存在"本身却被遗忘了；同样的，尽管尼采要求把那种旧形而上学所追求的超感性世界的本质和意义还给现实世界，通过"最高价值的贬黜"否认了自在之物的存在，但是这种否认本身作为柏拉图主义的倒转同时也是对"存在"的遗忘，因此海德格尔认为尼采和黑格尔一同但用不同的方式终结了形而上学，同时又认为尼采是最后一个形而上学家。因此，海德格尔赋予自己重新担当起追问存在的使命。相对于古希腊哲学起源于"惊异"的探求"存在者的真理"的哲学第一开端，海德格尔试图开辟基于"惊恐"即探求"存在的真理"的新的开端。[①] 而在海德格尔看来，存在总是存在者的存在，因而存在并不在存在者之外，存在和存在者是一同在场的。我们总已经处于对存在的领悟之中了，那种将存在看作是认识的外在对象的方法乃是使存在问题无法得到解决的根本原因。但是，存在"离弃"出或者现身为存在者，本身却隐而不显，或者说存在本身是以一种缺席的方式在场的，这就是旧形而上学始终"遗忘"了存在的深刻原因。显然，海德格尔这一看法与中国哲学所说"道不远人，人之为道也故远人"是类似的。

但是，这里重点在于，尽管一切存在者都因存在而在，但是你要追问存在问题，你必须通过这样一个存在者，需要找到一个和存在有"存在论"关系的存

---

① 参见 https：//www. bilibili. com/video/BV1Fb41137DN？p = 46.

在者，才能追问/领悟存在。换言之，这样一个存在者，它是被存在规定的，它不仅可以领悟/追问自己的存在，而且对自己的存在也是有所作为的，才能追问/领悟存在。海德格尔发现人就是这样一个在者即"此在"，存在正是通过人这种在者得以显现。这就是说，人因存在而在，但无时无处不表现为"去存在"（to be），可以对存在有所作为。因此，人不是凝固化的、现在的存在者，而是一个未定型的、始终面对可能性的筹划自身的开放的在者，人在充满各种可能性的世界上，以一颗"无限心"时时刻刻打算、筹谋着未来，并承担相应的后果或为后果承担责任。在这里，我们又想起了老子所说的"域中有四大，而人居其一焉"。

从上可知，由于存在者是"东西"，而存在则"悬缺"，人作为存在与存在者的双重身份就决定了，人没有像物一样的先验摆在那里的本质，人的本质既不是"有"也不是"无"，而是"有无之间"："人的本质乃是存在为自己提供出来的'寓所'，为的是它自身作为无蔽状态之到达而进入这样一个寓所之中。"① 这就是说，对于存在来说，"它把自己托庇于作为存在者的人这种'无蔽'状态中，并且只有这样它才是存在，存在本身就与它的到达场所一同发生出来了"；对于人来说，"人即使在唯一地根据存在者之为存在者认识存在时也已经与存在相对待，就此而言，人就在与存在打交道"②。海德格尔在这个意义上把处于"有无之间"的人叫做"此在"。

但是，人并不直接是"此在"，或者与其说人是"此在"，还不如说人可以且应当是"此在"。这是因为，由于存在者是"有"而存在是"无"，人只有从什么是存在者开始思考（此时必然对存在熟视无睹），再激发出存在的诘难，才能去思关于"存在"的基础问题。"哲学只能从倒数第二个问题开始。即便西方哲学再来一次，仍然会从（旧）形而上学开始"（张志伟），这不能不说是洞见。这里，就人可以对存在本身有所作为即自行做出决定这点来说，这是一种自由；就人生活于充满可能性且受着必然性支配的世界中，且必须为自己的决策承担后

---

① 海德格尔. 尼采：下 [M]. 孙周兴，译. 北京：商务印书馆，2002：997.
② 海德格尔. 尼采：下 [M]. 孙周兴，译. 北京：商务印书馆，2002：989.

果来说，这种自由也是"生命难以承受之轻"，这也是常说的"人生而自由，却无往不在枷锁之中"。这里需要注意的，所谓的世界作为一个勾连成一个整体的因缘世界，并不是一个先在的或者先验的世界，而恰恰相反是因为人的生存活动才形成了这个世界。就是说，存在是原始的，而认识特别是主客二分的对象思维和理性认识则是后来的。正因如此，人的基本状态不是静观万物的"我思故我在"，而是基于生存的"我有情绪故我在"（"情绪"具有先在性，理性反而是派生的；或者说人是以情感为"根"的，理性只是工具，这又让我们想起了康德的知性、图式，以及叔本华的意志主体）。这个情绪就是"畏"和"烦"，所以有"畏"和"烦"，是因为人为了生存而不得不"操劳"（与物打交道）和"操持"（与人打交道），以及"烦忙"（此在与他物关系）和"烦神"（此在与此在关系）。这就造成了此在即人的"沉沦"：人有一种试图逃避自己、卸除责任、放弃选择的"混世"倾向，有一种拒斥偶然性、拥抱必然性的"非本质的本能"，人甘愿像物一样被规定，也不想要"自作主张"、自己"操心"，因此人很容易成为像物一样存在的"常人"，而理性也就是这种"常人"心态的一种体现。显然，人"自始就已经沉沦"，而理性不是别的，恰就是沉沦的一种标志。这意味着，人要以本真的此在方式生活，就必须超越"常人"及其"理性"。

上述虽然主要是对人作为"此在"的本质进行的讨论，但这里已经隐含了海德格尔关于认识的根本思想。第一，人作为存在规定的存在者，存在先于认识，人与存在本来就"亲密无间"并因此被称为"亲在"；第二，此在认识存在，靠的不是理性，而是"体悟"，是"领会"，不是在思想层面，而是首先体现在"畏"和"烦"的"情绪"中。情绪先于认识，甚至"决定"认识；第三，存在是存在者的基础，然而存在却以"缺席"的方式在场，因此，存在者本身是非本质的、不确定性的，与存在者对应的理性也因此是非本质性的；第四，人生在世的基本内容不是对其环境进行彼此隔绝的静观和沉思，而是一种融身其中的生存交互活动，因此，事物与人的关联，不是认识与对象的关系，也不是主体与客体的关系，而是在人"烦忙寻视"的操劳中"可作……之用""适宜……之用"的关系，这样的众多关系相互勾连而形成的意蕴整体，就是世界的结构或者海德格尔所说的世界性。这其实也说明了人类关于"对象"知识的性质：对象的意义是多元的而不是一元的，是开放的而不是封闭的，是具体的而不是抽象的，是实践的而不是认识性的。对象究竟呈现为何种意义，这取决于人与它的关联方式。这也是"超理性认知"的重要内涵之一；第五，当人以本真状态生存或者不再沉沦为"常人"时，此在是存在的"澄明"，如"林中空地"，天光一泻，照亮密林。这表明个体都是独一无二不可替代的，个体关于事物以及世界的知识具有或许互补但绝不相同的"异质性"，因此"一花一世界"，每个人都应当"自作主张"；第六，人作为此在，作为存在的显现，因为存在本身的"缺席"性质也变得不确定了，因而，在其本质上人是自由的，并因其自由而带有根本上的复杂性；第七，存在涌现为存在者。因此，常规的我们看待日常事物总是注重其必然性的方式是错误的，存在者不同状态之间或许可以归纳出某种因果性，但无论这种联系多么紧密，其性质也只是主观的假设，并且在其本质上不具备用之以演绎的价值；第八，在海德格尔思想的后期，他认为解蔽本身就是遮蔽，并区分了"昏暗"与"黑暗"："昏暗"是一种赤裸裸的和完全的光明缺失，而"黑暗"却是光明的隐藏之处。"黑暗"保存住了这光明，光明就属于这"黑暗"。因此，这"黑暗"有其本身的纯洁和清澈。海德格尔说："我们冷静地承认，思想的基本原则的源泉、确立这个原则的思想场所、这个场所和它的场所性的本质，所有这些对我们来讲都还裹藏在黑暗之中。这种黑暗或许在任何时代都参与到所有的思想中去。人无法摆脱掉它。相反，人必须认识到这种黑暗的必然性，而且努力去消除这样一种偏见，即认为这种黑暗的主宰应该被摧毁掉。"①类似地海德格尔还说，"语言是存在的家。……人归根到底就是一个言说者，是唯一的言说者。这是人的殊荣，又是人的困境。这一困境才把人和木石和动物区别开来；同时却也和诸神区别开来"；"语词破碎处，无物存在"；"语词崩解处，一个'存在'出现"。② 在这里，海德格尔事实上是用中国道家"知其白，守其

---

① 张志伟. "白天看星星"——海德格尔对老庄的读解 [EB/OL]. https：//m. sohu. com/a/319232133_713703.

② 海德格尔. 形而上学导论 [M]. 北京：商务印书馆，1996：88.

黑"的思想表达了对于解蔽特别是对于"比1000个太阳还亮"的现代科技文明的疑虑。也就是说，解蔽只是部分或者说相对的真理，人们通过解蔽能够接近真相，却无法最终到达真相。所以说虽然遮蔽等于非真理，却并非谬误或假象，甚至可以说由于遮蔽是更原初的境域，所以被遮蔽的东西更接近本原所在。海德格尔说，"那在我们看来是处于黑暗之中遮蔽状态的神秘的东西，才是我们真正的家"，因此海格德尔主张："必须让自身没入深深泉源的黑暗中，以便在白天能看到星星。"① 正是从这个角度，海德格尔在《存在与时间》中写道："只有当我们终于认识到，被颂扬了几个世纪的理性，其实是思想最顽固的敌人，只有这时，我们才有可能开始思想。"②

总之，基于存在主义哲学，海德格尔指出人的本质是"有无之间"的"此在"，作为此在的人的认识只能是以"遮蔽"为背景的"澄明"，从而以前人难以企及的高度，给出了西方哲学关于超理性认知的最有说服力和兼容性的诠释。可以说，海德格尔从存在的角度，实现了对理性的超越。

九、梅洛－庞蒂的知觉现象学揭示了超理性认知的重要实践途径

梅洛－庞蒂是"知觉现象学"的创始人，他在胡塞尔意识现象学的基础上走得更远，达到了"身体"的现象学。而与此同时，梅洛－庞蒂的理论又与海德格尔有所接近并进一步有所发挥。

如果说笛卡尔的理论是"我思故我在"，海德格尔是"我有情绪故我在"，那么梅洛－庞蒂则认为"我知觉故我在"。在梅洛－庞蒂看来，笛卡尔在否认感性的基础上只能得出一个"没有身体"的"我"，海德格尔对此在的分析也是以一种"无条件的哲学直观"或者处于存在之无蔽状态的"哲学家视点"为前提

---

① 张祥龙. 海德格尔思想与中国天道——终极视域的开启与交融 [M]. 北京：生活·读书·新知三联书店，2007：436.

② 保罗·帕里尼. 作为思想着的理性的科学 [J]. 杜鹃，译. 第欧根尼，2010（2）：35.

的。相对来说，梅洛－庞蒂受胡塞尔的"生活世界"理论影响较深。胡塞尔认为，自然和精神"在一种原初的直观的相互包含中"被给予；对自然和精神的关系的澄清只有回复到"原初经验"中才能做到，"生活世界是永远事先给与的、永远事先存在的世界……。一切目标以它为前提，即使在科学真理中被认知的普遍目标也以它为前提"①。从胡塞尔出发，梅洛－庞蒂把"生活世界"改造为"知觉世界"，强调"知觉的首要性"，知觉"无非是让我们始终保持与世界的原初关系，对世界保持惊奇的姿态，而不是到处套用某种理智模式，并因此让世界祛魅"②。梅洛－庞蒂认为"知觉是一切行为得以展开的基础，是行为的前提"；③"始终是一切理性、价值和存在（被描述的具体存在物）的先行的基础"，从而也走上了超理性认知之路。需要说明的是，这里的知觉包含着感性但不是简单的感性，更多是一种特殊的"直观"："任何意识甚至我们对自己的意识，都是知觉的意识"④；"在得到完全阐明的人类知觉中，我们可以找出人类生活的所有特征。"⑤

概言之，梅洛－庞蒂认为，知觉是先于意识的，知觉材料并不是意识的对象，而是作为主体的人的身体与外物接触时，外物对身体－主体最原初的呈现。因而，知觉世界是一种先验的人的结构性生活。这种结构性生活，一方面是说，知觉世界不是纯粹的外界环境，而是人的因素和外物的因素相互能动作用的结果；另一方面则意味着知觉世界已经包含了生活中的一切事实形式，但这种结构性是模糊的、圆融的、默识性的，是意识世界中各种事物规定性和可描述性的最终来源。因此，梅洛－庞蒂把语言、思维所展现的世界称为"可见的世界"，而知觉世界的本原则为"不可见的世界"。某种意义上，过去的理性是从否定感性的抽象的"高度"意义上来认识世界的，但事实上世界不仅可以有高度，还有

---

① 胡塞尔. 欧洲科学的危机与先验现象学［M］. 北京：商务印书馆，1995：173.
② 杨大春. 杨大春讲梅洛－庞蒂［M］. 北京：北京大学出版社，2005：110.
③ 莫里斯·梅洛－庞蒂. 知觉现象学［M］. 姜志辉，译. 北京：商务印书馆，2001：5.
④ 莫里斯·梅洛－庞蒂. 知觉的首要地位及其哲学结论［M］. 王东亮，译. 北京：生活. 读书. 新知三联书店，2002：4－5.
⑤ 莫里斯·梅洛－庞蒂. 知觉的首要地位及其哲学结论［M］. 王东亮，译. 北京：生活. 读书. 新知三联书店，2002：68.

更为根本的"不可言传"的"深度"。这种深度，在体现为人与外物的互动交融所勾连、因缘而成的世界整体以及关于这个世界的知识本质上的模糊、默识性以外，在梅洛－庞蒂看来还有一种更为深刻的"生命的统一性"意味。就是说"我称之为深度的东西其实什么都不是，或者是我参与到一个没有限制的存在中去，首先是一个超越了全部视点的空间存在中去"①；或者"深度比其他空间维度更直接地要求我们摒弃关于世界的偏见和重新发现世界得以显现的最初体验；可以说，深度最具有'存在的'特征。"② 并且，深度并非出于精神的审视，而是源于身体经验；因此，借助于知觉，身体演变为"灵化的"身体，主体也演变为"肉身化"主体："是身体在表现，是身体在说话"③；"知觉不是随处产生的，而只来自身体的深处"④。这意味着，一方面，身体对心灵和主体意识是具有优先性的，"身体对心灵而言是其诞生的空间，是所有其他现存空间的基质（matrice）"⑤；另一方面，身体就是与世界沟通的手段和方式，"我的身体不是一个客体，而是一种手段，一种知觉。我在知觉中用我的身体来组织与世界打交道。由于我的身体并通过我的身体，我寓居于世界。身体是知觉定位在其中的场。"⑥ 同时，这也隐含地说明了自我通过身体认识世界的隐秘的机理："由于万物和我的身体是由相同的材料做成的，身体的视觉就必定以某种方式在万物中形成，或者事物的公开可见性就必定在身体中产生一种秘密的可见性"⑦；"身体不再是视觉与触觉的手段，而是视觉和触觉的占有者。……我不是按照空间的外部形状来看空间的，我在它里面经验到它，我被包纳在空间里。总之，世界环绕着我，而不是面对着我。"⑧ 梅洛－庞蒂曾经提出过"身体图式"和"身体综合"的概念，"'身体图式'作为总体性和统一性既非部分之间的偶然性的、经验性

---

① 莫里斯·梅洛－庞蒂. 眼与心 [M]. 杨大春，译. 北京：商务印书馆，2007：57.
② 莫里斯·梅洛－庞蒂. 知觉现象学 [M]. 姜志辉，译. 北京：商务印书馆，2001：326.
③ 莫里斯·梅洛－庞蒂. 知觉现象学 [M]. 姜志辉，译. 北京：商务印书馆，2001：256.
④ 莫里斯·梅洛－庞蒂. 可见的与不可见的 [M]. 罗国祥，译. 北京：商务印书馆，2008：919.
⑤ 莫里斯·梅洛－庞蒂. 眼与心 [M]. 杨大春，译. 北京：商务印书馆，2007：63.
⑥ 杨大春. 感性的诗学：梅洛－庞蒂与法国哲学主流 [M]. 北京：人民出版社，2005：167.
⑦ 莫里斯·梅洛－庞蒂. 眼与心 [M]. 杨大春，译. 北京：商务印书馆，2007：39.
⑧ 莫里斯·梅洛－庞蒂. 眼与心 [M]. 杨大春，译. 北京：商务印书馆，2007：67.

的相互作用所形成的'效果'，也不仅仅是一种'格式塔'意义上的'整体意识'，而是一种先天的、能动的综合的能力。"① 这种能力的发生，以艺术绘画为例就是：万物的发生转化成"身体的躁动""内部的涌现"，描绘对象和世界就成了描绘身体本身，二者是合一的。显然，荣格心理学对此是赞同的。

从上可知，在梅洛－庞蒂看来，身体和世界是有深度的存在，并且都具有"前"理性、混沌性、不确定性品格，而"科学操纵事物，并且拒绝栖居其中"②，结果，科学自身失去了应有的世界基础、哲学基础，成为一种漂泊无根的有害尝试，并把人类带进某种"既不再有真也不再有假的某种文化体制当中，进入到不会有任何东西把他们唤醒的睡梦或噩梦当中"③。因此，梅洛－庞蒂主张使身体"世界化"，从而获得更为根本的关于世界知识的"自我呈现性"。最终，当我们每个人都像艺术家一样"将身体借给世界"的时候，我们也就实现了身体和世界的交融：自我身体的"内在灵化"。显然，这是超理性认知的重要实践途径。

综上，尽管哲学发展史的主流是对理性的论证和辩护，并且哲学本身即是理性的事业，但是，与之相伴而生并如影随形的，是对人类超理性认知从自发逐渐走向自觉的探索，并表现出了一条日益明晰的发展线索。虽然上述对于有关哲学观点的追溯与研究尚不够全面，但已完全可以断定，哲学的发展是支持心理学关于人类认知"前理性—理性—后理性"的发展路向判断的。随着时代的发展与研究的日益深入，超理性认知的意义、重要性以及实践路径越来越明晰了。接下来我们还将从更多的角度和层面继续说明这一点。

① 莫伟民，姜宇辉，王礼平. 二十世纪法国哲学［M］. 北京：人民出版社，2008：179.
② 莫里斯·梅洛－庞蒂. 眼与心［M］. 杨大春，译. 北京：商务印书馆，2007：31.
③ 莫里斯·梅洛－庞蒂. 眼与心［M］. 杨大春，译. 北京：商务印书馆，2007：32.

｜ 第七章 ｜

超理性认知的中国传统文化透视

中国传统文化是人类认知向超理性进化的先行者，并对西方心理学、哲学包括科学发展都曾起到重要启发作用。从其核心理念来看，中国文化具有本质意义上的超理性认知特征。但是，中国文化在拥有极高境界与深刻智慧的同时，一定程度上带有"早熟"的性质，尤其对于已经被动卷入西方理性主义路径的现代中国来说，本国传统的理解、挖掘与理性思维的训练、砥砺应当相辅相成、同步共进。

一、中国传统文化是人类认知超理性进化的先行者

近代中国是被西方文化的坚船利炮裹挟着进入以理性主义为内核的发展路径的。因此，长期以来，西方诸国对于中国各方面特别是中国传统文化怀有某种程度上毫不掩饰的轻视与蔑视感，而浑然忘却了就在不远的过去，即便见多识广的马可·波罗到了中国以后也油然而生的自惭形秽感。时至今日，理性主义的弊端在西方社会已经充分暴露，而某种意义上中国自身也深受其害，于是，不分中外出现了现代化水平日新月异与中国文化热久盛不衰的奇异对照。这是非常值得思考和讨论的。但是，这里我们所关切的，不是那种故国春秋式的诗意怀旧，也不是小国寡民式的孤芳自赏，更不是无视现代理性辉煌成就及其普遍、巨大代价的刻舟求剑，而是攸关人类前途命运的文化比较，是数度自我否定、痛定思痛后的哲学省思。回顾历史，首先需要指出的，总体而言，中国文化是人类认知超理性进化的先行者，西方超理性认知发展在心理学、哲学等许多方面都曾深受中国文化的启示。

（一）深度心理学在经过漫长的无意识探索后最终走向了中国文化

荣格是继弗洛伊德之后最有影响的精神分析学家，1912 年他创立了"分析心理学"，实际上已经是在精神分析的基础上，形成了独立的心理学体系。他的无意识理论、原型理论、人格类型以及"自性化""共时性"等带有鲜明超理性特点的学说或心理发现，对于当代心理学、当代人文与社会科学等，都产生了极为深远的影响。荣格的理论源于他对于人类心理的长期、艰辛的探索，但与中国文化也密不可分，特别是其研究的中后期受中国文化的启发是很大的，甚至他自己一度隐居于苏黎世波林根他自己设计与建筑的塔楼，身着"道袍"，身体力行于中国式的"道家生活"。荣格对中国文化评价很高，他说，"古代人是极富智慧的人民，心理学可以向古代文明，尤其是印度和中国学到很多东西"。① 比如，荣格曾对《易经》评论到："易经中包含着中国文化的精神和心灵；几千年中国伟大智者的共同倾注，历久而弥新，仍然对理解它的人，展现着无穷的意义和无限的启迪"②；"任何一个像我这样，生而有幸能够与……《易经》的预见性力量，做直接精神交流的人，都不能够忽视这样一个事实，在这里我们已经接触到了一个'阿基米德点'，而这一'阿基米德点'，足以动摇我们西方对于心理态度的基础"③；"我们不仅仅是作为旁观的崇拜者，或批评者；我们实际上已经成为东方精神的参与者，因为我们已经成功地体验到了《易经》中潜在的生命力"④。受荣格的启发，继荣格之后，我国著名心理学家申荷永创建了"中国文化心理学"。

（二）超个人心理学的"意识谱"理论深受中国文化的启发

威尔伯是美国"后人本心理学"最重要的思想家、理论家，有"后人本心

① 荣格. 分析心理学：理论与实践 ［M］. 北京：商务印书馆，1992：73.
② 荣格与维尔海姆. 金花的秘密 ［M］. 美国纽约，1975：141.
③ 荣格与维尔海姆. 金花的秘密 ［M］. 美国纽约，1975：141.
④ 荣格与维尔海姆. 金花的秘密 ［M］. 美国纽约，1975：139.

理学的马斯洛"之称。威尔伯 1949 年出生，1977 年就发表了著名的《意识谱》理论。1979 年又发表了《没有疆界》，这是一本论述意识以及人格最高境界的著作。所谓"没有疆界"是指人至少暂时放下了一切，接纳所有的东西，体验到与宇宙同一的"一体意识"。迄今，威尔伯不少作品已被翻译为多种文字介绍到多个国家。由于威尔伯对意识领域和超个人心理学的研究极具有基础性和开创性，他还被誉为"意识领域的爱因斯坦"。作为心理学家，有评论认为他在整合西方心理学和东方智慧方面已经超过了荣格。后人本心理学和超个人心理学是在广泛地吸收了世界文明的精华后发展起来的。威尔伯本人也深受东方和中国文化的影响，他对禅宗、道家都很熟悉。威尔伯曾写道："在我阅读《道德经》的第一章时，仿佛自己是平生第一次面对截然不同的世界———个超出了科学，因而也就是完全超出了我自己的世界。结果是，老子的古老思想完全使我感到意外，更有甚者，这种诧异拒绝消失，而我的整个世界观开始了一种微妙的但却是剧烈的转变。……这位老圣人触动了在我心底如此深的一根心弦。"① 从威尔伯后来的著作中，也可以很明显看到道家的影响，比如当威尔伯论述与超理性认知有关的"大精神"的概念时，也常常引用老子"道"的概念。可以断言，中国文化对于超个人心理学的影响是深远的。

（三）西方哲学的非理性主义路向与中国文化多有共鸣

前文已知，非理性或超理性研究是西方哲学研究的一个隐性路向，特别是自叔本华开始有了长足的发展。回顾西方哲学史发现，包括叔本华、海德格尔等在内的哲学家们，其超理性有关的思想总与中国传统文化有所交集并多有共鸣。比如，叔本华对中国文化进行研究后发现，"三教一家"的"道儒释"都是无神论的，并且"在那儿首先存在着一种全国性的对自然的崇拜。所有的人都崇拜自然"②。叔本华特别推崇理学大家朱熹，认为中国的理学与他的唯意志主义有异

---

① 肯·威尔伯的生平、著作、婚姻生活以及他的精神世界 ［EB/OL］. http：//blog. sina. com. cn/s/blog_ 9698f2bc0101d1zm. html.

② 叔本华. 自然界中的意志 ［M］. 北京：商务印书馆，1997：137.

曲同工之妙，"和我的学说的一致性是如此的明显和惊人"①。叔本华对于朱熹"天人一物，内外一理，流通贯彻，初无间隔"和"心者，人之神明，所以具众理而应万事者也；性则心之所具之理；而天又理之所从以出者也"（朱熹《朱子语类》）的观点最为欣赏，因为叔本华的唯意志主义也认为人和世间万物皆是由"意志"推演的，人只是意志的"客体化"。叔本华甚至感叹，"如果这些话不是在我的著作出版了整整 8 年之后才印出来的话，人们很可能会错误地以为我的基本思想就是从它们那里得来的"②。比如，海德格尔关于"解蔽"与"遮蔽"的观点也曾深受老庄思想启发。如上文所述，海德格尔思想的后期认为解蔽本身就是遮蔽，"黑暗"是光明的隐藏之处并保存住了这光明，光明所属的"黑暗"有其本身的纯洁和清澈，并主张："必须让自身没入深深泉源的黑暗中，以便在白天能看到星星。"这与老子《道德经》所说的"知其白，守其黑"是内在相通的，事实上海德格尔对上述思想的论述就直接引用了老子的这句话。

　　总之，站在客观的立场上，从西方社会有关超理性认知的发展史来看，远远早于西方的中国传统文化对其或发挥着启示、借鉴的作用，或在内在思想上颇多共鸣。这也是为什么西方有关的思想在现代中国也颇受欢迎的原因之一。在这个意义上，中国文化是人类认知超理性进化的先行者。

二、中国传统文化具有本质意义上的超理性认知特征

　　与理性主义主导的西方思维方式相比，中国传统文化带有鲜明的"超理性"特征。这种特征，不是无关宏旨的装饰点缀，而是由内而外的本质体现。以中国文化之博大精深，很难对其超理性特征进行全貌式的概括。但为了说明的方便，这里从本体信念、主体视角、生活态度、认知路径、认知方法、真知标准等几个方面简要梳理如下：

---

① 叔本华．自然界中的意志［M］．北京：商务印书馆，1997：144.
② 叔本华．自然界中的意志［M］．北京：商务印书馆，1997：144.

（一）本体信念："天人合一、大化流行、真空妙有"的整体性、生成性、因缘性

从根本上讲，认知世界的方式取决于人与世界存在的方式尤其是人与世界打交道的方式，这意味着没有无物的心，也没有无心的物，心与物不过是一枚硬币的两面。因此海德格尔说，我们与万物的遭遇首先是一种交往，而不是观察。中国传统文化也认为人是依寓于世界之中的，就在这种以"生活"为圆心的万事万物相互关联、交融的生活当中，逐渐形成了天人合一的世界整体性思想、大化流行的生成/过程性思想，以及真空妙有的因缘性思想等。这种本体信念，认为人不能独立于世界之外观察或者思考世界，认为世界是"道"或者"气"永不停息的自然的周转变迁，认为万事万物作为"道"的体现并无所谓本性，其生灭变化只是因缘而起、因缘而息。这就是魏晋玄学王弼所说的："谓之为妙有者，欲言有，不见其形，则非有，故谓之妙；欲言其无，物由之以生，则非无，故谓之有也。斯乃无中之有，谓之妙有也。"① 显然，这与西方理性主义"我思故我在"的出发点、"知性为自然立法"的"物自体"搁置等是完全不同的立场，而与叔本华以来的非理性主义特别是海德格尔为代表的存在主义倒有几分相似。

（二）主体视角："天大、地大、道大、人亦大""吾心即是宇宙""唯我独尊"的"大我""真我"

在"天人合一"的境域，又以一种什么的视角来看待人本身呢？在中国传统文化中，人依然是非常重要的"主体"，但这里的人是一种"大我""真我"。所谓"大"，是《道德经》所说的"故道大，天大，地大，人亦大。域中有四大，而人居其一焉。人法地，地法天，天法道，道法自然"，这是说的人作为道的体现，是与万事万物平等的在者，"天地与我并生，而万物与我为一"（庄子）；所谓"我"，是如儒家陆九渊所说的"吾心即是宇宙，宇宙即是吾心"，或

---

① 参见 https://zhidao.baidu.com/question/294427011.html.

如王阳明"南镇赏梅"典故所寓意的，是说人的存在就是一种"解蔽"和"照亮"，在这个意义上宇宙之意义甚至存在是以人为前提和中心的；至于"唯我独尊"，并不是尼采宣布"上帝死了"之后西方的那个妄自尊大的理性主体，而是在东方文化最高层次上说的"真我"或"真常"，亦即"何期自性，本自清净；何期自性，本不生灭；何期自性，本自具足；何期自性，本无动摇；何期自性，能生万法"（慧能）。显然，这里的主体，是可"与天地精神相往来"的至高无上然而平等的道的显现。

（三）生活态度："不争而善胜""参赞天地之化育""普渡众生""游戏三昧"的自在态度、"近情"角度与"游戏"精神

如果说人是"域内四大"之一，那么在天人合一的境域人又是一种什么样的生存状态与生活方式呢？中国文化认为"上天有好生之德，大地有载物之厚"，因此，道家主张"无为而无不为"，认为"夫唯不争，故莫能与之争"；儒家主张"与天地参""赞天地之化育""民吾同胞，物吾与也"，这都充分体现了作为"大我"主体的自在的生命精神、"近情"的视物角度、和谐的价值取向，至于释家的"众生平等""普渡一切有情"，则更体现了悲天悯人、拔苦与乐的救世情怀。此处还需提及的是，中国文化还富有"逍遥游""游戏三昧"等的自在"游戏"精神。显然，这种奠基于天人合一、无缘大慈立场上的宽容自在、乐天乐活的生活态度，是与西方理性主义伴随的那种一丝不苟的严密、严肃、严苛甚至严厉的竞争、斗争取向截然不同的。

（四）认知路径："道器不二""天在内、人在外""一心开二门"的共时性

前文已述，西方存在主义哲学提出了存在"以缺席的方式在场"的观点，无疑，这是非常深刻的，类似的中国传统文化也提出了"道器不二""天在内、人在外""一心开二门"等看法。但这里需要强调的是，一方面存在主义的理论尽管很有说服力但仍是理性逻辑推演的"假说"，而中国文化的相关观点却是自

证自明的知行合一，是意识精神确实到达了的"境界"；另一方面，存在主义标志着西方哲学发展从认识论向存在论的转向，而中国文化则在"道器不二""天在内、人在外"的存在立场上自然生发出了"一心开二门"的思维图式，两者不仅不矛盾而且相辅相成。概言之，中国文化认为，"形而上者谓之道，形而下者谓之器"。但同时，"形而中者谓之'心'"，"形"之一物，本质上就是指的"人"，由于"天在内，人在外"，人"心"通天地，"心之官则思"，故而人心之思，可以贯通形上、形下。这意味着，人不仅能"体道"，更可以"显道"和"弘道"。正因如此，《大乘起信论》认为"一心开二门"，一心指众生心，二门指心真如门及心生灭门。道世界对应着"真如门"、道思维，器世界对应着"生灭门"、器思维。此心觉悟，即入真如门，成就"道心"；此心遮蔽，则入生灭门，沦为"人心"。最重要的，如《周易》"共时性"原理所揭示的，器思维是可以转为道思维的，人心也是可以转为道心的；而且，"二门"皆"一心"，道世界、器世界显隐无二，道思维、器思维融合为一，这就是超理性认知。

（五）认知方法："为道日损""格物致知""烦恼即菩提"的内在超越

西方的现象学认为人类意识具有一种"本质直观"的意向性，实现了某种"内在的超越"并触及主客体的交融一体，这是非常睿智的。事实上，中国文化也注重这种内在超越的本质直观，尽管其理论没那么烦琐复杂，但其境界却是现象学难以望其项背的。比如《中庸》云，"惟天下至诚，为能尽其性；能尽其性，则能尽人之性；能尽人之性，则能尽物之性；能尽物之性，则可以赞天地之化育；可以赞天地之化育，则可以与天地参矣"，类似的还有老子的"为道日损"、阳明心学的"格物致知"以及释家的"烦恼即菩提"等。这里中国文化与现象学最大的不同，不在于"我意识故我在"的出发原点以及对意识本身的考察路向，而在于现象学对于主客体的消解是不彻底的，或者说仍然在主客二分的逻辑中打转，而中国文化的"诚意正心"是以"天人合一""天在内、人在外"为前提的，并且对于意识本身考察的工具在现象学那里仍然是理性的推演，而中国文化对意识的考察却是"心斋""坐忘""返观内视"的功夫。也正因此，孟子说，"万物皆备于我矣。反身而诚，乐莫大焉"，不仅明确了认知的方法，在这种认知中还体验到了超理性认知带来的无上愉悦。这是只可意会不可言传的境界。

（六）真知标准："求其放心、止于至善""知其白、守其黑""万法唯识、转识成智"的真理追求

存在主义哲学已经揭示了理性主导下的科学主义正在日甚一日地把人类"掩护"到一个失真的假设系统世界中的事实，并发现科技正在给人类社会带来多种危机，其一是科技这用"座架"看待世界的方式，遮蔽了其他认识事物的可能性，其二是人通过科技成为虚幻的"万物领导者"的同时，自身也沦为了科技进一步发展的工具以及资源，海德格尔甚至认为"科学家是当代最悲惨的奴隶"。之所以如此，是因为科学先假设世界是可以形式化的，再去寻找符合这条规律的证据，这种对于世界的"谋制"使得世界只能以被再现、被计算、被操控的面貌呈现，表面来看人类的理性主宰一切，事实上人类遇到的只能是存在者与表象的抽象，存在本身则隐退了。因此，存在主义在承认科学"解蔽"作用的同时更为警惕科学主义的"遮蔽"，这是非常深刻的。

那么，中国传统文化是如何看待真理的追求以及真知的标准的呢？其实，对于理性的局限及其危害，中国哲学早已了然，庄子早就说过："吾生也有涯，而知也无涯；以有涯随无涯，殆矣。"因此，对于理性知识，中国文化的主张是"知其白，守其黑"，或者"使有什伯之器而不用；……虽有舟舆，无所乘之，虽有甲兵，无所陈之"（老子）。进而，中国文化更加重视"真知"。所谓真知，一方面，强调的不是知识本身的真假判断，而是对于理性知识始终保持足够警惕的"态度"，并在此基础上始终怀有对世界的敬畏；另一方面，只有"道"，才能使万物善始善终，道在人心即为"仁"，"仁"即人之本心，本心不失便可"止于至善"。但是，返观现代社会，庄子所述已成现实："机心存于胸中，则纯白不备；纯白不备，则神生不定；神生不定者，道之所不载也"；更何况"五色

令人目盲，五音令人耳聋，五味令人口爽，驰骋畋猎令人心发狂，难得之货令人行妨"（老子），物欲横流之下，"人心惟危，道心惟微"以及"不见可欲，使民心不乱"的告诫早已被抛到九霄云外。正因如此，孟子的话更有针砭时弊的现代意义："人有鸡犬放，则知求之；有放心而不知求。学问之道无他，求其放心而已矣"，这个"求其放心"，就是恢复"本心"，就是"自性"不迷，就是"沿流不止问如何，真照无边说似他。离相离名人不禀，吹毛用了急须磨"，最终，就是在明了"万法唯识"的基础上最终"转识成智"。

以上，只是从若干方面对中国文化的超理性认知特征进行了非常简单的梳理，此外，"意象式范畴、隐喻性逻辑、想象式思维、意会性直观、顿悟式认识"等，也是中国文化超理性特征的重要体现。事实上，由于其本身的"默识性"以及"非理性"，超理性认知不可能通过"理解"而得到理解，而更多的或主要的还是一个实践求证的过程和"知行合一"的功夫。

三、"早熟"的中国式"超理性认知"尚需理性的砥砺

说超理性认知是中国文化的本质性特征，这并不意味着中国传统没有理性或者未曾经过理性的阶段。事实上，作为四大古国之一，中国人的理性精神在先秦时期就已普遍觉醒。比如，德国思想家韦伯把现代社会的产生看成理性为世界"祛除巫魅"的过程，但他不仅没有给中国文化贴上非理性的标签，反而充分肯定了中国主流文化思想即儒家思想的理性意义："儒教是如此理性。……以至于除了边沁的伦理系统以外，还没有一个伦理系统能与之相比。"[①] 我国学者梁漱溟也认为，"中西文化不同，实从宗教问题上分途；而中国缺乏宗教，又由于理性开发之早"[②]。那么，何以近代西方阔步行进于理性开辟的"现代大道"，而古代中国却长期徘徊于"传统的曲径"呢？对此，韦伯认为，儒家理性精神存在

---

① 韦伯. 儒教与道教 [M]. 北京：商务印书馆，1995：32–33.
② 梁漱溟. 中国文化要义 [M]. 上海：学林出版社，1996：124.

着诸如"尚未触动巫术"①、"旨在理性地适应世界"② 等缺陷；梁漱溟则认为，古代中国所开发的理性有其特殊性，是超越了生活问题与功利计算的"无所私的感情"③，是超越了一切生物所局限的"有对"而"超进于无对"的"清明安和之心"④。也就是说，梁漱溟认为由于中国"理性早启"，而且中国式理性带有特殊的"超越性"，这就使得中国文化直接进入了以解决心理精神需要问题为核心目标的"第二路向"，结果以解决人的生理物质需要问题为核心目标的文化"第一路向"被"跨越"了。这种理性发展所导致的文化"早熟"，使得中国文化自来注重精神伦理，而忽视了自然科学、宗教信仰等。对比来说，韦伯与梁漱溟的分析虽然都是比较文化的切入角度，但其观点有所区别，一个强调传统中国理性化程度的低下，一个则强调传统中国理性的特殊性及其"早熟"；另一方面，尽管两者观点不同，但其结论中关于传统中国理性化不足的倾向是共同的。对此，马克思也有精辟的论述，在评价早期人类文明时他曾指出："有粗野的儿童，有早熟的儿童。古代民族中有许多是属于这一类的。古希腊人是正常的儿童。"⑤在一定意义上，中国文化便属于"早熟的儿童"。

那么，中国之"理性早启"的客观原因在哪里呢？其实这也不难理解。一个民族的文化发展道路，是同这个民族文化成型的源头紧密相关的。同样，一个民族的理性精神发展状况，很大程度上会受其在轴心时代发生状况的影响。⑥ 在古希腊，其理性精神的基础即自我意识的觉醒，是通过其"黄金时代"对自己所创造美好生活的自觉自信、自负自恋的途径完成的。但中国理性的发生却走了一条不同的道路，其原因就在于中国先秦的"世衰道微"。这一时期，礼崩乐坏、诸侯蜂起、社会动荡、战争不断，诸子百家特别是儒家对时代、社会进行了深刻反思，自然地得出了世道之乱在于"人心"而不在"天命"的结论，诸如

① 韦伯. 儒教与道教［M］. 南京：江苏人民出版社，1995：256.
② 韦伯. 儒教与道教［M］. 南京：江苏人民出版社，1995：277.
③ 梁漱溟. 中国文化要义［M］. 上海：学林出版社，1996：127.
④ 梁漱溟. 中国文化要义［M］. 上海：学林出版社，1996：133.
⑤ 马克思恩格斯选集：第二卷［M］. 北京：人民出版社，1972：114.
⑥ 袁阳. 觉醒的迷失［J］. 社会科学研究，2004（3）：61.

"天道无为""天何言哉，四时行焉，百物生焉""大道废，有仁义；智慧出，有大伪"的论断以及"天大、地大、道大、人亦大""若使天下兼相爱——则天下治""无为而无不为"等的主张就深入人心了。显然，就在此处，一方面，在明确人本身的根本性、重要性的同时，神的地位和天命观逐渐淡化、丧失了，这就是"理性早启""早熟"的原因；另一方面，在人的理性得到彰显的同时，人性"好勇疾贫""人而不仁"的局限性被突显了出来，因此对人自身意志、欲望的控制与改造成了理性思维与反思的核心，古希腊理性所代表的那种人类精神儿童期理应具有的外向进取、自信自负，被"吾日而三省吾身""心斋""坐忘"等的内向省察所取代。这当然是"超理性认知"发生发展的重要土壤，但也很容易在弱化意志的基础上进而出现"意义消解""信仰匮乏"等许多不利于理性张扬的因素。这就是中国"没有宗教"进而难以发展出西方式理性精神的重要原因。

这里还需要强调说明的一点是，作为"早熟儿童"的"中国人的精神"带有一种奇异的特质，这就是辜鸿铭所说"赤子之心"与"成人之思"的完美结合。这种特质，源于"同情心"与"真正的人类智慧"的交融[1]，表现出"锻造精良的金属"的"温良"质感[2]。一定意义上，辜鸿铭所赞叹的"灵感和情感被唤醒和点燃""心和脑协调起来共同工作""充满想象力的理智"等，就是超理性认知。[3] 在100多年后的今天回望那个"觉醒年代"，当我们再次读到辜鸿铭的文字，击节赞叹之余，一种新的"启蒙"和"觉醒"的使命感油然而生。

总之，中国文化是"早熟"的，这一方面是其"超理性"特质的重要原因，另一方面也说明中国式思维还需要理性进一步发展的砥砺，从而克服中国文化长期存在的神秘性、模糊性等过强的不足，并能使其自身保持健康积极的创新能力与发展活力，从而更好更快适应现代社会的要求。

---

[1] 辜鸿铭. 中国人的精神［M］. 北京理工大学出版社. 2016：13.
[2] 辜鸿铭. 中国人的精神［M］. 北京理工大学出版社. 2016：12.
[3] 辜鸿铭. 中国人的精神［M］. 北京理工大学出版社. 2016：1-60.

丨 第八章 丨

超理性认知的理念方法及机理简析

在进行了科学、心理学、哲学以及中国文化等的多角度考察之后，超理性认知的大致轮廓已隐然浮现。但需要说明的还有几点：第一，顾名思义，"超理性认知"本身是不能用理性的方式比如逻辑和语言对其进行说明的。因此，在其未说时，它就是它本身，或者一切尽在不言中，但一旦被言说，所谓的理念、方法、机理等也只能是一种"语言的游戏"或者隐喻；第二，每个人都可以对超理性认知有自己的体会，这种体会肯定不尽相同但并无对错之分，因此，任何表述只能是"一家之言"，仅供参考之用；第三，从其本质上，超理性认知是一种须经努力才能达到的一种境界、能力或者"功夫"，它不是单纯的"理解"之事或者某种可以分享的知识。而且正因为它是境界，境界的不同也会造成理解和表述的差异，这是需要注意的。

一、超理性认知的理念方法

为了方便理解，这里仍借用"本体论""认识论"等的通用说法，但我们应知这些说法本身都已经是被"超越"了的。总体而言，超理性认知的本体论前提是"后主客关系的天人合一"；认识论主张是"一心开二门"；终极发展指向是"转识成智"。

（一）"后主客关系天人合一"的本体论前提

前文，我们已经讨论了"复杂性的思维表征"即世界的复杂性在人类思维之上打下的诸多烙印，我们也讨论了"思维（心理）本身的复杂性"即人类意识固有的复杂本质。那么，既然"所思"与"能思"皆属复杂性事物，这两者之间究竟又是一种什么样的关联关系呢？

"所思"与"能思"的关系问题已经触及了人类思维的本质，因为它要解决的问题根本上就是人与世界的关系这个理性本身的假定前提问题。正如恩格斯所说，"全部哲学，特别是近代哲学的重大的基本问题，是思维和存在的关系问题。"① 那么，超理性视域中的"所思"与"能思"又是一种什么样的关系呢？对此问题的解读，仍需借助于对理性简单性范式的剖析而展开。

理性事实上是主客二分前提下用以沟通主体与客体的"桥梁"。这种主客二分结构，在古希腊哲学"人是万物的尺度"观点中已经初露萌芽；在中世纪的欧洲神学中，它则在"天（神）与人""灵魂与肉体""精神与自然""宗教生活与世俗生活"等一系列对立中以一种被上帝"遮蔽"了的奇异面目继续酝酿；而到了近代哲学，当"上帝死了"之后，它终于借笛卡尔之口说出了"我思故我在"的石破天惊之语，从而以"不可辩驳"的逻辑产生了简单性范式。由此，"主客二分结构"占据了整个西方哲学的历史，而整个现代社会亦奠基于此。

事实上，主体想要通过理性/简单性范式认识并掌控客体，但其出发点与路径从一开始就错了。比如，即便是"我思故我在"这个近代哲学的坚强柱石，在其奠基之初，就已经内生裂纹。前文已述，在笛卡尔那里，一方面，知识要求有普遍必然性，但另一方面，在怀疑论背景下，知识的大厦也不可能建立在感觉经验的"沙滩"上。于是，作为理性演绎前提条件的"初始原理"，就只能是通过"理智直观"获取的"天赋观念"。而理智直观及天赋观念，从其本质来看是带有超越性、先验性的。这一点，既与深层心理学所揭示集体无意识"原型"

---

① 马克思恩格斯选集：第 4 卷 [M]. 北京：人民出版社，1995：223.

遥相呼应，也潜伏了思维非理性主义的内在萌芽。

从笛卡尔向前更远地追溯，理性精神从其源头即古希腊哲学那里开始就已存在"逻各斯"与"努斯"的分化，并在历史上逐渐演变成了经验论与先验论、理性主义与非理性主义、科学主义和人文主义的外部对立。当然，也有不少思想家试图检讨理性并弥合这一分歧。在第一个方面其代表人物是康德，康德的批判哲学明确了主体是立法者，自然的秩序是主体的知性，但这只限于"现象界"，"物自体"仍然属于不可知的领地。对于物自体，我们知道其存在，说明对它能思维，但又不能以知性加以认识。最终，康德的批判使主客二分的困境更加突出。在第二个方面，西方以非理性为基础企图消解主客二分的第一人是叔本华。承续并突破康德的理论，叔本华创建了一个以"意志""表象"为核心概念的非理性主义哲学体系，认为理性只能以现实的、个别的经验直观作为其对象，决不能以全体、绝对作为对象。换言之，理性只是"表象"的对应物，只是为意志服务的工具，而只有通过超越理性的"直觉"才能到达"意志"的本体，而"意志"本体是无所谓主体与客体的。在叔本华看来，直觉与理性无关，因为这种直觉突破了主客二元对峙，表现为一种物我两忘的神秘精神状态。显然，叔本华基于意志本体论的直觉主义认识论是对主客二分结构的消解。叔本华这一理论在尼采和柏格森等人的努力下不断发展，许多思想已然成为现代西方哲学的共识。

可见，康德确认了理性在"现象界"的价值，但也再次明确理性对"物自体"的无能为力。而叔本华则更敏锐地发现，"这整个世界的实际存在，都有赖于这第一只张开的眼睛，……这世界只对认识、只在认识中存在。没有认识，世界根本就不可想象，因为世界就是表象"①。叔本华最为著名的一句话就是"'世界是我的表象'——这是真理，适用于任何生活着的和认识着的生物，不过只有人才能够将其纳入反省的、抽象的意识之中"。"他不认识什么太阳，什么地球，而永远只是眼睛，是眼睛看见太阳；永远只是手，是手感触着地球；就会明白围绕着他的这世界只是作为表象而存在着的；也就是说这世界的存在完全只是就它

---

① 叔本华. 作为意志与表象的世界 [M]. 北京：商务印书馆，1982：62.

对一个其他事物的，一个进行'表象者'的关系来说的。这个进行'表象者'就是人自己。"① 也就是说，我们并非世界的观察者，而是我们的观察产生了习以为常的世界。因此，尽管理性是摩耶之幕，但问题的根本还在于"主客二分"，这也就是"宇宙不曾限隔人，人自限隔宇宙"。

正因如此，在非理性主义的砥砺下，现代西方哲学开始更多地反思"主体－客体"结构，并试图建立一种新型的"人－世界"结构，继而逐渐走向"后主客关系的天人合一"②。"人－世界"结构曾长期存在于人类社会发展早期，那可以称为原始的"天人合一"，"人－世界"结构重又出现于主客二分结构已然暴露致命缺陷的现代，这被称为高级的"天人合一""超主客关系的天人合一"或"后主客关系的天人合一"。事实上，即便在康德那里也已经包含了"后主客关系的天人合一"的萌芽，因为康德最早发现了审美的重要性，并把审美作为沟通"现象界"和"物自体"的桥梁。他说，"以无利害的愉悦为本质特征的审美判断力和具有主观特征的美感的普遍传递性，肩负着沟通两个世界的使命。……人们能够通过审美抵达道德的自由。"③ 在这里，康德的包括"无目的合目的性"在内的"四个契机"在一定程度上就是对那种合一之境的隐喻。此外，海德格尔关于"壶"的隐喻，也在一定意义上说明着"合一"："如果我们要体验物的原初性，例如作为壶的壶，那么，我们就不应该只像自然科学那样，把壶的容纳能力简化为一种为某种流体，或者更抽象地简化为一种为特殊的物质堆集而留下的某种空洞。我们必须按另一种不同的方式追问关于壶是怎样容纳的问题。壶的容纳在于它吸收了并保存了被倾注进去的东西。吸收和储存由泻出的利用、赠予所规定。壶给予水，赐予酒。而在水中则滞留着泉，在泉中保留着石亦即地的沉睡和天空的雨露。在酒中，居留着地的滋养元素和太阳。酒可以解人之渴，可以激励友情。酒还可以倾于地上以祭神，可以在对崇高者的节日庆典上助兴。壶集合了地与天、神与人。这就是'物'：它保存着地和天、神圣的和人的四重性的

① 叔本华. 作为意志与表象的世界 [M]. 北京：商务印书馆，1982：25.
② 张世英. 哲学导论 [M]. 北京：北京大学出版社，2002.
③ 康德. 判断力批判 [M]. 北京：人民出版社，2002：53.

实在性，并从而使四者进入自身，就此而言，它使'世界'成为四者的合一体。"① 总起来看，"后主客关系的天人合一"观，其主要的观点，就是主张生活高于理论，经验高于思维，人不是世界的旁观者，人与万物的相互纠缠与互动构成了世界。正如莫兰所说："认识的领域永远不是纯粹的对象的领域，而是被看到、被理解的对象，它是由我们——观察者和认识者参与产生出来的。我们认识的世界不是无我们的世界，而是和我们共在的世界。这导致下述基本的悖论：我们的世界是我们对世界看法的组成部分，而我们对世界的看法又是我们的世界的组成部分。"②

综上可知，理性困境的深刻根源不在于别的，就在于主客二元结构本身。换言之，欲真正超越理性，就必须重返"后主客关系的天人合一"，并在这种新型"人–世界"结构及"合一"之境中重新审视并定位理性，最终达到超理性认知。

（二）"一心开二门"的认识论主张

超理性认知的核心立场是"后主客关系的天人合一"，那么，在这种合一的境域，我们到底该如何"思维"？通过这种思维方式，我们又能够认知什么？

前述已知，理性是与康德"现象界"、叔本华"表象"、海德格尔"存在者"等范畴所对应的思维方式，而超理性认知则更多与"物自体""意志""存在"本身相联系。《周易·系辞》说，"形而上者谓之道，形而下者谓之器"。从这个角度，本质上，"现象界""表象""存在者"事实上是"器世界"；相应的，"物自体""意志"与"存在"则意味着"道世界"。因此，理性可以称之为"器思维"，而超理性认知更多的就是"道思维"。

器世界就是我们所熟知的这个世界，因而器世界的"简单"并不难理解。在器世界，人自然是那个当仁不让的"主体"，世界也自然就是那个与人相对的"客体"。"器"有"工具"之意，就是说世界是"为人"的、"属人"的和"工

---

① 张世英. 进入澄明之境 [M]. 北京：商务印书馆，1999：91–93.
② 埃得加·莫兰. 复杂思想：自觉的科学 [M]. 陈一壮，译. 北京：北京大学出版社，2001.

具性""资源性"的东西。器世界本质上是人化了的世界。在器世界，林林总总的自然万象在人类理性当中被简化为简明高效的概念、范畴、规律、法则、逻辑与作为逻辑体系的理论，而规律与逻辑之外都属偶然、意外甚至"谬误"。最终，人是立法者，自然的秩序就是人的理性。与此同时，因为器世界只向人类开显出了从本质上是"属人的"、从目的上是"为人的"、从方式上只能被人的逻辑推理所认知的一面，"道"即"存在"也只能是以缺席的方式出场的，故而人化世界只能是器世界，也必然是理性的以及简单的。

相反，在理性看来，道世界则无与伦比的"复杂"。何以故？以迄今为止人类所形成的根深蒂固的"主体"情结而言，它是无法理解除了"主客二分"以及"主客对立"关系以外的所有联系的。同样，对于本末倒置、积重难返的逻辑思维，世界存在与运行所呈现的非实体性、非线性、不确定性、整体性、过程性、混沌与涌现等诸如此类的复杂性质是匪夷所思的。而更为难以把握的，则是人类思维的机能即心理本身也充满着如荣格意义上的"共时性"等甚至是不可思议的深刻复杂性。在道的大化流行与浩瀚无极面前，器思维诚然太狭隘了！正如《庄子·秋水》所云："子乃规规然而求之以察，索之以辩，是直用管窥天，用锥指地也，不亦小乎？……以有涯而随无涯，殆矣。"

然而关键的问题是，所谓器世界与道世界的划分，本质上仍然属于理性的范畴。古语有云：道器不二。或曰："道不能无物而自道，物不能无道而自物。"就是说，无"道"则无从成"器"；反过来，无"器""道"亦无从显。换言之，世界本体是无所谓道与器的，道与器只在"人化了的世界"中存在，或说道与器仍然只是人心的显现。然而这并不是说道器之分没有意义。道器之分，对于世界本体而言自然无从所谓。然而，由于人本身就是"器"，即便超越了"主客二分"，人仍然无法摆脱"人-世界"的关系结构，因此，道器之分对于人的存在、人认识世界以及人在世界中生活仍然是不可或缺的。甚至可以说，正因为在道器之分中自觉了人本身的器属性，以及道的贯通宏微、洞烛幽隐的"通融"地位，人才能够从根本上觉知进而摆脱理性主义，并恰如其分地认识、处理"人-世界"关系。

这种觉悟了"道世界"但仍然生活于"器世界"的人的思维，就是"超理性认知"。

诚然，觉知到自身的"器"属性会让人的精神达观、超越许多，但同时也难免悲观、消极的意味。因为尽管"道"并非人格化的上帝，但的确是"器"的"主宰"。人的主体地位，显得固陋而狭隘；人的价值取向，瞬间成了空中楼阁；人的理性"真理"，也仿佛成了无稽之谈……这正是老子所说："天地不仁，以万物为刍狗"，也正是贾谊所慨叹的："天地为炉兮，万物为铜；阴阳为炭兮，造化为工！"但事实上，上述悲观与消极仍然是一种错觉。原因何在？

如上述，器思维与器世界对应，道思维与道世界对应。在人化了的世界中，固然人不过是器的存在，人的思维也只能是器思维。然而，所谓道器不二，在自然的世界中，人自身也是道的大化流行的一部分。不仅如此，在世界万物中，人对于道的流通还潜在发挥着独一无二、举足轻重的能动作用。儒家"人能弘道，非道弘人"之论就是此谓。"形而上者谓之道，形而下者谓之器"，更重要的，"形而中者谓之'心'"。这里，"形"之一物，本质上就是指的人，或者海德格尔所说"此在"。由于"天在内，人在外"，人"心"通天地，"心之官则思"，故而人心之思，可以贯通形上、形下。正因如此，人不仅能"体道"，更可以"显道""弘道"。笛卡尔通过"理智直观"获取"天赋观念"；康德的审美愉悦揭示人的先验自由本质；伽达默尔通过"游戏本体论"说明人是真理这一"自成事件"的参与者；荣格通过亲身体验发现了"集体无意识"和"共时性"；海德格尔认为人并非天然就是"此在"；老子得道之后"无为而无不为"；庄子"心斋""坐忘"后"乘天地之正，而御六气之辩，以游无穷"；……如此等等，在在皆是。除此之外，日常生活中时常发生的奇妙审美体验以及许多"超个人"心理事件也从另一个侧面验证了"道思维"。显然，人之弘道并非仅仅哲学的思辨，亦非玄妙的空谈，而是生活的日用平常，也是科学的探索实证。

这种立足于"器世界"但自觉融身"道世界"的人的思维，就是"超理性认知"。

可见，以器思维论，现代人名为"主体"、崇尚"理性"，而实际上则深陷

"主体性"误区而不自知;以道思维论,人不仅是道之大化流行的一部分,事实上更具有"弘道"的积极价值。但是,既然道器不二,又何以心分两岔呢?事实上,"道心惟微,人心惟危",器思维、道思维大概可与"人心""道心"相对应。正所谓"心之纯者谓之道,心之染者谓之器",心虽只一,但却可以走向或"道心"或"人心"截然不同的两个方向,并且"道心""人心"是可以相互转化的。这是人之为人与一般之"器"的最大不同。西方哲学发展到了今天,经由主客二元对立的砥砺,正在由"人心"走向后主客关系的天人合一即"道心"。中国哲学,尽管儒家的"存天理、灭人欲"也曾矫枉过正,但总体而言"道心"与"人心"之辩却贯穿自始至终,且释、道之"道心论"对于修正理性思维之不足、对于澄清超理性认知之内涵,颇多可资借鉴之处。其中,"一心开二门"理论可说是超理性认知的一个精当诠释。

"一心开二门"是《大乘起信论》的重要观点。一心指众生心,二门指心真如门及心生灭门。一心之本意,是说众生皆有"真知",此心觉悟,即入真如门,成就"道心";此心染污,则入生灭门,沦为"人心"。显然,这与上文"道世界""器世界""道思维""器思维"是相通的,是说万事万物皆为道之流通的一部分,但因"器"之种种局限,人的感觉直观以及理性思维仅能认识到微不足道的"片段""部分"之道,此即庄子所谓"夏虫不可以语冰"。人心若执着"片段"为"永恒",错认"局部"为"整体",就会因执成迷,误入"无明";反之,人心若对理性之局限有清醒的觉察,明了任何知识之相对性,最关键的,若能够通过类似"直观""心斋""审美"等的途径,获知世界纯一"实相",就能在乱花渐欲迷人眼的"器世界",时时处处都做到超拔跳脱且游刃有余。显然,"一心开二门"说明,器思维是可以转为道思维的,人心是可以转为道心的;更重要的,"二门"皆"一心",道世界、器世界显隐无二,道思维、器思维融合为一,这就是复杂性思维,这也就是超理性认知。

(三)"转识成智"的终极发展指向

上述人心与道心的转换,在唯识论中大概等同于"转识成智"。迄今为止,

"转识成智"代表了人类对于自身认知潜能的最高评价，它也是超理性认知的终极发展指向。

对于人类认知能力，人们一般持感性、理性二分法，事实上深层心理学早已揭示了无意识的重要作用甚至根本性意义，在哲学上，早在康德也以艺术审美隐喻了人类事实上存在着的直觉、灵感等认知能力，但康德认为只有上帝才具备"智性直观"①。尽管后来的尼采、叔本华、柏格森、海德格尔等在这方面的认识有所深化，但总起来看，还是唯识论在身体力行的实证基础上体认出的"转识成智"更为深刻全面。简言之，唯识论认为凡人皆有"八识"，其中，前五识"眼识、耳识、鼻识、舌识、身识"大致等同于"感性"，第六识"意识"类同于康德的"知性"，第七识"末那识"因为始终执着作为主体的"我"，大致是康德的"理性"，最关键的是第八识即根本识"阿赖耶识"。第八识不仅是前七识之根源，亦是宇宙万物之根源，同时，它还蕴含着超理性的认知功能，譬如"灵感""直觉""共时性"等超理性能力。在唯识论看来，凡人因被主体的"我"或叔本华所说的"意志主体"所遮蔽，认知能力仅限于前七识，因此只能停留于形而下的器世界和器思维，无从把握世界的本体。但是，在东方文化中，人类是可以凭借针对性的练习和努力而达到第八识的境界的。此时，前五识就转化为了"成所做智"，第六识转化为"妙观察智"，第七识转化为"平等性智"，第八识转化为"大圆镜智"，"寂然不动感而遂通"，"反身而诚，乐莫大焉"，从而获知一切朗然开显且不为理性推理所限的世界纯一实相。正如朱清时在《物理学步入禅境——缘起性空》中所说的，"科学家千辛万苦爬到山顶时，佛学大师已经在此等候多时"②。显然，在这个意义上，感性、知性、理性、智性的人类认知能力四分法更为全面合理。③ 而超理性认知，就是"智性"的体现。

这里需要注意的是，虽然超理性是人类思维的更高境界，但正如复杂性思维

---

①　康德. 纯粹理性批判 [M]. 北京：人民出版社，2004：226.

②　参见 https：//www. sohu. com/a/135059401_ 676728.

③　郭继民. 认知能力四分法更为合理 [EB/OL]. http：//ex. cssn. cn/sf/bwsf_ lllwz/201704/t20170425_ 3498255. shtml.

不是对简单性思维的"否定"而是一种"超越"一样，超理性也并不"否定"理性、知性与感性。超理性认知的智性不是让我们远离生活，而只是让我们以一种超越的姿态在现实中生活。"终日吃饭，未曾嚼得一粒米""终日穿衣，未曾挂得一缕丝"的"游戏三昧"，就是"转识成智"后超理性的生活态度与认知方式。

二、超理性认知的机理简析

就其理念方法而言，因为只能以隐喻方式来进行表达，超理性认知未免显得过于玄妙了。从现代社会来看，超理性认知已能在科学的层面得到一定程度的解释。为了方便理解，这里，我们借用莫兰的"复杂性方法"，尝试对超理性认知的机制机理进行某种"科学"的分析。主要理论观点如下：

（一）"无序"和"有序"相反相成，一起作为世界的本质要素发挥着不可替代的基本组织作用，超理性认知是这一规律在认知领域的具体应用

有序以及对有序的追求是简单性科学的一个最重要的特点，无序作为有序的对立物，被看成了偶然、混乱、干扰、不符规律等的代名词。但是，热力学第二定律却说明"无序的构型是概率最大的"[1]。因此问题就不再是：为何在普遍的秩序所统治的宇宙里还存在无序？而是：在宇宙中为何会存在秩序和组织？秩序和组织不再构成本体论的明证，而变成了问题和神秘，它们现在应该被解释、论证、辩护。[2] 莫兰发现，宇宙其本身就是"在自我解体中自我组织起来的"[3]。换言之，无序、有序共同纠结存在于事物演化过程中，"'唯一真实'的东西，是有序和无序的联合"[4]，有序性和无序性同样是世界及万事万物的本质要素。并

---

① 埃德加·莫兰. 自然之为自然 [M]. 北京：北京大学出版社，2002：12.
② 埃德加·莫兰. 自然之为自然 [M]. 北京：北京大学出版社，2002：14.
③ 埃德加·莫兰. 自然之为自然 [M]. 北京：北京大学出版社，2002：24.
④ 埃德加·莫兰. 自然之为自然 [M]. 北京：北京大学出版社，2002：60.

且，"诞生于与无序的合作的有序的组织，又有能力进占无序的地盘"①，"组织和有序越是发展，它们变得越复杂，越是能够容忍、利用甚至必然需要无序"。②这就是说，尽管组织的自我维持表现出了有序性，但组织形成的前提是无序，组织发展的基础是无序，组织演化的方向也在一定程度上决定于无序。最终，莫兰建立了取代过去单纯有序性的新的看待世界的总观点，可以用关系式表示如下："有序——无序——相互作用——组织"。从认识论的角度来讲，理性对应着经典科学对于因果、必然性等有序性的追求，而一旦无序也成了事物发展必备的本质要素，人类认知就必须超越理性的界限；与此同时，由于人类认知也是一个利用有序——无序关系原理进行运作的复杂"自组织"过程，这一过程也必然体现出超理性的本质特征。

（二）生物自主性越强，对于环境就越依赖，环境也对生物发挥着某种"内在组织"作用，超理性认知是这种"生活世界"内在组织性的思维体现

如上述，"存在"产生于有序与无序的交合。其实，后者就是前者的基础、原因、条件，更进一步说后者就是前者的"母体"亦即环境。同越是发达的有序性越要容忍和利用无序性一样，越是高级的自主性对于环境条件的依赖和利用就越是必要。莫兰发现，从物理世界涌现出的生物和生命世界中，越是自由的亦即拥有越大的实现自身特定目的的行为能力的生物体，它实际上对环境的依赖性无论在广度上还是深度上也越来越大。这不仅意味着生物个体不能片面地去"征服"自然而相反应与之和谐共处，更意味着看似外在于生物个体的自然、环境实际上构成了它的内在条件。这就是莫兰所说的，"自我构成环境的组成部分，环境共同组织自我"③，"生态的方面在某种程度上构成了生命的第三个组织性的方面。……环境似乎是生命的外在包裹物。但是生命不仅是由分子构成的细胞，不

---

① 埃德加·莫兰. 自然之为自然 [M]. 北京：北京大学出版社，2002：34.
② 埃德加·莫兰. 自然之为自然 [M]. 北京：北京大学出版社，2002：37.
③ 埃德加·莫兰. 生命之为生命 [M]. Seukl 出版社，1980：66.

仅是由界、门、目、纲、种构成的进化的分岔树，它也是生态组织。"① 因此，莫兰提出任何自我组织实质上都是"自主的——依赖环境的——组织"。这里重点是，第一，整个自然界作为生态系统是个体与个体、整体与个体的相互作用互为因果、长期演变的结果，生物自主性只不过是整体生态系统之网上的一个纽结，它是处于非常复杂的作用链条之中的，生物的自主性不仅高度依赖着环境，生物自主性从其本质上讲就是被它对环境的依赖性所决定的。第二，"自然在许多组织原则上比我们先进"②，"……生物的自然或生态自然向我们揭示了比浪漫派作家所能想象的更为令人惊叹的组织的性能，……它的整合的性能使它能够把无数极为多样的存在和物种联合为一个可调节的整体"③。第三，表面来看环境外在于生物存在，事实上它还属于生物本性的内在构成部分。显然，整体环境作用于个体生物的内在组织作用，这不是传统理性所能理解的，它本质上属于超理性的范畴。某种程度上，莫兰的研究印证了存在主义哲学基于"生活世界"的超理性认知观点，它从另一个侧面说明了，人生在世的基本内容不是对其环境进行彼此隔绝的静观和沉思，而是一种融身其中的生存交互活动；如果说理性对应着前者，那么超理性认知就是奠基于"生存交互"活动之上并以此为前提的更为本质的思维方式。

（三）人类意识具有有别于"程序"的用以处理无序或不确定性因素挑战的"策略"能力，"策略"作为把"随机因素和决定论因素为己所用"的能力的整体，在本质上说明了人类认知的自由与超越性

上文已述，在海德格尔那里，人的自由本质是从其"此在"的身份而得以说明的，并认为人的基本生存状态是"烦神"与"操持"，这已包含着应对环境挑战的认识与运算的寓意。对于人类意识的自由本质，莫兰更具体地从生物学基

---

① 埃德加·莫兰. 生命之为生命 ［M］. Seukl 出版社，1980：18.
② 埃德加·莫兰. 生命之为生命 ［M］. Seukl 出版社，1980：97.
③ 埃德加·莫兰. 生命之为生命 ［M］. Seukl 出版社，1980：57-58.

础与根源角度进行了探讨。在他看来，通过对有序的利用特别是对无序的驾驭，生物比如人类通过后天学习促进了大量的试错性的、创新的和灵活的策略的产生，这使主体适应环境的选择性、能动性和自主性上升到了一个新的境界。正是在这个意义上，自由在人类领域中涌现了出来。自由不是无约束，也不是无依赖，自由的本质意味着"截取/利用/操纵决定论因素和随机因素的制订策略的能力建立了个体对于它的环境的自主性的解放式的发展"，具体来说："任何生物的自主性/解放，更不要说任何自由，都是根据自组织同时遭受、利用和改变的约束性和依赖性建立起来的。因此，自由根据自我组织、自我决定、个体的自主性、一个行动者——主体的策略性行为来定义。从而它以下述因素为先决条件：（1）竞争的形势；（2）不同方案的创立；（3）可能作出选择或决断；（4）能够根据作出的选择把不利于行动的约束条件和随机因素加以改造的策略性行为。实际上，自由将在人类的领域中涌现出来，在那里大脑智能创造、扩充、发展进行选择的可能性，也就是说发明和轮替提出各种行动的图式/方案的能力；在那里同一智能又创造、扩充和发展利用机会的可能性，也就是说利用而不是顺从一个约束条件或一个随机因素的能力。总而言之，正是这个发明、选择、决断、使随机因素和决定论因素为己所用的能力的整体，能够和应该被称为自由。"① 莫兰事实上把生物生存方式区分为程序性的和策略性的两类。程序对应着有序性，而策略则对应着对无序性因素的处理。"策略如同程序包含有对组合好的操作序列的发动。但是异乎程序的是，它不仅建立在发动行为的初始决定的基础上，而且建立在根据形势的演变作出的一系列决定的基础上，这些决定可能引起行为链条的改变，甚至改变预拟的操作性质。换言之，策略根据干扰已被发起的行为事变、随机因素、反作用、反应而建立、结构、重建。策略以在不确定性中采取行动和把不确定性整合于行动的进行中的能力为先决条件。这意味着策略需要智能和创造性。"② 在这里，策略包含着程序的片段但不能被化归为单纯的程序，根据策略采取行动符合环境的有序与无序交合存在的性质，因此策略实际上代表着

---

① 埃德加·莫兰. 生命之为生命［M］. Seukl 出版社，1980：231–232.
② 埃德加·莫兰. 生命之为生命［M］. Seukl 出版社，1980：224–225.

与环境性质一致和相适应的一种既利用有序性又驾驭无序性的高级思维、认知与行为方式，而且越是高级的生物越能够在复杂多变的环境中进行随机应变的活动。显然，策略能力主要是说的人类意识用以处理不确定性因素的想象力、意向性、联想、直观等的特殊能力。"策略"作为把"随机因素和决定论因素为己所用"的能力整体，说明了人类认知的自由本质，在本质上它是超越性的。

（四）认知所从出的人类大脑是穿越世界Ⅰ、Ⅱ、Ⅲ的多层次整体和同时具有无中心/多中心/一中心等组织原则特点的有机系统，超理性认知是其组织复杂性的功能涌现

"在思想、生命和宇宙之间的同构的东西，这就是复杂性，它显然包含着逻辑的协调性，但同时也包含着下逻辑性、非逻辑性和超逻辑性"[1]。人类认识现象的第一个基本的复杂性，是认知所从出的人类大脑是一个同时包括了世界Ⅰ（物理世界）、世界Ⅱ（精神世界）、世界Ⅲ（知识世界）的多维性整体，不仅"在其相互作用的机理上是完全物理－化学的，在其组织上又是完全生物的，而在其思维的和意识的行为上又是完全人类的。它在它本身结合了我们称之为实在的东西的所有层次"，认知作为一种功能，就是从上述三个世界相互作用的复杂关系中"涌现"出来的。这里的复杂性，主要体现在，不仅认知的功能无法简单化归或者还原到任何一个"世界"和机理，而且最奇妙的是我们原以为是带有"独裁性""统治性"的大脑，原来也是一个"民主的器官"。它没有一个支配中心，而是由各自拥有相对自主性的区域组成的一个"联邦"。一切都通过神经元的"议会"产生和决定。甚至，在大脑的不同区域之间同时还存在着"无政府状态"……这向我们明确地表明："认识机构的组织不是遵循迄今支配我们的人造机器的中心化的/等级制的/专业化的原则，而是遵循着生物组织的组合无中心/多中心/中心制、无政府/多型等级制/等级制、专业化/多功能/非专业化的复杂的原则。"[2] 在莫兰看来，人的大脑的这种复杂的组织结构有利于人类适应

---

① 埃德加·莫兰. 方法：思想观念 [M]. 北京：北京大学出版社，2002：211.
② 埃德加·莫兰. 对认识的认识 [M]. Seukl 出版社，1986：88.

复杂多变的外界环境，而可惜的是当今人类的认识还存在重大的偏差和缺陷，这尤其表现在"人类的理智尚不能够在技术的领域里和观念的领域里创造出像光合作用或细菌结构那样微妙的组织。思想还没有达到认识它所从出的大脑。相对于我们的在其领域里已是如此发达的大脑，我们的精神在其特有的领域里显得如此欠发展。因此，大脑的宏观运算在知觉表象的层次上卓异地完成了对被知觉的对象或事件的分析和综合、孤立化和背景化的两重性逻辑的处理，而思想通过观念并在观念中只是达到很拙劣地、很罕有地表达和发展主导我们最微小的视觉知觉的两重性逻辑、运用它自身的两重性逻辑和充分运用它的复杂的潜能。因此，虽然运算已经非常先进和文明化，认识还保留为落后的和未开化的"，"因此，请相信我，我们的精神潜能还是极端地欠开发，文明迄今只是使它得到了单方面的发展"①。显然，莫兰对于人类大脑认知结构的描述是与威尔伯的"意识谱"理论异曲同工的，共同说明了超理性认知的功能基础。只是，超理性认知作为人类大脑的高级功能性活动，它还是严重欠开发的。

（五）认知所从出的人类大脑，其工作方式具有表层人工运算与底层生物运算的复合特点，人工运算以显性意识、理性逻辑为主要原则，生物运算以无意识、自组织、非线性等为主要特点，某种程度上，超理性认知是人工运算与生物运算处于"混沌的边缘"的理想状态

在莫兰看来，新思想不是从它的形成条件中逻辑地推导出来的，而是在多元主义的——两重性逻辑的——"热激荡"的条件中经过复杂的非线性作用涌现出来的。莫兰把这一过程叫作"运算"，"我运算"故我在。在莫兰看来，生物自组织的本质特点在于"运算"（computation），运算就是处理和利用信息的功能机制。生物借助于信息的运算是"自我参照"和以自我为中心的，就是说，在运算中把自身建立为"参照中心"，把外在于自身的东西都根据保护自身持续生存的目的加以判断、解释、区别。这样在生物的运算中就开始涌现个体性的自

---

① 埃德加·莫兰. 对认识的认识［M］. Seukl 出版社，1986：201－202.

我、主体，也涌现意识、认识。莫兰说，"Compute（我运算）产生了主体的存在模式"，主体的性质是任何以自我为中心的和以自我参照的方式运算/行为的存在所固有的。莫兰将运算区分为人工运算与生物运算两类，认为，迄今人类的理性虽然较之动物而言是极大进化了，但运算所遵循的逻辑与生物运算的自然逻辑相比还是相当落后的。"人工的运算遵循符合支配我们的认识理性的原理/规则的那些原理/规则。生物的运算遵循生物的自主的——依赖环境的——组织的原理/规则"，"经典逻辑学或者连接或者分离，而不能同时把这两个相反的操作结合起来；但生物运算的逻辑更加复杂，能够同时进行联接和分离。"①

在讨论个体与环境的关系时，莫兰对生态环境的组织原则和行为方式给予高度评价。他认为自然以一种无中心的系统对众多以自我为中心的存在进行了有效组织、调节和转化，从而构成了一种奇妙的多中心/无中心的相互依存和相互反馈作用，因此，自然代表着一种既利用有序性又驾驭无序性的高级行为方式，这是一种"混沌的边缘"状态。事实上，人类意识的生物运算方式与上述自然生态系统的行为方式在本质上是类同的。某种程度上，超理性认知就是一种人工运算与生物运算处于"混沌的边缘"的理想状态。

（六）"基因型和表现型相互组织""文化'开启'和'抑制'的双重作用"，是人类意识的两大底层因素，也是超理性认知的两个重要源泉

理性以普遍必然性为指向，这意味着理性带有对象性、客观性、同质性、决定性等的本质特征。然而，前述哲学领域的梳理已经说明，尽管"思"的主体是"我"，但"我"并不是一个抽象"运算"着的凌空蹈虚的、对立静观的不食人间烟火的存在，而是一个融身于"生活世界"中的具体的存在，比如"我是'原型'故我在""我有情绪故我在""我意欲故我在""我'将身体借给世界'故我在"等。因此，人类的认知行为即"运算"过程必定有许多具体的规定性，

---

① 埃德加·莫兰. 对认识的认识［M］. Seukl 出版社，1986：45－49.

并且有些规定是以不易觉察的隐性方式存在并对理性的运行发挥着影响甚至决定性作用的。而莫兰就指明了这一点，他说："任何认识不仅受到以自我为中心的规定，而且也受到以遗传为中心的规定（家庭本位）、以种族为中心的规定（民族本位）、以社会为中心的规定（国家本位）、以文明为中心的规定（从属于某一种文明所形成的特征），而且这些规定性在同一精神中可能是相互冲突的。"①这与荣格心理学的情结与原型理论本质是一致的。莫兰重点对基因和文化的作用进行了分析。

就基因的隐性作用而言，莫兰认为，生物自组织与物理自组织的基本区别是它具有再生的自组织和现象的自组织两个层次。所谓再生的自组织，与生物先验的基因型的存在对应，相对封闭于生物个体组织内部，主要表现为基于遗传基因的组织对自身进行的保持、维护和再生、重组，表现为基于繁殖、基因突变和自然选择的生物物种的族类繁衍和缓慢的进化。所谓现象的自组织，与生物后天的表现型的存在对应，借助于开放的原则实行，主要表现为生物个体在变动不居的环境中，在与环境中各种因素的互动中，依靠脑—神经系统，通过条件反射的心理机制和试错的行为机制来不断地组织生活经验，不断学习、形成和改组关于外部世界的图式，从而使自身对于环境的适应能力和生存能力迅速发展。在莫兰看来，这两种自组织是生物自主性的"两副面孔"，前者的意义在于族类的延续，后者的意义在于个体的生存，它们不仅相互区别，而且相互依存。一方面，生物在环境中的任何行为、活动，总潜在地受着基因的影响；另一方面，生物的繁衍和进化离不开后天它通过各种活动与环境进行的物质、能量与信息交流。于是，"基因型和表现型不仅是不可分割的，而且在自我组织的循环中互相成为对方的共同组织者"。②在这里，基因型对于表现型的"组织"作用，就是超理性认知的一个深层源泉。

就文化的隐性作用而言，不仅社会——文化的不同条件对于认识同时存在着多元决定性、不充分决定性和无决定性等的复杂情况，而且，（社会）文化对于

---

① 埃德加·莫兰. 方法：思想观念［M］. 北京：北京大学出版社，2002：81.
② 埃德加·莫兰. 生命之为生命［M］. Seukl 出版社，1980：123.

认识潜能事实上发挥着"开启"和"抑制"的双重作用。莫兰不认为文化只是"上层建筑",他认为文化事实上是社会再生、延续的基本条件。的确,文化和社会共同处于一种相互生成的关系中。一方面,文化代表着社会的共同记忆与集体性知识,因此,"(文化)通过向个人提供它积累的知识,它的语言,它的范式,它的逻辑,它的图式,它的学习、探察、检验的方法等,来开启和实现这些潜能";另一方面,正因为文化基本上属于用以开启人类认识的自然潜能的东西,文化的规范性又在事实上造成了对于人类认识潜能的抑制:"同时它又用它的规范、规则、禁止、禁忌,它的种族中心主义,它的自我神圣化及它对自己无知的无知,来封闭和抑制这些潜能。在此,开启认识的东西又是封闭认识的东西。"[①]这也是莫兰所说两重性逻辑的体现。文化"开启"/"抑制"理性的双重作用是隐性的,但绝不是空洞的,而是非常深刻有力的,从而构成了超理性认知的另一个深层源泉。后文的"战略文化自觉"部分,就是对此原理的一个具体运用。

总之,"如今的革命不是那般地在相互对立的好的或真的观念与坏的或假的观念的生死斗争的阵地上展开,而是在观念的组织方式的复杂性的阵地上展开。走出'全球的铁器时代'和'人类精神的史前期'要求我们以彻底复杂的方式思考。"[②] 在复杂性认识论的领域,超理性认知也得到了深刻的印证与科学的说明。

---

① 埃德加·莫兰. 方法:思想观念 [M]. 北京:北京大学出版社,2002:8.
② 埃德加·莫兰. 方法:思想观念 [M]. 北京:北京大学出版社,2002:266.

| 第九章 |

超理性认知开发的路径探索

在进行全方位的考察之后，超理性认知的重要性以及超理性认知的轮廓越来越清晰了。从某种程度上，超理性认知不仅是智能化时代的思维法则，也是人类意识发展的一次重大飞跃。但这次飞跃非同一般，因为它是对近代以来人类一直引以为豪的理性本身的"批判"性扬弃，是对整个现代社会底层逻辑的"颠覆"性重塑；它不仅意味着东西方不同发展路向的文化理念的包容互鉴，还意味着对历史上许多不同发展阶段文化传统的推陈出新。可以确认，超理性认知是人类生活返本开新的希望所在，它对于未来人类发展道路的影响将是难以估量的。那么接下来的问题是，如何促进超理性认知的开发呢？

一、促进"后主客关系天人合一"的哲学与文化创新

恩格斯曾说：全部哲学，特别是近代哲学的重大基本问题，是思维和存在的关系问题。这主要是针对西方社会根深蒂固的主客二分结构和理性主义传统来讲的。尽管近代以来这种传统主要是由笛卡尔开辟的，但如果继续向前追溯事实上自古希腊开始就已出现。因此，主客二分结构事实上统治了西方社会长达几千年之久，它的最大成就，就是人类理性的高度发达，并在发达的理性基础上建构了现代科技乃至整个现代社会。当然，前文已述，这种结构以及理性本身的弊端也正在日益显露出来。

尽管世界近现代史主要由西方文化写就，但必须要说明的是，人类与世界的

关系结构从来就不是只有主客二分式一种，中国传统文化中的"天人合一"或"天地境界"就是一个代表，而且古代中国文化所曾创造的伟大成就也是丝毫不亚于西方的。更加重要的是，现代西方社会在高度理性基础上对理性自身进行深刻批判反思的结果，竟然与中国传统文化在心理学、哲学等领域多有交集并产生了共鸣。其典型的代表如上文所述的荣格、威尔伯、叔本华、海德格尔等。这带给我们的启发是：首先，作为西方社会主客二分结构自我反思的自然产物，天人合一的理念本质上代表了比前者更高的境界。毕竟，"我们的自我意识的根基乃是这样一个不变的事实，即没有世界，我们就没有这样一种意识，而无此意识，就没有为我们而存在的世界。在这种接触中所发生的，是生活而不是一种理论的过程；它是我们叫作经验的东西，即压力和反压力，向着可以反过来作回应的事物的扩张，一种在我们之内和围绕着我们的生命力，此生命力是在苦与乐、恐惧与希望、对不可更易的重负的忧伤以及在我们从外面接受礼物的欢欣之中所经验到的。所以此我并不是坐在舞台之前的一个旁观者，而是纠缠在作用与反作用之中"①。这意味着，人不是站在世界之外的旁观者，而是作为参与者"纠缠"在世界万物之中，而这种纠缠就是生活。最终，"一切沉思、严肃的探索和思维皆源于生活这个深不可测的东西"。②"生活这个深不可测的东西"，说的就是超理性认知才能达到的合一性境域。其次，中国文化所具有并发展出来的奠基于天人合一结构之上的以释儒道思想为代表的智慧成果，可以对甚至已经在中国泛滥并引起了深刻批判与反思的理性主义倾向进行彻底的改造或重塑，从而发展出一种"后主客关系天人合一"的超理性认知的哲学思想。这不仅对于西方文化是非常必要的，对于中国来说更可以通过这种深达文化内核的自我革新，力图避免西方理性主义所走过的弯路、付出的代价以及正在遭遇的危机。第三，中国式的天人合一结构以及相对应的超理性认知文化，因其"早熟"的性质，仍亟待现代理性的砥砺，而西方源远流长的理性主义传统及其哲学文化恰可以在经验与教训两

---

① 张世英．"天人合一"与"主客二分"的结合［J］．学术月刊，1993（4）．
② 张世英．哲学导论［M］．北京：北京大学出版社，2002：5.

个方面弥补中国文化之不足。中国文化向来有其整体性、模糊性、直观性等特点，一方面这固然是由其超理性认知的本质所派生出的本源性特征，但另一方面对于已经习惯于理性思维的现代人来说，也客观上造成了容易歧义、难以理解甚至产生误解的困难。当然，毋庸置疑的是那用理性"理解"的中国文化在某种程度上已经偏离了超理性认知的本质，但在理性主义已经大行其道的今天不被"理解"的很容易就会变成不被"理睬"的从而面临更为艰难的局面。因此，"西学东渐"不仅是一种必然，也是一种必要。

总之，对应于"前理性——理性——后理性"的人类意识发展进路，就人与世界关系结构的进化而言，"原始的天人合一——主客二分——后主客关系的天人合一"大体上是其宏观的路径。无论对于西方还是东方，作为超理性认知开发的先导，"后主客关系天人合一"的哲学与文化创新都不仅具备了必要性，也具备了可能性。

二、实现"感性之大我"的"主体"重塑

"超理性认知"意义上的主体不是西方理性思考着的主体，也不是指的原始天人合一阶段的人，与中国传统文化所指的"大我"也不完全相同。其原因在于，西方理性思考的主体实际上是"与世隔绝"的存在；原始天人合一阶段的人没有清晰的主体自觉，甚至仍带有很强的动物性；至于中国传统文化中所说的"我"，尽管其理念指向是某种程度上完美的境界，但在现实中并未得到如理想般的实现，甚至于在近代社会也被拖入理性主义的泥潭。那么，超理性认知意义上的主体到底是什么样的存在呢？

一言以蔽之，可以把超理性认知意义上的主体定义为"感性之大我"。所谓"我"，是指生活于世界、依寓于世界、"解蔽"并"照亮"着世界的、作为世界之圆心的"主体"；所谓"大"，是指对于"天在内、人在外"有清醒的自觉、对于"一心开二门"能有效地实现、对于"参赞天地之化育"发自内心的认同并

157

知行合一、身体力行等的价值取向及发展境界；所谓"感性"，不是原始的感官意识，而是海德格尔意义上的那个能够"保存"光明、"生发"光明并且自身保持"纯洁和清澈"性的"黑暗"，是梅洛－庞蒂所说的"世界之肉"①，是中国传统文化所说"转识成智"后"游戏三昧"的"游戏"式的生存方式与生活状态。

这种"感性之大我"，可以从海德格尔的"壶"之喻得到一定的说明，他说的那种"天地神人"合一的意味，在一定程度上就是"感性大我"之所指。同样的，柏格森基于"绵延说"而提出的"深层自我"概念也是"感性之大我"的某种程度上的刻画。简言之，绵延就是原初的生命之流，万物形成的过程，就是绵延作为在生命冲动涌现过程中受到阻碍的过程，这是说的生命的产生得益于这种阻碍，因此阻碍本身有一种正面的构建力量。但阻碍毕竟是阻碍，因为阻碍的缘故人必须在"横断面"上生存为"表层自我"，但人作为原初的生命之流的体现同时也是"深层自我"。"表层自我"与常规的时间空间对应，处理客观、机械、科学的问题，抽象的理性是其思维方式，是一种"顺流而下"的非本质本能；"深层自我"与生命之流的"纯粹的时间"对应，这是"生命的本真"，是自在的过去依托于现在而成其为自身的东西，这个自在的过去是客观的，不仅在心理中得以呈现，也能在整个世界的进化中发生作用。"深层自我"的认知方式是"直观"，但直观虽带有本质性，却不是自发的本能，必须"逆流而上"摆脱理性的惯性才能做到，显然这与海德格尔对于此在的看法是一致的。由此就产生了一个带有颠覆性的观念，不是生命的意义附着在生命上，相反生命本身是附着于生命意义之上的，正是这个生命意义在构建着生命本身，比如：人都有所追求，正是这个追求开展着生命而不是相反。那么，一旦"表层自我"突破了理性的局限，这个自行浮现的"深层自我"，就接近了"感性之大我"。这里也可以看出，"感性大我"虽是本质性的，却不是自发生成的，相反却需要付出努力才能回归或者"重塑"。

相对来说，从境界角度讲，关于重塑"感性之大我"，还是中国传统文化来

① 张文初．"世界之肉"的呈现与存在［J］．湖南大学学报（社科版），2009（7）．

得更为深刻。这是因为，西方哲人只是在谈论它，而中国先贤早已知行合一大有成就。比如，"阳明心学"的"四句教"认为，"无善无恶心之体，有善有恶意之动，知善知恶是良知，为善去恶是格物"。这是说，一念未起时，心之本体晶莹澄澈，此为原始之天人合一境界。一念方生处，名缰利锁、爱恨情痴、前尘后世等诸多情结在无意识中因缘发动，造作现行，这一过程以自我、理性等为外在表现，以功利追求为核心驱动，以主客二分进而主客对立为主要特征，但这里的"自我"已经沦落，理性也只是"意志"之工具，这主要是冯友兰所说的"功利境界"。接下来的"知善知恶"，这并非理性逻辑推理之"道德"，而是"一念未起"对于"一念方生"的直观与自觉。所以能直观与自觉，是因为"一念未起"为"无"，"一念方生"为"有"，无中生有，有之本无，这正是老子"观其妙""观其徼"的地方。显然，这里的"良知"是超道德的后主客二分的天人合一境界。最后的"为善去恶"，就主要说的是知行合一、"脱黏离缚"的"格物"功夫了，格物方能致知，这里的格物，不是运用理性去探究存在者之理，而是对纷纭的意念进行静观；这里的致知，不是说的得到某种科学知识，而是像老子所说的那样"静之徐清""动之徐生"，既动静一如，又生生不息；既虚灵无有，又万象更新；既内外澄澈，又生动活泼；如此等等。显然，从这个角度，"感性之大我"并不做更多的事情，而只是在"神圣"地"游戏"。

实现"感性大我"的"主体"重塑，需要提高人的审美能力和审美水平。审美是人与世界关系的最高阶段，是"后主客关系天人合一"的体现。"审美意识的天人合一以'原始的天人合一'和'主客二分'的诸阶段为基础，它依存于前此诸阶段，包含前此诸阶段，而又超出前此诸阶段。审美意识的天人合一是原始天人合一的回复，但又不是简单的重复，而是经历了主客二分之后的回复。"① 作为原始天人合一在更高阶段的回复，审美具有如下几个特点。第一，超越感官的"直观"；第二，超越"知性"的知识；第三，超越"功利"的效

---

① 张世英．"天人合一"与"主客二分"的结合［EB/OL］．https：//www.sohu.com/a/418093395_649798．

用；第四，超越"道德"而自然合乎道德的"良知"。这里需要指出的是，对于中国传统文化来说，要想实现如上的超越并非一日之功，也难以一蹴而就。以道德为例，儒家思想所追求的那种"仁"或者"良知"，与社会管理、政治治理意义上的"三纲五常""存天理、灭人欲"是完全不同的，但两者在表象上恰又有诸多关联，这又是需要理性的介入加以慎思明辨的。

总之，如老子所云"知其白，守其黑"，"守其黑"的目的在于"知其白"，而"守其黑"某种程度上又以"知其白"为前提，此外老子还说"学不学""欲不欲"等。这就是"感性之大我"所要达到的境界。

三、注重"意识—无意识"良性互动的精神整合

海德格尔曾谈到"白天看星星"的比喻，这用来说明理性对于存在同时发生的"解蔽"与"遮蔽"的双重作用再恰当不过了。所谓"白天"，是说的理性像太阳一样对于世界的"照亮"与"澄明"；所谓"星星"，是说的被理性之光"遮蔽"了的更为广袤无垠的宇宙。显然，人类之所以越来越被托庇到科学这个失真的假设系统之中，不是因为作为存在的这个世界没有向人类开显出更多的意义，而是人类的理性在解蔽了一些的同时遮蔽了更多。由于理性主要对应着人类的显性"意识"，因此要做到"在白天能看到星星"，就必须要超越理性。那么如何超越理性呢？正是在这个地方，哲学与心理学、东方与西方找到了一个非常重要的对接点。这就是心理学家荣格借助于中国文化的启发对"意识—无意识"关系进行的卓有成效的实践与探讨。

一言以蔽之，荣格主张，要想超越理性的遮蔽，就必须实现人类"意识"与"无意识"的良性互动，从而经历一个相互沟通、相互整合的过程，最终实现"自性化"即从"小我"走向"大我"（当然荣格的"大我"与超个人心理学相比，其超越性还不够）。荣格和海德格尔一样对理性持一种批判的态度，认为意识层面的"时代精神"使现代人变得极度"聪明"，但现代人却没能拥有智

慧，因此成了"寻找灵魂的现代人"。这是因为，智慧存在于无意识的"深度精神"中，而"深度精神"的意象性和隐喻性使其无法概念化、条理化、术语化，因此理性与科学是无能为力的。在觉悟到这一点后，荣格于1913—1930的17年间使用"积极想象"①的方式"直面无意识"，展开了艰苦卓绝的自我实验，最终写下了《红书》这一带有心理学、哲学、人类学以及宗教学、文学等多种学科性质的"私人日记"式著作。荣格再一次确认，无意识是人身上完全未知的一种本性："我已经知道除了这个时代的精神之外，仍有另一种精神在起作用，也就是说，是这种精神在统治当代一切深度的东西"（《红书》），这是一种类似于康德"绝对命令"的"无意识命令"："他想象他是在游泳，但实际上却是一股看不见的暗流在把他卷走"，"不是歌德创造了《浮士德》，而是《浮士德》创造了歌德"②；无意识具有超越时间、空间或者非时间、非空间的性质："它包含着人类进化过程中整个精神性的遗传，注入在我们每个人的内心深处"③，而且，"无意识并不仅仅只是往昔岁月积淀的贮藏之地，它同样也满满地蕴容着未来的心灵情境和观念的胚芽"④；关于无意识的"内在经验"或"内在事件"不是一个科学的问题，在本质上它是不能用科学语言来叙述和讨论的，这其实就是说的无意识的"超理性"特征；我们不能直接探索无意识，而只能通过间接的证据证明一个"潜在的精神领域是存在的"。通过对"深度精神"的勘察以及努力与无意识的整合，荣格认为，个人的体验与人类总体的体验具有一致性；"深度精神"或"灵魂"是"有生命力且独立存在的生命"，并且，"深度精神"的栖息方式不是概念或者范畴，而只能是超越概念和理性认知的"意象"；进而，是"心的知识"而不是"学术知识"方能抵达"深度精神"，因此荣格大声疾呼："搁置精确的科学和脱下学术的长袍，和自己的研究说再见。"（《红书》）荣格特

---

① 一种沟通意识与无意识的心理技术，指对未知的事物所采取的不妄加判断的开放态度，同时尝试整合不同的意义，最终形成具有创造性的，同时也是最接近真实的结论.

② 荣格. 心理学与文学 [M]. 北京：三联书店，1987：113.

③ 申荷永. 荣格与分析心理学 [M]. 广州：广东高等教育出版社，2004：44.

④ 荣格，等. 人及其表象 [M]. 张月，译. 北京：中国国际广播出版社，1989：24.

别提出了一个作为"意识与无意识综合体"① 的"原我"的概念，认为只有"原我"才能到达"深度精神"。

特别需要指出的是，在进行了漫长的无意识探索后，荣格终于还是在中国道家文化中找到了自己思想的印证以及进一步发展的指南。他发现东方智慧是一种高度发展了的直觉领悟能力，他的研究过程和自身经验，其实就是对东方智慧的无意识的遵循。荣格非常感慨地说，《易经》精神是"一个有可能动摇我们西方心态基础的阿基米德点"；"《易经》的科学并非基于因果性原理，而是基于一种我们从未遇到因而迄今尚未命名的原理，我姑且称之为'共时性'原理"②；"我知道我们的无意识中已经充满了东方的象征，东方精神其实就在我们门前。因此在我看来，道的实现，道的追寻，在很大程度上已经成为我们的集体现象，其程度远比我们通常认为的大得多。"③ 自此，他终止了《红书》的写作，并投入到了一种中国道家式的生活。

总之，从海德格尔的"在白天能看到星星"，到荣格的"深度精神"；从西方视域中的"无意识"，到中国传统文化的源头《易经》和核心理念"道"，一条无形的红线把它们紧密联系在一起。这代表了一种中西合璧的发展取向，超理性认知的开发路径自在其中。

四、探索意识运行的"混沌的边缘"状态

超理性认知最为典型的表现应该是直觉、直观、顿悟、灵感等日常工作生活中常常偶发然而富有启发的思维体验。这方面的例子很多，比如著名的元素周期表是俄国彼得堡大学的化学副教授门捷列夫在梦中完成的，比如苯分子的苯环结构是由德国化学家凯库勒受到梦的启发而提出的，还比如缝纫机的发明也与美国

---

① 邢建昌. 直面无意识——荣格红书读解 [J]. 文艺理论研究，2020（5）.
② 荣格，卫礼贤. 金花的秘密：中国的生命之书 [M]. 张卜天，译. 北京：商务印书馆，2016：6-7.
③ 荣格，卫礼贤. 金花的秘密：中国的生命之书 [M]. 张卜天，译. 北京：商务印书馆，2016：11.

发明家赫威的一个梦有关，又如意大利物理学家费米躺在草地上看壁虎的运动，而在心中闪现出了长久以来一直在寻找的思想：一种气体中没有两个原子恰好用同样的速度运动，等等。长久以来，我们都把类似的现象归结为偶然的奇迹，而事实上，这些思维的奇特现象与物理世界的演化经常发生的"阶跃式增长"与"轰塌式衰变"并无本质的区别，它们都是一种在长期的量变积累之后、以非线性形式突现的"涌现"过程。相比较理性逻辑的推理能力，也有人将这种以直觉、直观、顿悟、灵感等形式表现出的超理性认知称为"灵感智商"，那么，"灵感智商"的内在机理如何？又该如何开发呢？

质言之，所谓"灵感智商"，就是意识运行处于"混沌的边缘"状态，从而"自组织""涌现"出问题答案有关的启发性线索的能力。这里有三个关键词：自组织、涌现、混沌的边缘。所谓"自组织"，是说大脑中以无意识的形式、把有序、无序性各种要素进行非线性"运算"、自发生成各种秩序、结构或者功能的能力与过程；所谓"涌现"，是说人类精神系统中的诸多微观要素，通过稳定与不稳定、竞争与合作、放大与抑制等一系列错综复杂的矛盾运动，触发了各类功能耦合和聚集，结果在宏观层次上生成、突现出了事先不可预测、事后难以还原的新的结构、性能和更复杂的行为等；所谓"混沌的边缘"，是指系统中的各种因素从未真正静止在某一个状态中，但也尚未动荡至瓦解的那个边缘。混沌的边缘是可以使组织具有足够的稳定性，又同时具有足够创造性的边界。① 只有运行于混沌的边缘，即处在稳定区域和不稳定区域之间的相变阶段时，系统最具有创造性。显然，无论是自组织、涌现还是混沌的边缘，事实上都是从不同角度对超理性认知进行的状态描述。正是通过如上的机理，大脑能够超越理性，执行最为复杂的计算，最终非常高效地建立适合的心智模式或者心灵图式。

需要强调的是，尽管"灵感智商"表现出了奇异的顿悟能力，但它的发生并非不需要条件的。第一，灵感智商适宜解决的问题不是逻辑型的常规问题，而主要是不确定性因素导致的例外型问题，这类问题超出了主体的原有认知结构，

---

① 张利斌. 基于复杂自适应系统视角的企业核心刚性研究 [D]. 武汉：华中科技大学, 2005.

引发了内在的"认知冲突",从而需要主体不断搜寻新的可能图式、新的解答模式,这是一种非稳定态;第二,灵感酝酿的过程必然是一个围绕目标的累积的非线性知识进步的过程,这里的目标指向是思维系统从无序到有序转变的必要条件和驱动力;第三,围绕问题必须有大量的信息获取,为了解决问题已经进行了较多或较长时间的相关性的理性思考,这种思考得来的许多"有序"性线索也是必要条件;第四,灵感常常是在理性思维"暂停"、大脑处于较为放松状态时"涌现"的,因为这时才可能出现有序、无序发生复杂交互关系的"混沌的边缘"。另外还要注意的是,灵感的结果一定是超越常规、富有启发的,但这些启发性线索并不必然是合理的解决方案,这时仍需理性的介入。

五、在科学与艺术的结合中激发"伟大的想象力"

想象力在超理性认知中居于非常重要的地位,如前所述在西方哲学史上休谟就把"想象"作为人性论以及认识论中的一个核心概念来看待,并认为"想象"具有超越性;海德格尔也正是通过"壶之思"生动描述了想象的"飞离在场"能力;马克思也曾说想象力是"促进人类发展的伟大天赋"。如果说上述还只是想象作为超理性认知的哲学说明的话,科学发展史证明了,通过艺术激发"伟大的想象力"以促进科学的创新发展也非常重要。

从科学的角度来看,科学发展史就是一部科学创新史,而科学创新史出乎意料的也是一部科学与艺术相辅相成、相得益彰的历史。关于科学与艺术结合从而激发出"伟大想象力"的典型案例是爱因斯坦,这是因为爱因斯坦不仅借助艺术极大促进了自身的科学研究,而且他对于艺术与科学的内在关联也有非常深刻的洞察。爱因斯坦有一幅关于科学创新的示意图深刻说明了艺术的价值。

如图,根据爱因斯坦的说明,这里有三个过程。第一,从 ε 到 A。科学的公理体系 A 是以直接经验 ε 为基础的。但在 A 同 ε 之间不存在任何必然的逻辑联系,而只有一个超逻辑的不是必然的心理联系。第二,从 A 到 S。由科学的公理

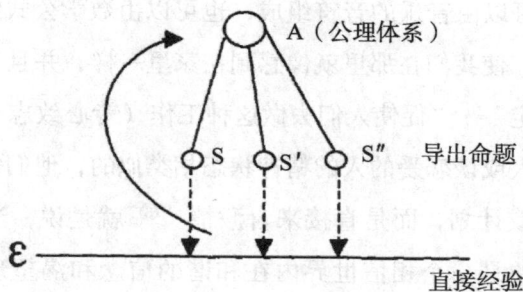

图 2－9－1　爱因斯坦科学创新示意图

体系 A 推出个别命题 S、S′、S″，这是逻辑的道路。第三、从 S 到 ε。从直接经验 ε 验证个别导出命题 S、S′、S″，这又不是逻辑道路，因为 S、S′、S″ 中出现的概念同直接经验 ε 之间不存在必然的逻辑联系，所以这一步骤也是属于超逻辑的（直觉的）。由此可以看出：在科学公理体系即基本原理的创立，以及科学命题的验证中，超逻辑的想象、直觉等起着重大作用，它甚至超过了逻辑（理性）思维的作用，上图中直接经验与公理体系示意箭头的下端是断开的，从 S、S′、S″ 到直接经验也是用 "……" 联结的，这两个位置，都是逻辑的空白，或者说都是以 "超理性认知" 填充的。这就清楚地表明了，与我们一般理解的 "科学＝理性" 不同，想象力不是科学之外的某个东西，它就在科学之中，或者也可以说，科学创新就是理性与非理性、意识与无意识、有序与无序等的合一，是在其两者之间的张力平衡中获得发展的。显然，这就是上文所说 "混沌的边缘" 状态。

　　爱因斯坦对于艺术的科学作用有非常清晰的意识，事实上他就是自觉地在艺术与科学的结合中激发出 "伟大的想象力" 才极大促进了科学发现的。其有关思想可以概括如下：第一，科学研究与艺术创造具有类似的动机，爱因斯坦有时把它称为 "好奇心"，有时又叫作 "宇宙宗教感情"。爱因斯坦深有感触地说，"艺术作品给我最高的幸福感受，我从中汲取的精神力量是其他任何领域所不及的"①；"这个世界可以由音乐的音符组成，也可以由数学公式组成。我们试图创造合理的世界图像，使我们在那里就像感到在家里一样，并且获得我们在日常生活中不能达到的安定"②；"促使人们去做这种工作（专心致志于科学）的精神状态是同信仰宗教的人或谈恋爱的人的精神状态相类似的；他们每天的努力并非来自深思熟虑的意向或计划，而是直接来自激情。"③ 就是说，当我们用理性去思维世界时，首先有的是一个相信世界内在和谐的信念和渴望理解这个世界的愿望，这个非理性因素在理论构造中也起到重要的支配作用。第二，在图 9–1 中，科学工作是"形象思维——逻辑思维——形象思维"的过程，而艺术就是一种形象思维，科学与艺术相似相通又相互补充。爱因斯坦认为"科学研究是一种艺术，不是科学"，无论如何一个科学家应该被看作是一个创造性的艺术家。"科学创造不是通过逻辑和程序严格推出的，……在本质上是'人类思想的自由发明'。科学本质上是一种自由创造活动"④；"艺术是以最简单的形式表达出来的最深奥的思想"⑤；"在科学思维中，永远存在着诗歌的因素。真正的科学和真正的艺术要求同样的思维过程。"⑥ 其实更本质地说，科学研究的不外是物性，而由于人是存在规定的存在者，存在也是我们思想的规定者，因此，由于"一枚硬币两面"之心物一体或者心物"对称"性质，物性在科学研究之前就已潜在于人心之中，因此，作为心的直观活动的艺术从根本上就是与科学默向契合的。艺术如此，想象力以及审美等也是如此。第三，艺术滋养着科学，艺术中的想象力是科学研究中的实在因素，发挥着至关重要的作用。从本质上，艺术是真理的原始发生，而科学则以头脑中的逻辑来表达真理。因此，逻辑束缚下的科学必须靠

---

① A·麦什科夫斯基. 爱伯特·爱因斯坦 [M]. 莫斯科：莫斯科出版社，1922：162.

② 爱因斯坦文集：第一卷 [M]. 北京：商务印书馆，1979：285.

③ 爱因斯坦文集：第一卷 [M]. 北京：商务印书馆，1983：103.

④ 梁国钊. 诺贝尔奖获得者论科学思想、科学方法与科学精神 [M]. 北京：中国科技出版社，2001：18.

⑤ 梁国钊. 诺贝尔奖获得者论科学思想、科学方法与科学精神 [M]. 北京：中国科技出版社，2001：355.

⑥ A·麦什科夫斯基. 爱伯特·爱因斯坦 [M]. 莫斯科：莫斯科出版社，1922：162.

艺术的想象来加以"滋养"才能得到发展。这就是为什么固守于牛顿范式的普朗克在发现量子定律后却因无法理解它而搁置了 8 年之久。在爱因斯坦看来，"艺术中的想象力是创造力的最本质的内涵，没有想象力就意味着创造力的贫乏"；① "想象力比知识更重要，因为知识是有限的，而想象力概括着世界上的一切，推动着进步，并且是知识进化的源泉。严格地说，想象力是科学研究中的实在因素"；"事实和设想本身是死的东西，是想象力赋予它们生命。"② 在创立相对论的过程中爱因斯坦设想的"火车实验""追光实验"以及"电梯实验"等都是对想象力的有效运用，"我相信直觉和灵感"成了爱因斯坦终生秉持的信念之一。第四，美是科学的指南，是通往科学的"捷径"，是"真正科学"的所在。自然界的和谐秩序是宇宙结构的基础，而科学家内心存在着"理解这种秩序的渴望"。在科学发展过程中，科学家的科学创造和审美直觉时常奇特地交织在一起。爱因斯坦在毕生的科学研究活动中，始终以"对称""和谐""统一"等的审美直觉作为自己行动的向导，由此他得到了许多逻辑思维难以想象的科学发现。因此，爱因斯坦说"美照亮我的道路，并且不断给我新的勇气"③，认为科学家应具有强烈的科学美感，这种美感有时类似于宗教感情，是推动科学家进行科研的动力。爱因斯坦甚至把这种审美体验比作"灵魂沉醉喜悦中的强烈战栗"。德国著名的物理学家霍夫曼这样认为："爱因斯坦的方法，虽然以渊博的物理学知识为基础，但本质上……他是科学家，更是科学的艺术家。"④ 这是非常深刻的。

　　总之，科学创造是逻辑思维与直观思维的统一。通过科学与艺术的结合，激发出超理性认知的"伟大的想象力"，是科学发展的必由之路。

---

① 冉祥华. 美育与创造力 [J]. 教育研究与实验, 2000 (2)：18.
② W. I. B 贝弗里奇. 科学研究的艺术 [M]. 科学出版社, 1983：61.
③ 爱因斯坦文集：第三卷 [M]. 北京：商务印书馆, 1979：43.
④ B·霍夫曼. 爱因斯坦的研究与艺术 [M]. 1997：217.

六、通过管理革命实现宏观组织的超理性进化

以上主要是从微观个体的角度对超理性认知的开发路径进行的概要说明。事实上，超理性认知不仅存在于人类个体的思维过程中，也普遍存在于作为群体的人类组织中，而其原理也是相通的。比如，"乌合之众"说明了人类群体的无意识心理特征；"显性系统"与"隐性系统"的有机结合说明了"混沌的边缘"式管理能使组织心智模式快速进化；"学习型组织"说明了"团队学习"是能促进新知快速涌现的"适应性效率"较高的管理手段；"青色组织"尝试在微观个体身心完整基础上的把组织作为一个生命系统来看待和处理，等等。这些都说明，宏观层面的超理性认知的管理革命也正在从自发走向自觉，这将是一个同样有意义的更大的研究课题。由于这一部分不是本书研究的主要内容，此处不展开。

综上，迄今为止的历史，是人类认知从前理性发展到理性，并正在从理性过渡到超理性的历史。因为理性的"祛魅"和"澄明"，因理性而生的科学以及现代社会的经济、政治、社会等诸领域的制度、理念让人类受惠甚多。但与此同时，理性是人的"殊荣"也是人的"困境"。理性在"照亮"世界的同时，也像太阳一样"遮蔽"了更为广袤的宇宙。如果这种"遮蔽"一如前理性时代一样只是让人类匍匐于大自然的脚下，虽饱受愚昧之苦却可免命运之危，那么这种"遮蔽"倒也是可以勉强接受的。而问题在于，在理性的主导之下，自然世界成了纯粹的材料或资源世界，人类社会也只是一个服从于效率追求的机器。两个世界"非灵化"的极端表现是："一切都运转起来了，这恰恰是令人不得安宁的事，运转起来并且这个运转起来总是进一步推动一个进一步地运转起来，而技术越来越把人从地球上脱离开来而且连根拔起。……我们现在只是还有纯粹的技术关系，这已经不再是人今天生活于其上的地球了。"① 就是说，理性在蒙蔽人类本有智慧、虚置应有共同价值的同时，却把现代科技这颗已经充分暴露危险性的

---

① 孙周兴．海德格尔选集：下［M］．上海：三联书店，1996：1304－1305.

定时炸弹置于不确定的人类未来之路上，所谓核恐怖平衡就是一例。在这个意义上可以说，单纯对理性进行"批判"已经远远不够了，理性必须得到"超越"。超越理性不仅是人类意识开发智慧的需要，更是人类发展归正航向、返本开新的必须。海德格尔说，"技术在本质上是人靠自身力量控制不了的一种东西"。我们的研究证明：理性不仅必须被超越，理性也完全可以被超越；超理性认知不仅是必须的，也是可能的；中国文化与超理性认知具有天然的联系，中国文化指引着超理性认知的未来发展。因此，如果说中国文化必将是超理性认知的天命所归，那么我们这一代人，也必然是超理性认知的使命担当。

第三部分　超理性认知的文明意蕴

┃ 第十章 ┃

超理性视域中的文明指向："神圣的游戏"

在超理性视域中，不止如维特根斯坦所说的语言是一种"游戏"，语言是文明的载体，文明在其本质上也具有"游戏"的意味。历史地追溯，游戏与人类文明偕行已久，文明进步的脉络与游戏升级的节奏常常同步共振；学理地考察，游戏在包括哲学、美学、心理学在内的众多学科中一直作为严肃的课题而被广为关注，以至于游戏的文明性质与文明的游戏向度同样彰显。然而，尽管"只有当人在充分意义上是人的时候，他才游戏；只有当人游戏的时候，他才是完整的人"①，生活于高度文明的现代人却在感受着前所未有游戏体验的同时，普遍性地遭受着种种人生困顿。造成这种情况的原因是什么？人应该怎样走出生活及文明的困境？游戏到底是不登大雅之堂的玩物，还是严肃而神圣的文明指引？游戏精神可否通达"自由而全面的发展"？生活游戏是否可能以及可行？……这些问题，亟待给出深入而系统的回答。从超理性的视角，人类文明的发展指向并非某种严肃的"神圣"，亦非无意义的"游戏"，而是两者的复合即"神圣的游戏"。

一、游戏的文明性质与文明的游戏向度

席勒在《美学教育书简》中说："当狮子不受饥饿所迫，无须和其他野兽搏

---

① 弗里德里希·席勒. 审美教育书简 [M]. 北京：北京大学出版社，1985：47 - 49.

斗时，它的剩余精力就为本身开辟了一个对象，它使雄壮的吼声响彻荒野，它旺盛的精力就在这无目的的使用中得到了享受。"① 尽管席勒意义上的"狮子吼"意在说明游戏的性质以及游戏与审美、自由的关系，但它同时也揭示了一个无从辩驳却常被忽视的事实：某种意义上游戏比我们所谓的文明更为古老，并且游戏者——不只是人——在自然界中广泛存在。事实上，就人类而言，不仅绝大多数人都是天然的"游戏者"，一定程度上人类文明进化史也就是一部游戏史。不仅游戏具有特殊的文明性质，文明也有着重要的游戏向度。

（一）游戏与文明偕行

游戏既具有现实的普遍性又具有历史的悠久性。现实中，上至学者权贵下至山野村夫，几乎每个人都能对游戏如数家珍；历史上，远至古人通过"仰观俯察"对周易八卦的神秘推演，近至现代电子网络里海量信息的潮来潮往，游戏活动几乎无处不在、无时不在。游戏作为一个极端重要的文化现象是毋庸置疑的，但更重要的是，不同的游戏属性也反映着差异化的文明境界，进而，游戏本身即具有特定的文明性质。

具体来说，可以按照文明程度的不同把人类游戏区分为如下六种具有相对差异性的类型。

其一，游于"娱"。娱者，乐也。《礼记》云："欲恶者，心之大端也"，说明了人类心理具有趋乐避苦的自然本性。"乐"感或者愉悦的体会，是所有游戏的本质特征之一；同时，考虑到文明的游戏向度，某种意义上也可把所有给人以愉悦的活动都归结于游戏的范畴。当然，娱乐有低级感官本能与高级思想意识之别。狭义的娱乐性游戏已经举不胜举，广义的游戏性娱乐更是包罗万象，下文的其余五种游戏也都包括其中。

其二，游于"技"。"技"者，技巧、技能、技术之谓。游于"技"，就是乐于钻研并常能较好掌握某种特定技能且以此为乐的现象、做法或者活动。比之更

---

① 弗里德里希·席勒. 审美教育书简 [M]. 北京：北京大学出版社，1985：140.

多侧重于本能感官体验的狭义娱乐性游戏，技能性游戏多了一重后天的能力性因素作为载体，并往往附带某些功利性或者实用性用途。"知之者不如好之者，好之者不如乐之者"，就是游于"技"的典型表现。

其三，游于"艺"。"艺"特指"艺术""才艺""手艺"等。"艺"常与"技"相连，但又与之有别。在学习掌握方面，"艺"比"技"更注重天赋；就能力水平而言，"艺"比"技"来得高明；就功利追求来说，"艺"又比"技"超脱，等等。因此，游于"技"，凡人皆可为之；但游于"艺"，却往往只有少数人做到。

其四，游于"矩"。"矩"指规矩、规范、道德、伦理之属。"矩"本指外在的约束，游于"矩"特指做人做事的人生修养已经达到炉火纯青、内觉自得、外现美感的地步。游于"矩"的心灵美感，《中庸》从情感抒发的角度给予了生动的说明："喜怒哀乐之未发，谓之中；发而皆中节，谓之和。中也者，天下之大本也；和也者，天下之达道也。致中和，天地位焉，万物育焉。"游于"矩"的典型代表是孔子，"七十而从心所欲不逾矩"就是其道德修养达到极为高明境界后的心得自述。需要注意的是，游于"矩"不仅是指的伦理，有时也兼具宇宙观、本体论、心理学等的丰富内涵。比如，孔子不仅游于"矩"，且游于"易"。历史记载孔子晚而喜《易》，甚至达到韦编三绝的地步，还说："假我数年，若是，我于《易》则彬彬矣"。"彬彬"二字，颇传其神。

其五，游于"逍遥"。"逍遥"是庄子的游戏。细究起来，"逍遥"并非庄子首创，但"逍遥"一词确是因为《逍遥游》而广为流传的。庄子酷爱"游戏"，《庄子》中，以"游"字用于篇名的就有《逍遥游》和《知北游》，正文中"游"字共出现过106次。其中，内篇每篇都出现了"游"字；外篇和杂篇26篇只有5篇没有出现"游"字。可以说，"游世""游心""逍遥游"等玄妙境界一以贯之的"游"就是庄子高深智慧的核心理念，"游戏人生"就是庄子所秉持的根本生活态度，"四海"与"尘垢"之外的"无何有之乡"就是庄子"逍遥"的乐土。当然，众所周知的，庄子的"游"与孔子的"游"有所不同，因为庄子崇尚自然，强烈反对一切制度与礼法，而孔子则重视道德，强调人文伦理。同时还要注意，庄子的"逍遥游"，虽然极尽清远高蹈与玄妙入神，却似乎少了一些老子的和光同尘与涵浑蕴藉，稍嫌遗世独立、孤高超拔。

其六，"游戏三昧"。从游于"矩"到"逍遥游"，游戏已经不再是单纯的嬉戏式活动，而开始表现出某种严肃的意味。而把"放任""欢悦"与"秩序""神圣"作为相反相成、内在一致的两极并将其有机融通的，则非中国禅宗的"游戏三昧"莫属。中国禅的大师、行者，常常表现出某种程度上狂放不拘、逢场作戏甚至惊世骇俗的言行做派，这往往是其获得禅定或禅悦圆融境界后自在欢愉、无碍无畏的内在精神的沛然外现。它虽然具有游戏的表象，其内在的实质却是"三昧"。换言之，中国禅虽然示以游戏的表象，其内里却是"于一切境上不染""于一切法上无住""不染万境而常自在"的实在功夫。当然，这种功夫的内核不是儒家的伦理规范，也与道家对世俗生活带有否定意味的"天乐""至乐"不同，而是那个基于禅定的修炼所悟知的世界纯一实相。基于"无苦无集，故无世间；无道无灭，故无出世间"的知解，对超越与神圣的追求在经历凡俗的时候就已经实现了，世间与出世间的分别已经不是题中正确之意。这是一种建立在否定基础上的肯定，同时也是一种建立在肯定基础上的否定。"游戏性"与"严肃性"并行不悖，"娱乐性"与"神圣性"混融无碍，这就是中国禅的"游戏"。

除此之外，其实还有一种智者的游戏，那就是游于"思"，这种游戏的典型代表就是哲学的"爱智慧"。作为游戏者而言，或许哲学家们过于严肃刻板，且以一种敬而远之的姿态投入生活，然而他们苦恼并快乐着，对生活同样的真诚和热忱。或许没有什么游戏比"思之游"更为自相矛盾的了，因为哲学常常在追求自由的途中弄丢了自由，在探索审美的路上错失了美，在寻求真理的同时消解了真理。然而哲学仍然是迷人的，哲学家们乐此不疲。

从上可知，一部文明史，简直就是一部游戏史；反过来，一部游戏史，又何尝不是一部文明史。文明与游戏的偕行共振，深刻说明了游戏的特殊文化性质，也昭示着文化的重要游戏向度。

（二）文明与游戏同在

正如游戏于人所赐甚多一样，人类文明也对游戏青眼有加。马克思说，哲学是"文明的活的灵魂"。在构成人类文明的众多学科、领域中，哲学对于游戏的观照最具有代表性。古往今来的哲学大师们不仅自发或自觉地践履"思"之游，而且其"游"之思也形成了颇为丰富的理论成果。孔子的"随心所欲"、庄子的"逍遥"、中国禅宗的"自在"，已让我们领略了东方文明的游戏之境。接下来，我们简要概括西方哲学中的游戏观点。

游戏很早就进入了西方哲学的视野。但是，西方古典哲学的共同特点就是以乐观主义的态度，从理性出发去考量世界，也就是说，它们的共同基础就是对理性的崇拜与信仰。因此，古典哲学尽管对于游戏的研究较为多样，但其对于游戏的言说始终服从服务于作为中心的理性，游戏往往不过是某种有助于完善理性的工具或途径。不过即便如此，古典哲学对于游戏仍然意味深长。比如，苏格拉底虽然认为"没有经过省察的人生，是不值得活的"，但其实这个观点本身就与游戏式的"苏格拉底对话"密不可分。古典哲学也不乏关于游戏的深刻洞见。比如，第一个提出游戏说的赫拉克利特就认为这个世界就是"火的自我游戏"：这个宇宙，亦即万物，既非某个神，也非某个人制造出来的，而过去、现在、未来都是永恒的活火，在一定的尺度上燃烧，在一定的尺度上熄灭。还比如，柏拉图除了继承其老师苏格拉底的"对话游戏"以外，还指出了游戏对于教育的重要意义，并强调了游戏的神秘性，并已经把游戏与艺术、审美联系了起来。特别需要指出的是，柏拉图《理想国》中用以说明他的"现象世界""理念世界"观点的"洞穴之喻"，已在某种程度上暗喻了世界人生的游戏性质以及这个游戏的神圣性。此外，亚里士多德也曾对游戏进行过界定，认为游戏是劳作后的休息和消遣，是本身不带有任何目的性的一种行为活动。

相比较古典哲学，西方近现代哲学有了一个根本性的转向，即从根据理性来剪裁现实一转而变为根据生活世界来审视理性，理性的权威、价值甚至科学性都受到了严重的挑战甚至否定，游戏精神得到进一步释放。与此对应，西方哲学对游戏的看法也发生了相应的变化，其理论的广度和深度都大为增强。比如，康德提出了"自由游戏说"，从自由与审美的角度，把游戏与艺术联系起来，认为艺术创作有着与游戏相同的特点，是一种不受任何外在束缚的自由活动，只有这样一种游戏性，才能使艺术家体验到美，才能创作出美的艺术。比如，席勒提出了"审美游戏论"，认为游戏是审美的根本特征，也是人摆脱动物状态形成人性的重要标志，人与动物和植物的区别之一也在于人能够从"自然的游戏"进一步转入"审美的游戏"。席勒认为，自由与美是游戏的双重本质规定，"人应该同美仅仅进行游戏，人也应该仅仅同美进行游戏"。在席勒那里，从游戏的本质规定出发，游戏对人性发挥着重要的积极作用，这也就是为什么"只有当人在充分意义上是人的时候，他才游戏；只有当人游戏的时候，他才是完整的人"。比如，伽达默尔提出了游戏本体论，强调人的历史性和有限性，认为游戏的本质是自我表现，人并不是游戏的主体，游戏的真正主体是游戏本身。这是因为游戏"就是具有魅力吸引游戏者的东西，就是使游戏者卷入游戏的东西，就是束缚游戏者于游戏中的东西"①。这可以通过艺术欣赏中欣赏者、创作者及作品本身三者的复杂互动过程得以说明。进而，伽达默尔揭示出真理乃是一个存在论意义上的"自成事件"，人是这一"事件"的参与者，而不是主导者。这是很有启发意义的。比如，尼采提出了生成游戏论。尼采预言了精神的三种变形，从骆驼的"汝当"，到狮子的"我愿"，最后转变为孩子的"游戏"，"游戏"的重要性可想而知。尼采关于游戏有一段经典表述："一种生成和消逝，一种建造和破坏，没有一点儿道德归咎，永远这样无罪，这在这个世界上仅仅属于艺术家和孩子的游戏。如同孩子和艺术家在游戏一样，永恒的活火也游戏着、建造着和破坏着，无罪可言——永恒和自己玩这游戏，它转化为水和土，堆积着，就像一个孩子在海边堆积又毁坏沙堆；它不断重新开始这游戏，一瞬间的满足，然后又被需要重新攫取，就像艺术家迫于需要去创作一样。将另外的世界唤入生命的，不是肆意，而是不断重新觉醒的游戏冲动。孩子一时丢开玩具，但很快又重新开始，带着无

---

① 伽达默尔. 真理与方法，哲学诠释学的基本特征 ［M］. 上海：上海译文出版社，2004：138.

罪可言的情绪。……只有审美之人才能这样看世界……正如艺术家一方面投身于艺术创作之中，一方面又以静观的姿态跃居其上。"① 显然，尼采所主张或向往的生活态度是"审美的"进而"游戏式"的，是一边全然地投入，一边又超越地静观，是同时以这两种视角对那同一个"永恒轮回"的体验与观望。比如，赫伊津哈提出了"游戏的人"，指出"我们不能不作出这样的论断，初始阶段的文明是游戏的文明。文明决不能脱离游戏，它不像脱离母亲子宫的婴儿，文明来自社会的母体：文明在游戏中诞生，文明就是游戏"，② 认为游戏先于文明而存在，游戏孕育了文明，文明的发展离不开游戏。"文明是在游戏中并作为游戏而产生和发展起来的，文明具有游戏的特征。"③ 赫伊津哈呼吁游戏精神的回归，并期待人类文明能够在游戏中持续健康地成长。比如，维特根斯坦提出了语言游戏论。维特根斯坦主张"去看，而不要去想"，认为语言与世界本为一体，语言只在日常使用中有意义，世界并不是被说出来的，它就是言说本身。只有当语言"空转"时，才有语言与世界的关系问题，或者语言如何符合现实的问题。也就是说，语言并没有统一的本质，而只不过是一种与生活实践相应的"游戏"活动。因此，形而上学等类似的"哲学问题"本身就是一种"疾病"，其病因就在于脱离语言的日常实际使用而造成了语言的"空转"，哲学问题正是在"语言休闲的时候"也即"在搞哲学的时候"产生的一种病态。维氏的"语言游戏论"预示了一种实践美学，即审美不是让我们盯着那些超级概念"想"，而是要在一定情境中"看"。总起来说，维特根斯坦趋向于后现代主义的方向，有人认为"语言游戏论"消解了哲学与文明，但他又何尝不是从游戏的角度重构了文明呢？此外，现代哲学与游戏有关的还有海德格尔的"天地人神四方游戏说"、德里达的"解构游戏"以及马克思提出的"自由王国"的游戏等。

　　总之，人类的历史有多悠久，游戏的历史就会更为悠久。游戏一直与人类文

① 尼采．希腊悲剧时代的哲学 ［M］．周国平，译．北京：北京联合出版公司，2014：79－80．

② 约翰·赫伊津哈．游戏的人：文化中游戏成分的研究 ［M］．何道宽，译．广州：花城出版社，2007：203．

③ 岳伟．批判与重构——人的形象重塑及其教育意义探索 ［M］．武汉：华中师范大学出版社，2009：165．

明相伴而行。考虑到这个事实，伽达默尔所主张的"游戏本体论"也就不像初听上去那么匪夷所思与惊世骇俗了。当然，我们不能由此就轻率地得出类似于游戏是文明的"母体"这样的结论，但至少，把游戏与文化、文明联系起来，并没有也不会辱没了后者的阳春白雪。我们将继续揭示，游戏不仅先于文明，游戏精神还是文明进步的重要标志。

二、游戏精神是文明进步的重要标志

赫伊津哈提出"游戏的人"，这的确是石破天惊之论。但是，对人类游戏史和文明史的考察表明：从人类的起源来看，人是"天然的"游戏者；从文明的历史来看，"文明是在游戏中并作为游戏而产生和发展起来的"；在其广延性上，人类社会的包括艺术、哲学、法律甚至战争等在内的所有领域几乎都具有游戏的性质；在其内涵性上，游戏的本质特征如"自由""审美""愉悦"和"本身即目的"等符合人的本性需要或者人作为人的根本定义。因此，在某种意义上可以说，作为本真生命的自然流露，作为智慧与激情的有机融合，作为与美的深情舞蹈，作为此在的超越与尘世的自由，游戏不仅与文明偕行，游戏本身就是文明；文明也不仅与游戏同在，没有游戏的文明根本就是不可想象的。换言之，人类文明的进步应以"游戏"的某种方式呈现，而游戏精神的高低也正是衡量人类文明程度的重要尺度。

（一）游戏精神是本真自我的光辉闪耀

席勒说"只有当人在充分意义上是人的时候，他才游戏；只有当人游戏的时候，他才是完整的人"。这其实是对人的应然存在状态与理想生活方式的深刻描述。的确，与现实中的人处处带着人格面具曲意逢迎相比，人的游戏状态毋庸置疑是其真我的全情投入和本性的自然流露。所谓"唯乐不可以为伪"，从游于"娱"到"游戏三昧"，或许其游戏的境界各有千秋、游戏的主题千差万别、游戏的风格更是随心所欲，但将这些"杂多"统合在一起的无外乎"自我"二字。

所谓"鹰击长空，鱼翔浅底，万类霜天竞自由"，某种意义上也正是对游戏精神的生动写照。但是，表面来看人在游戏中淋漓尽致的发挥只是"我"的所谓"超常表现"，而事实上游戏中的人并非简单的"自我"，人的游戏也并非仅仅"我"的游戏。这是因为"我"或者"自我"并不能简单地与"充分意义上的人"或者"完整的人"画等号。对此，荣格有独到的发现与深刻的见解。

在荣格看来，在人的成长过程中，内外世界的冲突促使了作为情结的自我的产生，起初自我只是作为"意识中的一个客体"而存在，但随之就在不断的内外互动中逐渐被"赋能"并发展壮大，渐至成为意识的中心："它仿佛是构成意识场域的中心，就它构成经验人格这个事实而言，自我是所有个人意识作为的主题。"[1] 但是，人类精神远不是这么简单。因为人类精神包括意识与潜意识，在人类精神中除了上文所说意识自我（ego）之外，还存在一个原型自我（Self）即自性。就自性与自我的关系而言，"自我是地球，自性是太阳，自性化就等于是日心说"[2]，"自性化"是自我成长的必然方向。荣格认为，每个人都与生俱来一个天赋的使命，那就是不断通过"自性化"的人格整合过程成为真正的自己，即一个人的环境所允许的最为完满的人，并在此基础上，进一步去寻找更深层的生命意义。这就是荣格意义上的"个体化"。在这里，尽管自性并不是一个实体，而是一个作为原型存在的、指向精神整合的人格组织原则，但它是一种体现于个体身上的人类全部潜能及人格整体性的一种原型意象，因此，"自性"远远大于"自我"，自性事实上是人格的中心，具有远高于自我的地位，体现着更重要的价值。显然，那个游戏着的"充分意义上的"和"完整的"人，更多是指的"自性"而不是狭义的自我，正是游戏激发了自性的显现，游戏精神也正是自性光芒的闪耀。

（二）游戏精神是完满人性的至善展现

游戏者与一般意义上的人有所不同。游戏者的典型表现是神情的高度专注与

---

① 王新生. 论荣格心理学中的"自我"概念 [J]. 黑河学刊，2011（7）：29.
② 荣格. 分析心理学的理论与实践 [M]. 上海：三联书店，1997.

热情的充分绽放。的确，在某种程度上，游戏着的人是光芒四射、自带磁场的存在。游戏者不仅在激动着自己，游戏者的激情也在感染着他人，以至于游戏的观赏者也在游戏中得到了甚至不亚于游戏者本人的愉悦体验。通常，诸如感情、激情、热情等这些人的情绪表达是非理性的、与理性水火不容的。然而，对于这个规律游戏是个例外，因为所有的游戏都设定着各种各样的规则，而游戏者几乎是毫无条件地照单全收，并在具体的游戏中极致化地遵循、运用甚至"变态"地利用着这些规则。因此，在游戏中，我们看到了理性化的激情以及激情式的理性，看到了激情与理性的并行不悖，看到了人的这两种通常相互矛盾与掣肘的本质性因素奇迹般地融合在了一起并爆发出了超常的能量，从而使游戏着的普通人也仿佛成为带有"神性"的存在。

理性何以能与激情共舞？两者又如何从"相反"走向"相成"？我们一般从工具理性与价值理性的关系角度来回应这一问题，事实上深层心理学认识得更为透彻。精神分析学揭示，人类精神是包括意识、个人潜意识与集体无意识二元互动的整体，如果说人类意识主要以规范性的理性方式发挥作用，那么充满各种各样情结与原型的个人潜意识与集体无意识则更多是一种充满力量的情感的存在。进而，人类心理衍生出自我、本我、超我的三位一体结构。正如弗洛伊德所打的比方，遵循唯乐原则的本我是那匹桀骜不驯的"马"，而理性的超我则扮演着"骑马者"的角色，理性或许可以给出各种各样的方向、方案、建议，但本我究竟是真正的主人。因此，当超我与本我相悖时，就表现出那个自相矛盾的内耗着的我；当超我与本我一致时，自我就仿佛"开了挂"般呈现出表里如一、金石可镂的"精诚"。更为重要的是，如荣格所揭示的，集体无意识具有一种超越个体的特征，其原型中保留着有史以来整体人类"同一类型的无数经验的心理残迹"。因此，无论是在艺术创作中还是在游戏中，"一旦原型的情境发生，我们会突然获得一种不寻常的轻松感，仿佛被一种强大的力量运载或超度"；"……情境的瞬间再现，是以一种独特的情感强度为标志的。仿佛有谁拨动了我们很久以来未曾被人拨动的心弦，仿佛那种我们从未怀疑其存在的力量得到了释放"；"就像心理中的一道深深开凿过的河床，生命之流在这条河床中突然奔涌成一条大江，而不是像先前那样在宽阔然而清浅的溪流中漫淌"①。显然，无论是超我与本我的有机融合，还是集体无意识的原型涤荡，都使得自我获得了空前的强化与加成，并呈现出某种"即我""非我"的"神性"。古语云："止于至善"。理性与激情交融共在的游戏精神，忘怀物我、悠游不迫、乐此不疲的游戏姿态，可谓至善乎？

（三）游戏精神是"无目的合目的性"的审美体验

毫无疑问，对于游戏者来说，游戏是一种"乐不可支"的美，正如在观赏者眼中游戏者本人也美得"妙不可言"一样。但这里需要强调的是，尽管不同类型的游戏都具有"美"的共同特征，但其审美的层次与境界是显著不同的。虽然愉悦与审美同在，但审美决不与娱乐简单画上等号。事实上，耽于娱乐的游戏已经是异化的游戏，而真正的游戏精神已在泛滥的游戏中消亡了。因此，有必要对游戏式审美追根溯源并正本清源。

柏拉图曾言，"以快乐为我们判断的唯一标准只有在下列情况下才是正确的，……仅仅是一种完全着眼于其伴随性的魅力而实施的活动。……当它既无害又无益，不值得加以严肃考虑的时候，我对它也使用'游戏'这个名字。"② 柏拉图所谓"不值得加以严肃考虑"体现的是理性中心主义的传统倾向，但他关于游戏"魅力""愉悦""无利害"的看法无疑是洞见。与之相比，最早把审美、艺术当作游戏来看待的康德扬弃了柏拉图的思想，以"四个悖论"的形式提出了作为游戏审美的四个特征即：无利害而具有愉悦性、无概念而具有普遍性、无目的合目的性以及无概念而具有必然性。一般地说，康德事实上区分开了审美愉悦、感官愉悦和道德愉悦这三者，既把美感与快感切割开来，又澄清了美即"有用性"以及美善不分等审美与理性关联的错误观点，最终把审美愉悦高置于其他两者之上。在一定程度上，这也是对游戏精神审美意义上的高度肯定。然而更深入地分析，康德的主体性美学并不是简单地探讨美的内涵，他真正关注的是人的

① 荣格．论分析心理学与诗歌的关系［EB/OL］．https：//www.docin.com/p‐542985929.html.

② 柏拉图．柏拉图全集：第三卷［M］．王晓朝，译．北京：人民出版社，2003：418.

本质。康德认为，审美鉴赏力是人所具备的最高属性之一，然而只有"人化了的人"或者"充分意义上的人"才有这种属性，抓住了审美力，也就抓住了人的本质。康德所说的"无目的合目的性"，所谓无目的，是指美感与任何客体的价值内容无涉，所谓合目的，则是指的客体形式所引起的审美主体自身的愉悦。这其实就是指的人本身的先验自由本质。显然，这既是人所共求的至高价值，也是人在游戏与艺术审美中的真实体验。正如朱光潜所说："……游戏和艺术，依康德的看法，都有相通之处，它们都标志着活动的自由和生命力的畅通。……生命就是活动，活动才能体现生命，所以生命的乐趣也只有在自由活动中才能领略到，美感也还是自由活动的结果。"① 因此，游戏及游戏精神的根本意义，就在于它是审美的，而美感的底层则是人性本质的自由认定。

（四）游戏精神是此在的超越、尘世的自由

尽管康德通过审美的游戏揭示了人的先验自由本质，但此在的现实中，人们无不处于尘世的重重缠缚与种种重负之下。"柏拉图洞穴"说明人天生是被束缚着的和"背光"的，康德的"物自体"是在认识之外、绝对不可认识的，叔本华也认为尽管人类自身即是"意志"，但我们经历的世界只是"表象"，因此生活于表象中的作为意志的人类不可避免身处冲突之中。叔本华认为人类的救赎之道只能是艺术的或者禁欲的，但这两者并不能从根本上解决问题，因为在叔本华那里艺术审美在言说那个不可言说的东西的同时多少带有无奈与无助的意味，它只是临时的避风港，而禁欲作为与意志本身的对抗则更明显地被打上了知其不可为而为之的悲壮的堂吉诃德式烙印。在遥远的东方，睿智如老子，虽然主张"和光同尘"，但飘逸如庄子，也同样难免"清高""避世"之嫌。难道真如卢梭所说"人生而自由，却无往而不在枷锁之中"？如果审美与自由只存在于精神的"无何有之乡"，那么除了深山老林与高天海外，又该如何在这俗世红尘安放沉重的肉身？

---

① 朱光潜．西方美学史［M］．北京：人民文学出版社，1979：375.

　　中国禅宗的"游戏三昧"回答了这一问题，并向我们展示了作为"此在的超越""尘世的自由"的高妙游戏精神。《五灯会元》中的一段对话非常耐人寻味，源律师问："和尚修道，还用功否？"师曰："用功"。曰："如何用功？"师曰："饥来吃饭，困来即眠。"曰："一切人总如是，同师用功否？"师曰："不同"。曰："何故不同？"师曰："他吃饭时不肯吃饭，百种须索；睡时不肯睡，千般计较。所以不同也。"① 类似的描述还有《五灯会元》卷十二中所说的："终日著衣吃饭，未曾咬着一粒米，未曾挂着一缕丝"，这表达的也是同样的境界。事实上，无论是康德的"物自体"、叔本华的"意志"，还是中国哲学的"道"，在理论上或可以分析剖判、訾誉褒贬，但事实上其与相对应的"现象界""表象"即我们所正在经历的世界是一体圆融的。换言之，所谓"天地不仁，以万物为刍狗"，在浩渺无垠的道的遍在流通当中，人类中心主义是无法指认其合法性的，人的理性认知及执着的一切也无异于"以管窥天"而无从确认其真理性；但与此同时，人自身作为大化流行的一部分，其存在及其自由的正当性是理所当然的，其与"道"的内在关联即那种神秘的审美体验亦是毋庸置疑的。因此，当其存在时，存在即合理，并且存在即自由，你可纵情于这天赋的时空，但其自由不可执着亦不可逾越；同样，存在即审美，你可尽享于那神秘之美，但这种审美是超验的并只可意会。如慧能所说，"于一切时中，行、住、坐、卧，常行直心"，② 这种在日常生活一切事务中体验大道流行的活泼意趣，这种即世间而离世间的如如不动、随缘任运的平常状态，这种类似"波粒二象性"的"光光相映，相摄无碍"，是道与物的圆融一体，是天与人的自在合一，亦是充满禅悦的、严肃且神圣的游戏。老子云："宠辱若惊，贵大患若身。……及吾无身，吾有何患？"所谓无为而无不为，游于"一切时"，老子应当也是那真正的游戏者。

　　综上，游戏是本真自我的光辉闪耀，是完满人性的至善展现，是"无目的合目的性"的审美体验，是此在的超越、尘世的自由。在这里，考虑到人与世界的深层关联，游戏已经不再是"属人"的某种娱乐式文化活动，游戏已经在某种

---

　　① 五灯会元：卷三 [M]. 北京：中华书局，1984.

　　② 敦煌本坛经 [M]. 郭朋，校. 北京：中华书局，1983.

程度上证明了其严肃而神圣的本体性地位，最终，人不仅是天然的游戏者，人一直都是游戏者；人们或许希望某种游戏式生活，事实上人也只能在游戏中生活。

三、生活的文明困境以及生活的游戏出路

游戏与文明的历史关联考察以及游戏精神的文化意义探究属于跨越时空、抽象概括的宏大叙事，但人都是现实中的人，游戏的真正价值和意义还要落实到具体而微的人的生活以及生活的日用平常上来。那么，生活游戏是否必要，生活游戏又何以可能？

（一）普遍性的人生困顿昭示着文明的困境

现实生活中，游戏与工作几乎成了人们所有生活活动趋赴的两极。当谈到游戏时，人们的嘴角常不经意间现出一抹意味深长的微笑，而一想到"我要上工去"，则往往伴随着一声内心深处的叹息。这一抹会心的笑容，与那一声深沉的叹息，是人的无意识表现，不言自明了游戏、工作与人的关系，游戏、工作的意义，以及最根本的那个：人的真实生存状态。人们有多喜欢游戏，就有多厌烦工作；反过来，人们越倦于工作，就越是向往游戏。于是，在游戏与工作的两极中，人们日复一日地钟摆式奔波着。结果，因工作的厌倦而累积的游戏的急切与放纵，常常损伤了游戏的严肃性与神圣性；而因游戏的泛滥而形成的对工作的加倍厌倦，也无可避免地降低了工作的积极性与创造性。最终，由于缺乏真正的游戏精神，表面条理井然的工作秩序之下，是实际上的消极怠工与度日如年；同样，貌似激情四射的游戏活动，背后却是感官刺激的追求与怅然若失的落寞。现代人所正在遭受的，不只是工作的异化，还包括游戏的异化。双重的异化造成了双重的苦难，并且这双重的异化与苦难还在日益恶性地循环，这就是为什么人格危机与精神苦闷在现代社会如此普遍。这对人类文明构成了强大的反讽。

在高度文明的现代社会为何存在着普遍性的人生困顿？人类到底怎么了？——双重异化的真正本质其实就是现代性文明的危机。在人类社会从传统走

向现代的过程中，当尼采宣布曾经拥有至高无上权威的上帝"死了"之后，人类终于从蒙昧中得以解脱，并开始确认人的主体性及其价值。然而，当神圣宗教的迷信终被破除之后，人类理性的彰显逐渐走向极端并成为新的"宗教"。人类曾经匍匐于自我创造的上帝脚下，人类重又拜倒在理性自我崇拜的神坛。事实上很难说这两者究竟哪个更进步或开明些。因为至少对上帝的崇拜仍然保留着人与自然的神秘联系，而在"理性之光"普照下人类却走向了主客二分、割裂世界的危险之途。在已经"祛魅"的科学主义世界上，到处可以看到技术与工具理性的宰制。正如莫兰指出的，"存在着一种新的与科学本身的发展相连的无知；存在着一种新的与理性的恶化的运用相连的盲目"，"理性的光明似乎把迷信和蒙昧压制到了精神的最底层。但是在各处，谬误、无知、盲目跟随我们的认识同时进展"①。苏格兰历史学家托马斯·卡莱尔也说，这是一个"机器的时代……同样的习惯不仅支配着我们的行为方式而且支配着我们的思想和感情方式。人不仅在手上而且也在头脑里和心里机器化了。"② 在头脑里和心里的"机器化"，并不仅仅是指人类思维的机械、僵化，以及人类精神的日益局限和冷漠，更暗含着近代启蒙思想家所努力力争、庄严宣告并奋力高扬的人的尊严的践踏、人的价值的失落以及人的主体性的堕落。在这样的时代，且不说标准化了的流水线式工作本身的无聊与乏味，也不用说本来直指人心的艺术也日益媚俗化、功利化，游戏也越来越在商业资本的推动下走向感官刺激与"暴力美学"。确实，生活并服务于非人性逻辑支配的由庞大生产机器和社会机器构成的世界，这无论如何都既谈不上美感，更匮乏自由。这就是为什么在高科技游戏泛滥的技术文明时代，人们反而深陷游戏与工作双重苦难的根本原因。

（二）生活游戏是走出文明困境的重要出路

陆九渊说"宇宙便是吾心，吾心即是宇宙"。某种程度上，这指出了文明的危机其实就是人心的危机，文明的困境其实就是人心的困境。人心是一面镜子，

---

① 埃德加·莫兰. 复杂性思想导论［M］. 上海：华东师范大学出版社，2008：3.
② 阿伦·布洛克. 西方人文主义传统［M］. 董乐山，译. 上海：三联书店，1997：159.

种种精神危机反映出世界的非人性化；世界也是一面镜子，扭曲的世态百象映照出人类思维的狭隘与逼仄。就是说，由于人类错把理性等同于整体的精神，从而产生了一种"片面性"（onesideness），结果，"启蒙在自我解放过程中却一步步走向自我毁灭；它把人们从恐惧和野蛮中解放出来，却陷入了更大的恐惧和野蛮的折磨中"①。因此，所谓走出文明困境，并非远离这个世界，而是要变换一个视角，更换一种心态，澡雪一种精神，所谓"心远地自偏"是也。这就是超理性认知，这也就是我们所说的生活游戏。

那么，文明困境是否必然？生活游戏是否可能？生活游戏又究竟是何种游戏？超个人心理学、深层心理学等回答了上述问题。比如在荣格看来，"意识以及主观意志越是强大越是独立，无意识就越会受到压抑，无法显现。……最终达到一个丧失了本能或与本能相反的状态。……意识获得了普罗米修斯式的自由，……它的确翱翔于尘世之上，甚至高飞于人类之上，然而倾覆的危险也在于此"②；"尽管它（理性）提供了动力，它仍然是未开化的标志。"③ 一言以蔽之，文明困境的本质，就是以工具理性侵蚀价值理性为特点的人类理性的异化，以及这种异化在人的心灵层面造成的"理性反噬"式本能压抑，和在社会层面造成的人的主体性的遮蔽、价值的虚置、生活世界的"被殖民"。因此，我们所寻求的生活游戏，本质上就是一种更为人性化、更为完整的超理性认知状态或生活态度。这种态度，仍然立足于人的主体地位，但是把人放在一个更为宏阔高远的道的大化流行背景下去看待，人的自画像不再是孤芳自赏的"裸体画"，而是悠远含混的中国"水墨山水"；这种态度，仍然要以理性为普照之光，但理性已经不再居高临下并唯我独尊，理性的唯一宗旨，就是在与无意识的良性互动中去互照出彼此的意义，并努力相互融合以实现人类精神的自洽与圆满；这种态度，仍然追求人的价值实现，但价值的追求更为凸显那种物我两忘的神秘审美，不仅注重物质利用的自由，更为注重不为物欲绑架的自由，且不自觉流露出"齐万物"

---

① 李艳霞. 启蒙的自我毁灭 [J]. 理论界，2011（1）：174.
② 卫礼贤，荣格. 金华养生秘旨与分析心理学. 北京：东方出版社，1993：79.
③ 卫礼贤，荣格. 金华养生秘旨与分析心理学. 北京：东方出版社，1993：77.

"一是非"的道家气象；这种态度，仍然需要工作与劳作，但工作选择的唯一凭据就是内心的意愿，工作好坏的唯一尺度也是内心的评价，工作完成的唯一标准就是"行于不得不行，止于不得不止"，所谓"文章本天成，妙手偶得之"，这时的工作是无关成败的，忘怀得失的，或许还是忘乎所以的；这种态度，一如既往地爱好游戏，并在游戏中体验到愉悦，但这种愉悦已经远离感官刺激，摒弃"暴力美学"，拒绝功利目标，并且，由于日常的工作就是"游戏"，游戏已经不再是茶余饭后的消遣，而成为毕生专注的"事业"。

或许有人问，这种忘乎技、近乎道、"庖丁解牛"式的高妙生活游戏，只怕是一种理论的空想吧？不然！事实上，现实生活中，在那些成功地把兴趣与谋生结合在一起的创业者身上，在那些忘乎名利、废寝忘食、专注攻关的工作者身上，在那些矢志真理、忘情问学、陷入艰深之思的研究者身上，在那些或纵情高歌或忘情舞蹈或深情演绎的艺术家身上……我们都能捕捉到人性与"神性"相结合的熠熠之光，他们都是"超理性"的人，都是"生活游戏者"。

（三）生活游戏与"自由而全面的发展"

在哲学史上，马克思对文明的困境与人的异化有极为深入的认识，因而把"人的自由而全面的发展"作为毕生追求的事业，并成功开辟了一条"实践"美学的人类救赎之路。在"异化"的事实与"自由而全面的发展"的目标这两个问题上，生活游戏与马克思大同小异，而在"实践"美学的救赎之路方面，生活游戏以一种奇异的视角而与马克思异曲同工。

"哲学家们只是用不同的方式解释世界，而问题在于改变世界"。在终结传统哲学所聚焦"世界何以可能"这个经典问题的基础上，马克思革命性地提出了"人的解放何以可能"的新问题，这无疑是巨大的进步。马克思更在《1844年经济学——哲学手稿》中说到，"人是按照美的规律来建造的"，从而为人的解放事业明确了审美的必由之路，这的确是洞见。马克思早就发现，与劳动的再生产同步的是生产关系的再生产，因而加倍的劳动只能意味着加倍的"被剥削"。尼采也指出，"当你凝视深渊时，深渊也在凝视你"。这都深刻地说明，在根本上，正如黑暗只能导致黑暗一样，只有光明才能带来光明。同样，只有自由才能通达自由，只有美本身才能启发美。这就是说，面对现实的文明异化与生活困顿，即便是为了"自由而全面的发展"这个无比高远的理想，人类的自我解放之路也必须合乎"自由""审美"的宗旨，而绝不可能从其反面来完成。生活游戏，正是这样一条以自由追求自由、以审美呼唤审美的救赎之路。

其实，自由的游戏与游戏式审美的生活游戏，一直是古往今来众多古圣先哲、仁人志士有意无意间亲身践行的群体生命轨迹。在《庄子·田子方》中，孔子曰："请问'游'是?"老聃曰："夫得是，至美至乐也，得至美而游乎至乐，谓之至人。"事实上，无论是起初的"十有五而志于学"，还是大成之境的"七十从心所欲不逾矩"，贯穿孔子的一生，"从吾所好"是其深层的内在"逻辑"。也就是说，"他的学问就是自己了解自己，自己对自己有办法——孔子毕生之力就是让他自己生活顺达，嘹亮清楚，平常人都跟自己闹别扭，孔子完全没有。"[①] 意味深长的是，现代社会许多科技的伟大发现，也往往是科学家们在大自然之美的熏陶诱导下而完成的。就是说，"科学家之所以研究自然，不是因为这样做有很多好处，他们研究自然是因为他们从中得到了乐趣，而他们得到乐趣是因为它美。"[②] 显然，我们无法假定圣贤们都天生道德风骨，我们也很难假设科学家们都天赋优越基因，但有一点是毋庸置疑的，他们都是优秀的"生活游戏者"，并且正是他们的游戏精神不断在为这个世界增光添彩，也不断地为"人的自由而全面的发展"添油加薪。

因此，正如马克思的实践美学使"本体论"从"天上"来到了"人间"，在一定意义上，生活游戏也将"人的解放"从"理想"回归了"现实"。真的，以此刻的自由来实现自由，以此刻的美来感召美，以此刻的解放来达致解放，这是根本的救赎之路。

综上，最终我们发现，人不仅是天然的游戏者，真正的游戏也必然是"完整的人"的游戏。游戏不仅具有特殊的文明性质，文明也具有重要的游戏向度。游

---

① 梁漱溟. 梁漱溟先生论儒佛道 [M]. 桂林：广西师范大学出版社，2004：7.
② 彭家勒. 科学的价值 [M]. 北京：光明日报出版社，1988：357.

戏精神的失落造成了现代的文明困境，现代文明困境又导致了现实的生活困境。在双重的困境与双重的苦难之下，唯有真正的游戏精神，才能重新发现人的自由本质并激活人的审美潜能，从而使人在现在的平实生活中，以一种自由、审美并充满激情的姿态，持续走向"自由而全面的发展"。这种生活姿态，就是"超理性"的"神圣游戏"。

四、余论：在生活游戏中"诗意地栖居"

现实中，"眼前的苟且"与"诗和远方"作为对立的两极保持着一种强大的张力。为了诗和远方，人们不惜苟且，并在苟且中怅望着远方。事实上，残酷的真相是，不苟且，无远方。"诗和远方"的梦是苟且者专属的"自欺"，而现实的苟且者是注定难寻诗和远方的。因为，无论从哪个意义上，人只有把此刻的生活当作好玩的游戏来过时，才能把生活真正过好，并得到未来的"好过"生活。

丨 第十一章 丨

超理性视域中的人格塑造 I：道德人格与
情感认同

教育是文明传承的重要途径，道德人格是教育的灵魂所在。在道德培塑过程中，理性认同是先导，情感认同是动力，行为认同是目标。正如没有方向的能量是盲目的一样，没有能量分配的指向也是空洞的。换言之，只有建立在情感认同基础上的道德才能真正被遵守。在超理性视域中，人的精神是一个复杂系统，情感认同之重要，不仅因为它是外在道德律令内化于心的关键，还在于情感认同本身即具有内在的道德启发价值。这对于德育理念的改革创新具有重要的启发意义。

一、只有承认精神的复杂性才能科学地对待教育

随着世界的复杂性在物理自然领域不断得到证明，人文社会科学也逐渐形成了复杂性理论与复杂性思维。人们已经意识到，机械、线性、静态、实体、因果律、还原论等传统简单性观点只是一种特例，混沌、过程、关系、动态以及不确定性、不可还原和难以预测性等才是世界的深层本质。复杂性在经济、社会、生态、国际关系甚至军事战争等领域得到了广泛应用，给人们提供了丰富的启发。

诸多复杂性当中，"人因复杂性"具有最为常见和最为典型的特点。十八世纪，据说发现了"三大定律"的大科学家牛顿也曾炒股，结果赔了 2 万英镑。牛顿由此慨叹："我能计算出天体运行的轨迹，却难以预料人类的疯狂"。事实上，

股市并非疯狂，但确实是复杂的。牛顿不可谓不睿智，但其试图用简单性思维来把握充满"人因复杂性"的股市，不过是"以管窥天，用锥指地"。同样，大军事家克劳塞维茨在其《战争论》中也发现，"战争是不确定性的王国，战争所依据四分之三的因素或多或少被不确定性的迷雾包围着"，他指出，战争是敌对双方意志的对抗，作战双方的相互作用就其性质来说是与一切计划性不相容的。这里所谓的"意志的对抗"，显然就是指的"人因复杂性"，并且将复杂性的源头直指"意志"即人类精神。较之牛顿将股市的波动视为"疯狂"置而不论，克劳塞维茨将战争不确定性的根源上溯到人类精神，其态度更为科学，认识也颇为睿智。

确实，人类精神是一种极端复杂的存在，但这种复杂却从未被真正认识。在蒙昧时代，过于简单的人类思想给精神笼上了重重神秘光环或者认为"不可知"；在开明的现代，因科学主义而扭曲的人类又过于简单地滥用理性以至于"理性为自身立法"。直到弗洛伊德的精神分析学、荣格的分析心理学以及威尔伯的超个人心理学，人类精神的"无知之幕"才终于被揭开，精神的复杂性本质才逐渐被认识。也正因为省察到人类精神与客观世界一样具有复杂性，荣格才一方面指出"心灵与物质处于同一个世界，它们相互参与，若非如此，一切交互的活动都不可能发生。只要研究水平发展到足够高的水平，我们就一定能够在物理学和心理学的概念中取得共识"[1]；另一方面荣格也审慎地承认，"心理学似乎既远未能理解其任务之庞大艰巨，也不明了作为其研究对象的心理所特有的错综交织、令人棘手的复杂本质"[2]；"我如此尊重人类灵魂中发生的事情，以至于我不敢笨拙地介入其中，以免干扰或歪曲了这一默默发生的自然过程。"[3] 幸运的是，心理学的发展，对于我们认识甚至把握精神复杂性，已经指出了大致的脉

① C. A. Meier（Editor）. Atom and Archetype：The Pauli/Jung Letters，1932－1958［M］. Princeton University Press，2001.

② 荣格. 象征生活［M］. 北京：国际文化出版公司，2011：10.

③ Jung, C. G. The Tavistock Lectures：On the theory and practice of analytical psychology［Z］. Coll. Wks 18. 1968.

络，其关于自我本我超我、关于无意识与原型、关于情结与原型等的深刻洞见，也给我们提供了丰富的启发。

总之，正如莫兰所说，"应该停止将人简化为'工匠'和'智者'。人……原本就既富理性，又富非理性。超越出对生活狭隘和封闭的理解，超越出对人的岛民和超自然的理解，超越出对无视生活和个人的概念。"① 事实上，"教育是人类社会所特有的更新再生系统，可能是人世间复杂问题之最"②，试图根据教学中的"牛顿定律"，教育者将确定的"力"作用于被教育者这个"已知条件"从而得到确定的"加速度"是难以实现的。教育是一项关乎"人类灵魂"的复杂工程，而其中的德育，因其独特的使命任务，更是一项"直指人心"的高难度工作。因此，"人因复杂性"是德育工作者必须首先予以重视并认真对待的问题。然而，囿于根深蒂固的简单性思维，现实的德育还不同程度地存在着集体无意识的"平庸之恶"③，教育场域中充满着"技工式"教师、"沉默的"学生和"无助的"家长（社会）。这不仅无助于外在道德人格之形成，也不利于内在自我心理之健全。因此，有必要基于超理性的视角，从心理的层面，对德育人因复杂性特别是人类精神的复杂性进行深刻的探究。

二、只有建立在情感认同基础上的道德才能真正被遵守

人同时具有先天禀赋及后天的可塑性，这已是常识。但在现实教育中，由于其隐性、先验甚至神秘的性质，人类天赋常处于存而不论甚至置之不理的境地，"因材施教"也常常沦为了空谈。同时，由于后天塑造的强操作性，以及理性主义的影响和教育流程的工业化、标准化和流水线式特性，教育者事实上处于强势

---

① 埃德加·莫兰. 迷失的范式：人性研究［M］. 陈一壮，译. 北京：北京大学出版社，1999.
② 叶澜. 世纪初中国教育理论发展的断想［J］. 华东师范大学学报（教育科学版），2001（1）：4-5.
③ "平庸之恶"指一种对自己思想的消除、对下达命令的无条件服从、对个人判断权利放弃的恶，是一种欠缺独立思考、随波逐流的生存状态. 夏青. 教育场域中的"集体无意识"［J］. 湖南师范大学教育科学学报，2017（5）：51.

供给的一方，受教育者的主体地位则在相当程度上被虚置了。同时，由于德育自身的一些特点，德育更容易走向填鸭式和逻辑推演式的机械灌输。我们已知，忽视精神复杂性的教育，不仅难以达到既定目标，教育效果甚至也会适得其反。承认精神的复杂性，就必须充分尊重心理规律。而心理学的发现已经证明，只有建立在情感认同基础上的道德才能真正被遵守。

（一）理性说明道德之价值，情感赋予道德以能量

某种意义上，德育之目的，是要引导被教育者做一个"理智"的人。就"理智"而言，尽管在理论上更多是一个中性的范畴，但一般来说，理智是指"一个人用以认识、理解、思考和决断的能力，或辨别是非、利害关系以及控制自己行为的能力"。在古希腊哲学家阿那克萨戈拉哲学中，理智又被译为"努斯"，是指永恒的、无限的、无形的、独立自为的知晓一切并支配一切。由于"理性"是指我们形成概念、进行判断、分析、综合、比较、推理、计算等方面的能力，更多偏重于知识性认知及逻辑性思考，因此，可以认为"理智"事实上包括明辨是非的"理性"和控制行为的"情感"两个方面，是理性与情感的统一。当然，更全面地说，由于价值是一切生命的动力源，情感是一切价值的驱动器，情感的本质是主体对于价值关系的主观反映，因此，理性本身也具有不言而喻的价值意义并因此产生、伴随着人类独有的理性情感，这是我们进一步研究情感认同的前提。

针对理性与情感这一对矛盾，弗洛伊德基于人格结构三分说指出："潜意识是个较大的圆圈，它包括了'意识'这小圆圈；每一个意识都具有一种潜意识的原始阶段，而潜意识也许停留在那个阶段上，不过却具有完全的精神功能。"[①]具体来说，本我是人的个性中最原始的部分，是内心深处本能和欲望的体现，是我们建立人格的基础，按照快乐原则行事；自我是从本我中分化出来的，代表着理性和机智，遵循现实原则，一方面尽量满足来自本我的各种原始欲望和需求，

---

① 弗洛伊德. 梦的解析 [M]. 赖其万，符传孝，译. 北京：作家出版社，1986：493.

同时又要考虑到社会规范和可接受程度对本我的不合理的冲动和欲望进行抑制；超我是人格结构中的理想化部分，处于人格的最高层次，它是从自我分化出来的，由良心和自我理想构成，超我遵循道德标准，是外界道德规范和行为准则的内化。在弗洛伊德看来，本我、自我、超我与情感、理智、道德与理性是大致存在着对应关系的。也就是说，对于道德人格塑造的目的而言，理性仅仅说明了道德之价值，赋予自我以方向，但来自外界环境的道德之理性能否从超我的天空落到自我的现实，归根结底还需要源于本我的情感之赋能。

显然，正如没有方向的能量是盲目的一样，没有能量分配的指向也是空洞的。因此，只有建立在心理基础上的道德才能真正被遵守，或者也可以说，只有获得（本我之）情感认同的（超我）道德才能真正被（自我）遵守。这启发我们，对于德育而言，知识性讲解固然是先导性步骤，逻辑的彻底固然是"掌握人"的有力武器，但情感性熏陶才是整个过程的重心。

（二）道德选择本质上是"自我"心理的内在整合与能量分配

如上述，由于超我、自我的能量均源于本我，本质上，人格结构三分说就是对人类心理动力结构及其运行规律的说明。本我、自我和超我三者关系相当复杂。通常情况下，只有当本我、自我和超我达到和谐一致时，我们的人格才处于稳定健康的状态，并对外形成和谐一致的行动。但是，这种和谐一致经常性地遭遇威胁。因为，本我是心理能量的动力之源，超我是标准严苛的道德法官，两者仿佛对立的两极，形成一种内在的张力。自我作为本我、超我的仲裁者，始终处于持续紧张的两难处境。弗洛伊德这样描述自我扮演的两难角色，"有一句格言告诫我们：一仆不能同时服侍两位主人。然而可怜的自我却处境更坏：它服侍着三位严厉的主人，而且要使它们的要求和需要相互协调。这些要求总是背道而驰并似乎常常互不相容。难怪自我经常不能完成任务。它的三位专制的主人是外部世界、超自我和本我。"① 显而易见，就仿佛骑马者与马的关系一样，人格三分

---

① 弗洛伊德. 精神分析引论新讲 [M]. 合肥：安徽文艺出版社，1987：86.

结构给德育带来了永恒的难题：受教育者并非一只"口袋"对什么都可以照单全收，也不是一台机器对所有指令都机械执行。且不说持续作用于超我的外在律条始终面临着来自本我的审视乃至抵制，事实上超我自身的力量也因为源于本我，因而超我的要求不能从根本上违反本我的诉求。否则，本我要么对超我的指示漠然置之甚至导致自我的萎缩或精神的分裂，要么就很可能放纵本能瞬间冲决好不容易才形成的道德堤坝。这种内在的冲突与整合，集中体现为现实自我的内部矛盾。因此，道德本质上是一种心理能量的自我配置，是情感与理性的互动与整合。

需要说明的是，道德自身也是多维的，广义的道德涉及政治历史、人性伦理、文化传统等许多层面，每一个"道德碎片"都对应一种"人格面具"。因而，"自我"也并非一个单一实体，而是具有相当的复杂性。一旦考虑到这些因素，自我心理能量的配置和情感—理性的博弈、整合就更为复杂了。

三、情感认同的分析心理学分析

弗洛伊德理论的确深刻说明了本我是道德行为的能量之源，但其对于情感与理性、超我与本我的矛盾解决进而人性本身却持一种总体上的悲观态度。一方面，弗洛伊德认为，"自我要驾驭本我，形成有效的平衡，达成最终的目标，甚至超越自我。"另一方面，弗洛伊德又对潜意识中的本我深存敬畏，认为本我是"一口本能和欲望沸腾的大锅""带有动力性和内驱性的一团混乱的力量并力求发泄"，并认为"本我过去在哪里，自我即应在哪里"。与之相反，分析心理学家荣格，在"承认和强调人的心灵世界的复杂性"① 基础上，经过对个人潜意识、集体无意识进而自性的深刻体察，对人类精神发展得出了较为乐观而积极的结论，并对情感与理性的矛盾解决指出了可行的方案与路径。

---

① 崔诚亮. 荣格的原型思想研究 [D]. 湘潭：湘潭大学，2006：34.

（一）个人潜意识是充满张力的"情结之网"

由于"赋能"道德的本我深藏于潜意识当中，因此对情感认同的探究绕不开潜意识或无意识。在弗洛伊德那里，释梦是认知潜意识的重要方式。在此基础上并有别于此，荣格发现情结才是通往潜意识领域的阳关大道，并把情结视为其理论观点的一个核心，以至于他曾一度把他的理论体系称为"情结心理学"。荣格曾用一个形象的例子来说明情结：我们可以把人类精神想象成一个类似于太阳系的三维空间。自我意识就是地球、大地和天空，地球周围布满了各类星体，这一空间就是无意识，而那些星体就是当进入宇宙空间时首先会遇到的对象，这就是情结。荣格有一句名言就是，"人们都知道可以拥有情结，然而我们并不知道，理论上也更为重要的是，情结也会拥有我们"①。

分析心理学认为情结的产生既有与生俱来的内因（如原型），又有后天经验所提供的外因特别是一些对个体具有特殊意义的事件比如创伤，荣格也曾指出情结可能是基于"人类终究无法成为完人的道德冲突"所造成和触发的。关于情结前文已详述，总之，与弗洛伊德相比，荣格对于个体潜意识的认识更为科学而具体。潜意识自身本无所谓善恶，作为个体生活经验内在反应的情结也不能简单地区分好坏。荣格明确表示情结中也存在着积极的意义，与情结相关的许多生活态度都可以当作有利条件来完善他的人格，情结只表示存在着某种不协调的、未被同化的潜在对抗性事物，但情结的作用是可转化的，也许它是一种障碍，但也是一种做出更大努力获得新成就的诱因。正如我们拥有生活同时生活也拥有我们一样，个体潜意识作为情结之网的事实也告诉我们，自我拥有情结的同时情结也拥有着自我。荣格曾说："我们无法消灭情结，只是我们不能再让情结拥有我们，而是让我们拥有情结。"他实际上是从心理健康的角度主张在自我理性与情结情感之间保持一种良性的互动。自我人格不是一成不变的，同样情结情感的能量也可以有意识地调节、整合、转化。这对德育的启发是，人格的内涵事实上远

① 申荷永. 荣格与分析心理学［M］. 广州：广东高等教育出版社，2004：74.

比"自我"更为丰富而复杂，因为人格包含了远远超出意识理性之外的无意识情结内容；教育者应充分尊重每个教育对象的自我个性，积极运用无意识方式方法，不断地纾解消极情结，不断地调动激励积极情结，就能在增强情感认同基础上促进理性与情感的有机结合，从而在理智生活态度的基础上达致理想道德人格。

（二）集体无意识的原型投射具有特殊的"自主情结"

也有学者把分析心理学称为"原型心理学"，这是因为人类精神中的"原型"也是荣格的一大发现。上文谈及情结的产生既有外因也有内因，原型就是情结产生的内因。因此对情结以及无意识进行更深入的探讨，就必然绕不开原型。

原型并非荣格独创的概念，在哲学、文化人类学、行为生物学、无意识心理学等学科当中，我们都能找到其思想的渊源。然而心理学意义上的原型是荣格的首创，并且是其切身的体验与经验的总结。弗洛伊德曾说："潜意识是精神生活的一般性基础。……潜意识乃是真正的'精神实质'。"① 荣格发现，弗洛伊德意义上的个体潜意识并不是人的精神的最深层，在其之后还有一个更为广阔的领域——"集体无意识"。如同"带感情色彩的情结"构成个人无意识一样，集体无意识的构成——"原型"也伴随着特殊的情感体验。"在荣格看来，原型是一切心理反应的普遍一致的先验形式，这种先验形式是同一种经验的无数过程的凝缩和结晶，是通过大脑遗传下来的先天的心理模式。"② 一方面，在哲学的角度，原型类似于柏拉图的"理念"和康德的"范畴"，是一种"天赋可能性"；但与此同时，在心理学的角度，原型又绝对不限于纯粹的理性形式，而是对幻想、直觉、情感、思维等一切心理活动起着一种看不见的影响和"规范"作用。

---

① 弗洛伊德. 梦的解析 ［M］. 赖其万，符传孝，译. 北京：作家出版社，1986：493.
② 朱立元. 现代西方美学史 ［M］. 上海：上海文艺出版社，1996：389.

由于原型是"同一类型的无数经验的心理残迹","每一个原始意象都有着人类精神和人类命运的一块碎片,都有着我们祖先的历史中重复了无数次的欢乐和悲哀的一点残余,并且总的说来始终遵循同样的路线",荣格也特别指出了无意识原型被触发后常伴随的一种类似于情感、常触发情感却又超越情感的"激动我们的力量":"一旦原型的情境发生,我们会突然获得一种不寻常的轻松感,仿佛被一种强大的力量运载或超度";"……情境的瞬间再现,是以一种独特的情感强度为标志的。仿佛有谁拨动了我们很久以来未曾被人拨动的心弦,仿佛那种我们从未怀疑其存在的力量得到了释放"。之所以如此,是因为"在这一瞬间,我们不再是个人,而是整个族类,全人类的声音一起在我们心中回响";"原型的影响激动着我们,因为它唤起一种比我们自己的声音更强的声音。一个用原始意象说话的人,是在同时用千万个人的声音说话。它吸引、压倒并与此同时提升了它正在寻找表现的观念,使这些观念超出了偶然的暂时意义,进入永恒的王国。它把我们个人的命运转变为人类的命运,它在我们身上唤醒所有那些仁慈的力量,正是这些力量,保证了人类能够随时摆脱危难,度过漫漫的长夜。"①原型的形式对人类造成的这种特殊的情感影响,荣格称之为"自主情结"。自主情结与个人情结不同。一方面,自主情结是不能被个体意识到的,"它是一种心理的分化物,独立地生活在意识的系统之外",如对于艺术创作者而言,"他同创造过程已完全合为一体了;要么是他有意地使自己隶属于它,要么是它使他全然地成为它的工具,以致使他完全失去了对创造事实的意识";另一方面,自主情结是一种与"个性化"相结合的,人格核心的或生命最深邃的本能冲动,具有强大的深层无意识动力。另外,因为所有的"创造"都带有艺术性,"自主情结"并不单单局限于艺术家,而是深深地根植于我们每一个人的内心里。②

从上可知,与个体潜意识中的情结相比,尽管两者同样主要由非理性的情境

---

① 荣格. 论分析心理学与诗歌的关系 [EB/OL]. https://www.docin.com/p-542985929.html.

② 参见 http://blog.sina.com.cn/s/blog_4d9ab3e70102xnwo.html.

因素触发，但集体无意识原型伴随的自主情结更多积极与乐观色彩，并且它超越了狭隘的个体经验，并发现了某种意义上的集体主义精神，甚至带有高尚的道德意象、神圣的价值取向并打着神秘主义的印记。从中我们深刻地感受到，道德人格之形成，固然是后天的外在要求，但心理学对无意识的深层探究竟然也发现了内在的人性之善，且这种内生的自主情结一旦得到启发，其道德情感力量是远超一切世俗指令的。

（三）"自性"是"自我"人格成长的自然指向

一般来说，作为超我与本我博弈以及个体适应环境的产物，道德人格主要是一个"自我"的范畴。但是荣格曾打过一个比方：自我是地球，自性是太阳，自性化就等于是日心说①，从而把道德人格的考察重心从自我转移到了自性之上。自性是荣格人格心理学的核心，简言之，自性并不是一个实体，而是一个作为原型存在的、指向精神整合的人格组织原则。也可以说，人类精神中事实上有两个"自我"分别是意识自我（ego）和原型自我（Self）。表面看来，两个自我截然相反：一个是人类精神的中心，一个则是"意识场域"的中心；一个是整个意识的组织原则，一个则是独立个体的组织原则；一个是跨越时空、超越个体的先天存在，一个则主要是现实冲突中的后天习得；一个作为超验的"内在天性"一定要得以实现，一个则作为现实中的经验人格发挥着实际的功效；等等。事实上，自我和自性是一而二、二而一的关系。

在荣格看来，人类精神包括意识与潜意识，意识先于自我而产生。在人的成长过程中，内外世界的冲突促使自我觉醒，随之在不断的"冲突"中自我作为一个情结逐渐被"赋能"并发展壮大，渐至成为意识的中心。在《伊涌》一书中荣格对自我界定如下："它仿佛是构成意识场域的中心，就它构成经验人格这个事实而言，自我是所有个人意识作为的主题。"② 也就是说，意识作为"场域"

①　荣格. 分析心理学的理论与实践 [M]. 上海：三联书店，1997.
②　王新生. 论荣格心理学中的"自我"概念 [J]. 黑河学刊，2011（7）：29.

涵盖了我们称之为"经验人格"而被觉知到的内外世界,而自我则处于意识的中心,指的是个人拥有一个展现意志、欲望、反省和行动中心的经验。然而,与此同时自我具有一种先天的遗传取向,会偏好某种特定类型的态度与功能组合,这是因为"自我一方面立基于整个意识领域,另一方面也立基于无意识内容的综合"①。这里的无意识内容,既包括作为情结之网存在的个体潜意识,更包括由原型构成的集体无意识。显然,"自我在哪里,自性也在哪里"。

这里重要的是,尽管自我与自性是天然统一的,然而自我与自性并不自然和谐一致。也就是说,自我与自性的统一是作为一个原则、一个趋势、一个过程而存在的。它说明了自我心理的成长方向,以及自我人格的"至善"标准。也正因为自性是原则、方向和标准,自我能否做到内在心理和谐、能否形成现实健全人格,归根结底是由"自性化"的程度所决定的,而自性化本质上就是意识自我与无意识原型不断的积极互动和沟通交流。事实上,这也就是分析心理学心理疗治的根本理念。当然,在荣格那里,探讨自性以及自性化的目的已经远远超出了心理健康的范畴,而致力于追求人格完善的更高目标。

需要着重强调的是,尽管自性与自性化并非道德的范畴,或说是"超道德"的,但其自身却意味着至高的道德意义、蕴含着深刻的智慧启示,并伴随着强大的心理能量。自性其实是一种体现于个体身上的人类全部潜能及人格整体性的一种原型意象。自性既意味着实现个体的独特性,同时又意味着接受、包含与集体的关系。因此,自性可以说就是"大我",正如荣格所说,"归根结底,每一个人的生活同时也是我们人类的永恒生命"。因此,"一个在灵性上成熟的人是成长为具有'他性'感觉的人,他能意识到他人的重要性,将社会需要放在自我需要之上,尊崇自然和环境的中心地位,能够看到一切事物都有神性。"② 更进一步,荣格对自性、原型、无意识的探索也触及"一切存在形式之间的深刻和谐",他感觉"在微观物理学和他的深层心理学之间有一个共同的背景"。他在

---

① 王新生. 论荣格心理学中的"自我"概念 [J]. 黑河学刊, 2011 (7): 29.
② 大卫·黛西. 荣格与新时代 [M]. 龚艺蕾, 译. 北京: 世界图书出版公司, 2015: 208.

心理状态与客观事件间发现了许多非因果关系的有意义巧合，并用"共时性"对这些现象进行了概括。荣格还说，"我在一切事物中都发现了对立双方的运动，并从这一概念中得到了我的心理能量理论"。① 在这里，我们看到了周易的智慧，看到了庄子的"心斋"、老子的"道法自然"，看到了儒家的"至诚""止于至善"，也仿佛听到禅宗的吟诵："何期自性本自清静；何期自性本不生灭；何期自性本自具足；何期自性本无动摇；何期自性能生万法。"原来，"自性化并不是与世隔绝，而是聚世界于己身"。因此，一个在自性化的道路上走得越远的人，内心就越和谐，从而就越能带给这个世界以秩序和幸福；因此，一个自性化的人虽然主观上可能并不是以道德和伦理为目标的，他只是来解决自己的心理问题的，或者只是为了自我人格的健全，但是等这个问题解决得较好之后，他就会自然而然地给世界带来益处，也就是说自性化的心路就是道德的旅程。② 这里，荣格理论已经体现出超个人心理学的特征。

综上，人的无意识精神背景是一个情结的网络，并由此而再生了整体的情调。情结和情调即情感的心理基础。由于情结具有同化联想的群集效果（凡不适合于情结的东西都一眼掠过，而适合于情结的便被吸收集合起来），具有积极活跃的功能，具有强大的内聚力和高度的自主性，情结作为精神整体结构的单元，是精神生活的焦点和动力。随着情结的扰动，整体情调的主旋律会产生涟漪或者相应的变调，从而产生特定的情绪和情感体验，并为显在的理性思维提供能量背景和动力驱动。由于它富有先验的智慧与高尚的价值导向，它只在有限的程度上接受意识心理和理性逻辑的影响，因此情感认同对于理性意识是相对独立的底层系统，并具有特殊的运行规律。

① 荣格．寻求灵魂的现代人 ［M］．苏克，译．贵阳：贵州人民出版社，1987.
② 皮华英．荣格分析心理学人格理论中"道"的思想蕴涵 ［J］．求索，2008（8）.

四、回归生活世界，以无意识教育促进情感认同

萧伯纳说过，"一个理性的人会让自己去适应这个世界，而一个不理性的人则会坚持尝试让这个世界去适应他。因此，这个世界所有的进步，都依赖于这些不理性的人"。这句话固然对理性的价值有所贬低，但却丝毫没有溢美无意识的意义。如果说意识主要对应着理性，那么无意识则更多对应着情感。某种意义上，弗洛伊德和荣格都把无意识作为研究的中心，也正是把体现为各种各样情结的情感作为研究的中心，并从情感出发重新回到理性与情感的结合、意识与无意识的交融即自性上来。诚然，和自性内涵的人格标准相比，现实中的道德律条其实并没那么高不可攀。那么到底是什么使人对其望而却步甚至感觉面目可憎呢？荣格给了我们答案，原来从一开始，我们就忽视了人类精神的复杂性，特别是忽略了人类精神的基质即无意识的情感诉求和情感认同。

荣格将其一本书命名为《寻求灵魂的现代人》，以此来象征由于对精神的误解造成的现代社会理性的膨胀、科学主义的泛滥、思维的简单化进而普遍存在的人类神经症式的冷漠、痛苦、贫乏甚至崩溃。由于领悟到人类精神状况与社会运行秩序的某种"共时性"关联，荣格深刻地指出我们现代人面临着进一步发现精神生活的必要性，也只有通过这种方式，才能将自己从弗洛伊德的"生物学魔咒"当中解脱出来，微观个体的道德人格进而宏观整体的人类社会也才能获得真正意义上的发展。教育是面向人类灵魂的工程，德育更是一项培塑道德人格、"直指人心"的工作。从深度心理学所揭示的人类心理的复杂运行规律来看，人格成长并不简单是一个外在塑造问题，而同时是甚至更多是一个内生唤醒过程。既然人类精神的复杂性已经成为共识，既然只有建立在心理基础上的道德才能真正被遵循，既然情感认同是道德人格内在的价值与动力之源，那么，究竟什么样的德育才能拨动深藏于被教育者无意识中的情感之弦呢？

伟大诗人泰戈尔曾说，"源自伟大心灵体验的生命语言，其意义永远不会被

某种逻辑体系加以详尽无遗的阐释，只能通过个性生活的具体经历来获得亲验和寓身显示，并在各自的新发现中增添更丰富的价值内容"。类似的，主张"教育即生活"的美国教育家杜威也认为，"准备生活的唯一途径就是进行社会生活，离开了任何直接的社会需要和动机，离开了任何现存的社会情境，要培养对社会有益和有用的习惯，是不折不扣地在岸上通过做动作教儿童游泳。"① 此外还有许多学者都对生活寄予深切情怀，并从不同角度强调了生活本身的意义。如现象学家胡塞尔强调"生活世界"有丰富的思想道德与价值观念资源，有共同的对话场景，有生动的情感共鸣，教育话语必须与生活世界密切关联才能富有针对性和实效性；交往理论大师哈贝马斯认为"一切语言行动均镶嵌在生活世界的语境中"；哲学家维特根斯坦提出"想象一种语言形式，就是想象一种生命形式"；这些都给我们以丰富的启发。显然，从本质上讲，人都是社会的人，人同时也直接是生活的人。正是生活使人们念兹在兹、情牵梦绕。教育当然高于生活，但教育首先源于生活。如果教育只是简单地把如何生活的抽象教条输入人们的头脑，而失去了活色生香的生活意味与酸甜苦辣的情感熏陶，那这样的教育无异于风干的花朵，是根本没有生命力的。因此马克思着重指出，"人们的存在就是他们的现实生活过程本身"，"一切历史的第一个前提是：人们为了能够'创造历史'，必须能够生活"。正是在马克思主义"生活世界"理论指导下，1927 年，毛泽东在《湖南农民运动考察报告》中曾高度赞扬农会的政治宣传方式，采用农民可以理解的话语，发掘农民真正关心的问题，将德育放下身段，走近农民生活。② 可见，正是生活本身的复杂性决定了教育的复杂性，正视教育的复杂性就必须回归"生活世界"，因为教育的本质，就是要引导人"学会共同生活，学会和他人一起生活"。

当然，正如重视无意识并非以无意识情感淹没意识理性一样，强调回归"生活世界"，并不意味着以生活同化教育。教育有其自身的独特规律，包罗万

① 杜威．学校与社会·明日之学校［M］．北京：人民教育出版社，2005：141.
② 陆庆壬．思想政治教育学原理［M］．北京：高等教育出版社，1991：25－70.

象的德育毕竟对理性和逻辑的意识有着深刻的依赖性。借鉴生活世界理论，德育应在发挥既有慎思明辨优势的基础上，致力于让被教育者对于道德人格"心向往之"，应借鉴苏格拉底的"精神助产术"，更加重视"主体间的灵魂交流"，更加重视无意识的隐性熏陶，更加重视实践教育。这才是超理性认知的"知行合一"。

Ⅰ 第十二章 Ⅰ

超理性视域中的人格塑造 Ⅱ：人格危机与
审美救赎

　　前文已述，超理性视域中的人类文明发展指向是"神圣的游戏"或"诗意的栖居"。"诗意的栖居"表明了人类对生存的理解内在包含着审美的追求，但是理性的异化致使"眼前的苟且"成为社会生活常态，许多人深陷人格危机而难以自拔。自康德以来，审美救赎被视为摆脱人格危机的重要出路，然而对审美的考察多数聚焦于哲学的思辨，而较少进行深入的心理分析，而心理恰恰是审美的机制、载体。基于超理性的视角，本文尝试从精神分析的角度，对人格危机的本质、审美的机理以及境界进行较为系统的探讨。

一、人格危机及其审美出路

　　追根溯源，人格危机的根源在于现代性困境，而其症结则是人类精神上的本能（无意识）压抑与内在割裂。具体来说，人格危机的症结是理性异化，人格危机的本质是无意识压抑，人格危机的重要出路是审美救赎。

（一）人格危机的根源是现代性危机

　　"人的自由而全面的发展"是社会发展的最高追求，"人以一种完整的方式占据自己完整的本质"是人性的自然指向。现代社会，人类已在相当程度上获得了解放，但异化现象仍以新的特征或方式大量存在，最为突出的就是日益引起重视的"人格危机"。所谓人格危机，并不是指人们的意识品质无法适应或应对这个纷繁复杂的世界，而是指在社会制度、科学技术、物质手段等日益昌明、飞速发展的同时，人类精神广泛存在着主体失落、物欲膨胀、思想空虚、情感淡漠、心态浮躁、心理失衡等存在感、价值感、正义感、幸福感缺失的情况。其最直观的表现，就是人们在生活中一边向往着"诗和远方的田野"，一边却又自觉不自觉深陷于"眼前的苟且"。"人是天然的越境者"。人类精神的健康与积极是社会发展的真正动力，然而反过来人类精神的衰弱或异化同时也意味着潜伏于社会的深刻隐患或危机。我们或许有许多外在的问题需要解决，然而，"认识你自己"、正视并解决人格危机仍是影响深远的根本挑战。

人类到底怎么了？——人格危机的真正本质其实就是现代性危机。在人类社会从传统走向现代的过程中，当笛卡尔说出"我思故我在"，人类终于从蒙昧中得以解脱，并开始确认人的主体性及其价值。然而，当神圣宗教的迷信终被破除之后，人类理性的彰显逐渐走向极端并成为现代的"宗教"。人类曾经匍匐于自我创造的上帝脚下，人类重又拜倒在自我理性崇拜的神坛。事实上很难说这两者究竟哪个更进步或开明些。因为至少对上帝的崇拜仍然保留着人与自然的神秘联系，而在"理性之光"普照下人类却走向了主客二分、割裂世界的危险之途。在已经"祛魅"的科学主义世界上，到处可以看到技术的专制。正如苏格兰历史学家托马斯·卡莱尔所说的，这是一个"机器的时代。……同样的习惯不仅支配着我们的行为方式而且支配着我们的思想和感情方式。人不仅在手上而且也在头脑里和心里机器化了。"① 在头脑里和心里的"机器化"，并不仅仅是指人类思维的机械、僵化，以及人类精神的日益局限和冷漠，更暗含着近代启蒙思想家所努力争取、庄严宣告并奋力高扬的人的尊严的践踏、人的价值的失落以及人的主体性的丧失。确实，在服从于它们自身非人性逻辑的庞大生产机器和社会机器面前，人类前所未有地感到渺小与软弱。

---

① 阿伦·布洛克. 西方人文主义传统 [M]. 董乐山，译. 北京：生活·读书·新知三联书店，1997：159.

（二）人格危机的症结是理性异化

现代性的核心是主体价值与理性至上。然而，理性在其发展过程中逐渐走向了异化，导致作为主体的人反而被自己的创造物所支配与控制，并进而成为压迫自我的力量，人的存在被遮蔽，人类精神日益扭曲。理性异化的主要表现是工具理性逐渐侵蚀价值理性，从而导致社会发展对效率和有用性的追求走向极致甚至成为某种意义上的信仰，而人本身的价值反而被虚置了。在工具理性已经控制了生活的各个方面并且作为一切社会生活准则的时候，甚至人本身已经沦为了工具或手段之一。这种工具理性主导下的社会系统对生活世界的"殖民化"就构成了对人类社会的一种威胁。因此，"启蒙在自我解放过程中却一步步走向自我毁灭；它把人们从恐惧和野蛮中解放出来，却陷入了更大的恐惧和野蛮的折磨中……"①。这种理性的异化，在荣格看来，就是基于对理智与精神的混淆而产生的一种"片面性"（onesideness）："尽管它提供了动力，它仍然是未开化的标志。"②

极端工具理性作为理性异化的集中体现，其最典型的代表就是长期以来根深蒂固的简单性思维。莫兰指出，"存在着一种新的与科学本身的发展相连的无知；存在着一种新的与理性的恶化的运用相连的盲目"，"理性的光明似乎把迷信和蒙昧压制到了精神的最底层。但是在各处，谬误、无知、盲目跟随我们的认识同时进展"③。事实上，人类理性是一个复杂的多层次存在④，哥德尔不完全定理和"元系统"理论也证明了任何理性观念在看待对象事物时都含有盲点。因此，某种理性过分彰显甚至走向极端时，对事物的判断与主张就必然容易忽略其个别性、多样性、多元性和非规律性等复杂性特征。这也就是莫兰所指出的"简单性认识从由已经发现的规律构成的普遍原则出发去认识特殊的个别事物，因而是从

---

① 李艳霞．启蒙的自我毁灭［J］．理论界，2011（1）：174．
② 卫礼贤，荣格．金华养生秘旨与分析心理学［M］．北京：东方出版社，1993：77．
③ 埃德加·莫兰．复杂性思想导论［M］．上海：华东师范大学出版社，2008：3．
④ 黑格尔也曾把人类理性构成区分为知性、消极理性和积极理性三个层次．

整体认识走向局部认识"。① 那么，当人类理性被简化为工具理性时，工具理性所聚焦的效率和效用以外的价值目标就必然被淡漠了。

需要指出的是，简单性思维并不仅仅体现为某种理性的片面化或极端化，复杂性理论更把批判的矛头指向主体的概念本身。一定意义上，当笛卡尔的"我思故我在"同时区分出"能思维的主体"和具有广延性的事物时，人类就已经生活于分离的、还原的和抽象的原则统治下，人类精神就已经深埋下了危机的隐患。

（三）人格危机的本质是无意识压抑

"人格"一词常被用于道德的语境，事实上它更多的是一个整体的精神范畴。既然人格危机的症结是理性的异化，那么理性又是如何作用于整体精神的呢？这已不再是一个纯哲学问题，而更多地属于心理学领域。如前述，潜意识是指人类心理活动中不能认知或没有认知到的部分，是人们已经发生但并没有达到意识状态的心理活动过程。重要的在于，我们通常以为根据意识理性的判断所做出的决策，其实在很大程度上或者本质上是由潜意识所决定的。由于潜意识像"一口本能和欲望沸腾的大锅"，"带有动力性和内驱性的一团混乱的力量并力求发泄"（弗洛伊德），且潜意识深藏于意识阈限之下但又对意识发挥着事实上的重要影响甚至决定作用，作为外在表征的自我也不可能是清晰明确与单一抽象的。因此，人类精神并非我们通常所认为的那样运行于严谨的逻辑、清晰的思路、纯粹的理性之下，而具有事实上的混沌与涌现特质。荣格指出，"意识以及主观意志越是强大越是独立，无意识就越会受到压抑，无法显现。……最终达到一个丧失了本能或与本能相反的状态。……意识获得了普罗米修斯式的自由，……它的确翱翔于尘世至上，甚至高飞于人类之上，然而倾覆的危险也在于此"。② 精神分析理论的人格结构三分说生动地阐释了人格危机的心理本质。概言之，本我（id）是人的个性中最原始的部分，是内心深处本能和欲望的体现，

① 埃德加·莫兰. 复杂性思想导论［M］. 上海：华东师范大学出版社，2008：9.
② 卫礼贤，荣格. 金华养生秘旨与分析心理学［M］. 北京：东方出版社，1993：79.

是我们建立人格的基础，按照快乐原则行事；自我（ego）是从本我中分化出来的，代表着理性和机智，遵循现实原则，一方面尽量满足来自本我的各种原始欲望和需求，同时又要考虑到社会规范和可接受程度对本我的不合理的冲动和欲望进行抑制；超我（super－ego）是人格结构中的理想化部分，处于人格的最高层次，由良心和自我理想构成，遵循道德标准，是外界道德规范和行为准则的内化。结果，"可怜的自我……服侍着三位严厉的主人，而且要使它们的要求和需要相互协调。这些要求总是背道而驰并似乎常常互不相容。难怪自我经常不能完成任务。"① 显而易见，人格危机的发生，本质上就是人类自我理性的膨胀对无意识本我造成不正常压抑的结果。

（四）人格危机的重要出路是审美救赎

　　人格危机与现代性危机事实上是同一个问题，或说是一枚硬币的两面。作为人类精神异化之表现的人格危机，其实就是人类藐视与征服世界对自身的"反噬"。之所以如此，是因为人本身就是自然的产物，人与自然本来就是一体相依的关系，正如同人类理性意识与深层潜意识的相互关系一样。人作为主体从自然界中独立出来与精神自我的理性从潜意识中逐渐彰显事实上是同一个过程。因此，人类对待世界的方式同时就是对待自己的方式，正如同人类看待世界的方式同时也是看待自己的方式一样。问题的关键在于，人不可能真正独立于自己所属的自然。与传统社会人类把自然神圣化一样，现代社会人类把自我的主体地位也绝对化了。理性的蒙昧与理性的偏执都意味着人类精神的异化，且这两者同样都是极为狭隘的简单性思维。因此在人类精神的层面，某种意义上并不见得说现代社会就一定比传统社会更为开明一些。

　　理性的极端化的确需要理性的反思来进行觉悟，然而理性早已走上自我强化的路径依赖，并且理性本来也无法认识深藏于意识阈限之下的潜意识。因此，其固有的局限决定了理性自身是无法真正解救人格危机的。幸好，正如市场经济存

---

　　① 弗洛伊德. 精神分析引论新讲［M］. 合肥：安徽文艺出版社，1987：86.

在一只"看不见的手"一样，人类精神也有其自发自然的疗愈手段，这就是"审美"。康德最早发现了审美的重要性，并把审美作为沟通"现象界"和"物自体"的桥梁。他说："以无利害的愉悦为本质特征的审美判断力和具有主观特征的美感的普遍传递性，肩负着沟通两个世界的使命。当不可见的理念在感性可见的具体中得以实现，艺术便具有了在有限经验中实现超验性的能力，因此，人们能够通过审美抵达道德的自由。"① 在这里，审美的作用是一种"救赎"，是理性与感性的结合、是整体对局限的消融、是家园对浪子的抚慰、是诗意与故土的沉醉。在人与自然关系日趋紧张的今天，人们已经意识到，远古时代的"附魅"并非毫无可取，理性主导的"祛魅"已经造成了遮蔽与断裂，现代社会必须在更高层次上"返魅"，也就是通过审美来弥合心理的分裂，实现人格的健全与生存的自由。正因如此，在康德的启发下，从荷尔德林到席勒、从王尔德到尼采、从法兰克福学派到马克思主义，等等，许多学者和学派的理论中都包含着审美救赎的思想，从而为人格危机的解决进而实现人类"诗意的栖居"指出了未来的方向。

二、审美救赎何以可能及审美之境

人类精神的高度复杂性决定了理性造成的问题无法通过理性自身来解决。这是因为虽然审美救赎的理论是一个严肃的哲学问题，而审美救赎的实践却是一个典型的心理课题。美是"人的本质的对象化"。因此，哲学必须与心理学相结合，才能对审美救赎何以可能及审美之境进行具体而深刻的观照。

（一）审美是本能的升华

李泽厚曾指出了审美的三个层次：最普遍的是悦耳悦目，其上是悦心悦意，最上是悦志悦神。三个层次尽管在境界上有所差异，但有一点是共同的，那就是一个"悦"字所揭示的审美给人带来的精神愉悦这种主观心意状态。某种意义

---

① 康德. 判断力批判 [M]. 北京：人民出版社，2002：53.

上也可以说，这种共同的愉悦感，就是审美的价值所在，也是其救赎人格危机的基本途径。那么"悦"从何来呢？在弗洛伊德看来，这个美感的愉悦就是快感的升华，而快感则来自"本我"所遵循的快乐原则。弗洛伊德指出，人类是种"永不疲倦的寻乐者"，而且要放弃他所享受过的快乐是极其困难的，并认为"本我过去在哪里，自我即应在哪里"。也就是说，本能欲望的实现和快感的满足，这是人性追求的最终目的。但问题在于，本我诉求的最大化不可能直接得到实现，相反却必须采取迂回的策略，比如要进行团队合作，要发展科学技术，要遵守道德法规，等等。换言之，本我必须遵守社会的制度规范，必须接受理性的内在约束，而这种规范与约束本身就是一种压抑，那么当压抑与反压抑之间的紧张超出临界点，人格危机也就发生了。正是看到了这一点，弗洛伊德认为，文明本身的任务应该在于促使人们得到幸福，但是"文明建立在对本能的压制之上"，"我们所谓的文明本身应该为我们所遭受的大量痛苦而负责，而且如果我们把这种文明放弃或者回到原始状态中去，我们就会幸福得多"①。人类当然不能放弃文明，但真正的文明却应是使人重获审美愉悦的文明。

那么审美是如何纾解人格危机的呢？一般认为审美是一个"内感外射"过程。在弗洛伊德看来，因为"无意识是被压抑之物"，审美也是在无意识中发挥作用的，是内心无意识在客体上的投射。弗洛伊德指出，快乐原则与现实原则的冲突所造成个体精神的紧张与焦虑，可以通过"升华"这种心理防御机制得到很大程度的解决。在《精神分析引论新编》里面，弗洛伊德认为升华就是本能冲动目标及对象的改变趋向一种更富有社会意义的价值目标和对象，升华能够实现的原因就在于个体内心的矛盾情绪中蕴含着能量，并且这种能量是可以转化的，或者说升华就是深藏于人类精神当中的本能欲望通过幻象或象征的方式获得某种更高层次的替代性满足。审美就是"升华"的重要方式。从精神分析学角度来看，对被压抑着的本能欲望的表达，其本质就是审美，或者说由于理性意识的作用，人类心理最真实的需要即本能的欲望被压制和"遮蔽"了，美感的产

---

① 弗洛伊德．文明及其缺憾［M］//车文博．弗洛伊德文集：第五卷．长春：长春出版社，1998：236－237．

生就是通过"去蔽"而获得的无意识快感。以艺术审美为例，弗洛伊德认为，在我们可见可感的艺术形式中事实上汇集、潜伏并呈现着人类意识的深层欲望，但这种深层欲望的表达采取了"伪装"的方式。因此，艺术作为"被压抑物"的回归，既不会触犯自我与超我的禁忌，同时又满足了本我的快乐诉求，或使自我从痛苦的压抑中得到暂时的解脱，且在一定程度上将本能的冲动转化为更高层次的精神运动。最终，正如尼采所说——生命通过艺术而自救。艺术作为"拒绝欲望的现实与满足欲望的幻想之间的缓冲地带"，不仅使作者与观众得到了审美的快感，且有益于社会的进步与文明。需要强调的是，艺术这种将内在冲突外在化并启发内心压力纾解途径的审美形式，并非仅限于艺术本身，而是具有一定的普适性。

（二）审美是原型的涤荡

弗洛伊德作为深层审美心理学的开创者，虽不失其深刻性，但他总体上对人类精神持一种消极态度，认为审美不过是本能欲望的隐蔽表达，这是有失偏颇的，至少是有待商榷的。把深层心理学和深层审美心理学进一步推向前进和发展的是荣格，荣格强调人类原始种族的集体经验的积淀和原初生命力对于人们心理活动、行为、人格的决定性影响。在此基础上，荣格对审美的认知达到了新的高度，并真正揭示了审美对于人格危机的救赎作用。

荣格通过原型对审美做出了全新的阐释。荣格认为，原型的作用以自主情结的形式在艺术创作与审美中体现得淋漓尽致。荣格生动地描述道，"一旦原型的情境发生，我们会突然获得一种不寻常的轻松感，仿佛被一种强大的力量运载或超度。在这一瞬间，我们不再是个人，而是整个族类，全人类的声音一齐在我们心中回响"[①]，"这些作品专横地把自己强加给作者：他的手被捉住了，他的笔写的是他惊奇地沉浸于其中的事情；这些作品有着自己与生俱来的形式，他想要增加的任何一点东西都遭到拒绝，而他自己想要拒绝的东西却再次被强加给他。在

---

① 荣格．心理学与文学［M］．冯川，译．北京：生活·读书·新知三联书店，1987：227.

他的自觉精神面对这一现象处于惊奇和闲置状态的同时，他被洪水一般涌来的思想和意象所淹没，而这些思想和意象是他从未打算创造，也绝不可能由他自己的意志来加以实现的。尽管如此，他却不得不承认，这是他自己的自我表白，是他自己的内在天性在自我昭示"①。这一过程中，审美以与弗洛伊德截然不同的方式得到体验，"情境的瞬间再现，是以一种独特的情感强度为标志的。仿佛有谁拨动了我们很久以来未曾被人拨动的心弦，仿佛那种我们从未怀疑其存在的力量得到了释放"，"就像心理中的一道深深开凿过的河床，生命之流在这条河床中突然奔涌成一条大江，而不是像先前那样在宽阔然而清浅的溪流中漫淌。"② 需要说明的是，"自主情结"并不单单只局限于艺术家，而是深深地根植于我们每一个人的内心。③ 荣格对艺术创作有一句名言：不是歌德创造了《浮士德》，而是《浮士德》创造了歌德。这不仅说明了原型对于审美过程的主导作用，更喻示着审美的过程也是一个精神澡雪的涤荡过程。

由此可见，荣格的集体无意识和原型理论，不仅把深层审美心理学推向了更深的层次，也赋予了审美重要的社会意义，就是说，审美可以引导人们返回到生命的最深泉源，从而补偿现代人由于"文明"而变得匮乏和片面的精神世界。

（三）审美是自性的整合

人格危机的本质和症结就是人类精神结构的失衡或说内在的冲突与紧张，因此现代人及社会普遍性地欠缺美感。"他的道德和精神传统分裂了，他在这个世界范围的定向力障碍和分裂的崩溃中付出了代价"，④ "我们在四周建立起一个值得纪念的世界，而且使尽全力去为它效劳"，然而，"我们把最丑恶的部分都表现在世界上了"。⑤ 所幸，美不是人类的异己力量，在深层无意识中存在的"自性"原型，使人类具备着一种可以自我疗愈的审美本能，从而在危机中救赎着人

---

① 荣格. 荣格文集 [M]. 北京：改革出版社，1997：278.

② 荣格. 论分析心理学与诗歌的关系 [EB/OL]. https：//www.docin.com/p-542985929.html.

③ 参见 http：//blog.sina.com.cn/s/blog_4d9ab3e70102xnwo.html.

④ 荣格. 人及其表征 [M]. 张月，译. 北京：中国国际广播出版社，1989：73-94.

⑤ 荣格. 人及其表征 [M]. 张月，译. 北京：中国国际广播出版社，1989：322.

性的沉沦。

美的重要内涵就是完满、圆融以及和谐。荣格认为，人的精神或者人格，尽管有一个成熟、发展过程，但它一开始就是一个整体，并且在发展过程中始终自发地指向统一、和谐、稳定的整体性，而人格的成熟就是自性的充分实现，也就是"自性化"。自性并不是一个实体，而是一个作为原型存在的、指向精神整合的人格组织原则。自性其实是一种体现于个体身上的人类全部潜能及人格整体性的一种原型意象。显然，弗洛伊德所说的"本我过去在哪里，自我即应在哪里"只对了一半，另外一半则是"自我在哪里，自性也在哪里"。

自性的存在，使人类具有一种对完满、圆融及和谐的内在审美本能。荣格认为，自性化道路等于意识和无意识的总和。"自性化并不是与世隔绝，而是聚世界于己身"，"一个在灵性上成熟的人……将社会需要放在自我需要之上，尊崇自然和环境的中心地位，能够看到一切事物都有神性。"① 荣格深有感触地说，"对于超现实的美的幻觉，是我活下去的唯一的原因"，这主要就是指的在其长期的自我心理实验中，荣格对于自性及其作用的深刻体察。一个典型的基于自性化的审美体验是曼陀罗画的创作与欣赏。曼陀罗源自梵语，意为"坛城""具足""聚集"等，象征宇宙的对称、统一、和谐与圆满。在大量的心理治疗实践以及自我实验中，荣格发现了曼陀罗绘画及其审美对于心理的强大疗愈作用。这主要包括：整合意识与无意识的冲突、预防和修复内心分裂、领悟生命意义及明确人生方向等。他说，"我所画的曼陀罗是关于自体状况的一些密码，这种密码每天呈现在我的脑海中时都是崭新的，在这些密码里，我看到自体，也就是我的整个存在。"② 最后荣格得到的结论是：曼陀罗代表"形成""转化""精神不朽"的永恒创造。迄今，曼陀罗已经成为心理治疗的重要手段广为流行。

（四）审美是自我的超越

本能的升华、原型的涤荡、自性的整合，尽管有小我，有大我，有情结的

---

① 大卫·黛西. 荣格与新时代 [M]. 龚艺蕾，译. 北京：世界图书出版公司，2015：208.
② 向东方宗教寻找灵感的精神分析家——荣格 [EB/OL]. https://www.douban.com/group/topic/22566293/.

我，有圆融的我，但说起来都是自我向外投射的美，主要是人在外物上的自我发现、自我实现以及自我确证。正如《传习录》所载："先生（王阳明）游南镇，一友指岩中花树问曰：天下无心外之物，如此花树在深山中自开自落，于我心亦何相关？先生曰：你未看此花时，此花与汝同归于寂；你来看此花时，则花颜色一时明白起来，便知此花不在你心外。"某种意义上，以自我为主体的审美尽管都对人格危机有着不同程度甚至不同性质的救赎作用，但还有一种美是较之远胜的，那就是我们常说的"天人合一"的美。而"此花不在你心外"也暗示着某种程度上的自我超越以及对天人合一的体悟。

　　大象无形，大美不言。天人合一的美既不是"有"我的美，也不是"忘"我的美，而是"大"我的美。庄子在《知北游》中写道："天地有大美而不言，四时有明法而不议，万物有成理而不说。"唐陆德明《庄子音义》解释说："大美谓覆载之美也。"天地于我何止"覆载"？庄子在《秋水》中还写道，"天在内，人在外"。事实上，人本身就是自然，只不过是"人化的自然"，人本具有"大美"，只是被狭隘的自我理性遮蔽了。换言之，天地之大美并不因遮蔽而不存在，只是人类精神尚未体悟而已。而要领略这大美，个体必须是一个完整的人，就是说意识理性必须与深层无意识深度融合，达到荣格所说的"自性化"。但这只是第一步，因为对天地之美最大的遮蔽还不是理性，而是"自我"本身。正如荣格所指出的，人类通常所说的"自我"，其实也不过是一个"情结"。情结在本质上是狭隘的、局限的、特定的，而作为占据主导地位的情结，"自我"的能量和其局限性尤其突出，并由此构成了个体体悟天地"大美"的根本障碍。但一旦人类精神以某种特殊的方式或在一定程度上摆脱了"自我"的束缚，"天人合一"的美就自发涌现了。这正是叔本华所说"我的身体与我的意志就是同一个事物"、孟子所说"万物皆备于我矣。反身而诚，乐莫大焉"，以及陆九渊的"宇宙便是吾心，吾心即是宇宙"。爱因斯坦也曾说过，"每个平凡人都是我们所称的宇宙这个整体的一部分，是被局限在某个时空的部分，在他的体验里，他的思想与感受都与其他人隔绝开来，但这就像是意识上的视错觉，这种错觉是我们的牢笼，将我们限制于个人的欲望，以及只开放给少数人的情感，我们的任务是让自己挣脱这个牢笼：扩大自己的悲悯之圈，拥抱所有的生物以及美丽自然的整体性，没有人能完全达到这个目标，但光是努力迈向这个目标，就能带来部分的解放，以及部分安全的基础。"① 对此，荣格的分析心理学也提供了重要的依据，在大量心理实践中，荣格发现存在某种非因果关系的有意义关联，即"在一种内部意象或某人心中突然产生的预感，与一种表达同样意义的外部事物几乎在同时出现二者之间的巧合"，或者说"两种或两种以上事件的意味深长的巧合，其中包含着某种并非意外的或然性东西"②。荣格以"共时性原理"命名的这种心理现象，就是："一切存在形式的深刻和谐"或天人合一之美的重要心理基础或者表现。对此，前文中"超个人心理学"的部分也已有所分析，此处不详述。

三、增强审美自觉，建构审美人格

人类文明程度的提高本不应以人类精神的异化为前提，然而人类社会的进步的确付出了人格危机的代价。这代价是如此巨大和显著，甚至可能会危及人类的前途命运。所幸，美是人的核心价值，审美也是人的天赋本能。一方面，理性的发展使得人类的思想愈益深刻，并开始反省理性自身的局限，那种把人等同于逻辑机器的简单性思维已经过时，而复杂性思维与超理性认知方兴未艾。另一方面，人类的深层审美本能也在不断地突破遮蔽，透出亮光，疏解困顿，消弭割裂，昭示着人格发展的方向，启发着人类发展更高层次上的"返魅"。这正是希望所在，也是梦想所在，意义所在。

在其发生学意义上，现代性困境与人格危机是典型的西方式概念。中国与西方不同。一直以来，中国都不乏圆融的智慧与审美的境界，或可以说审美就是中国的"宗教"。然而这也是其问题所在。正如中国从未陷入宗教的迷信一样，中国也一直欠缺清晰的逻辑与理性的力量。冯友兰说，"野蛮的文明，乃最能持久之文明也"，还说"一民族若仅仅有文明而无野蛮，则即为其衰亡之先兆。……

---

① 自我超越读后感 [EB/OL]. https：//www. baiyunpiaopiao. com/html/xinde/duhougan/3501. shtml.
② 共时性 [EB/OL]. https：//www. psychspace. com/psych/category－96.

中华民族若真衰老，则即因其太文明也。"① 梁漱溟也曾指出中国文化属于"早熟的文明"，某种意义上，就是指的这种智慧有余而理性不足的特征。在这个意义上，中国在近代史上的遭遇或非偶然。然而，时过境迁、浴火重生的现代中国，一方面，在西学东渐的过程中，理性不足的短板得到了很大程度的解决，但另一方面，深感于近代史遭遇，中国的现代化有着某种急切的功利思维与实用主义倾向，反而使得尚不够发达的理性表征出了西方式的极端特征。因此，中国与西方一样，也面临着逻辑不同然而现象类似的现代性困境与人格危机。那么，中国又该如何建构审美人格，并突破现代性困境呢？

审美本质上是一个无意识的自发过程，然而审美人格的发展却需要理性的建构。理性本身不是目的，然而理性确是有效的工具。意识理性的遮蔽需要无意识审美的消融，同样，无意识价值与意义的发现也离不开理性之光的观照。作为哲学大师，尼采走向了疯狂；作为艺术创造，也不乏迷信与蒙昧。因此，对无意识本体的确认并不意味着随心所欲，对理性的工具性理解也不意味着抛弃与否定。事实上，美就是基于同一性的奇异性感受，审美的核心意旨就是交流、对话与互动。换言之，审美的确意味着理性的超越，然而审美离不开理性的自我。因此，在中国现代化的过程中，审美应与理性并重，两者不可偏废。由于中国并不缺乏审美的深刻，增强审美的理性自觉应是构建审美人格的当务之急。

海德格尔说，"人，诗意地栖居在大地上"，这或许指出了审美的本质。然而，"栖居"谈何容易？还是老子说得更为辩证而具体："虽有舟舆，无所乘之；虽有甲兵，无所陈之"，还说，"故常无，欲以观其妙；常有，欲以观其徼。"正如天人合一的审美不是自我的"消灭"而是自我的"超越"一样，"无"的前提是"有"，"有"的趋赴也是"无"。纯粹的"有"或者"无"都失之偏颇，有无之间，美自在其中。

① 冯友兰.中国哲学史［M］.北京：中华书局，1961：238.

第四部分　超理性认知的战争运用

丨第十三章丨

超理性认知是智能化战争"制认知权"
争夺的核心

　　智能化战争虽然带有炫幻的科技色彩，但其本质并不在于高科技本身，而是人类的认知能力与思维方式的革命性转换。在本质上，科技不过是带有深刻简单性烙印的人类传统理性的延伸，而人类的认知潜力远超理性之上。换言之，单纯科技思维的智能化战争不过是军事领域的"科技拜物教"，只有从人类认知的角度，才能真正理解智能化战争的核心。对此，以复杂性科学以及现代认知科学为基础的博伊德的 OODA 循环理论，能够给我们提供丰富的启发，并奠定了智能化战争研究的坚实起点。研究发现，"打仗打的不是常量，而是变量"。智能化战争的本质，不在于军事常量比较的高科技运算，而是聚焦于变量运用的人类认知能力竞赛，即"认知战"。复杂背景下，认知战不是传统理性或简单性思维的对抗，而是针对复杂与不确定性问题的超理性认知的博弈。换言之，"认知战"是未来智能化战争的核心作战形态；"超理性博弈"是"制认知权"争夺的主要作战样式。

一、OODA 循环的理论本质是战争复杂性及其适应

　　众所周知的，作为 20 世纪末开始在美军流行的一种军事思想，OODA 循环被推崇到了相当高的理论思想和实践指导地位，甚至被誉为"孙子以来最伟大的军事思想家""西方的禅""后现代战略思想"等。时至今日，在眼花缭乱的各

种新概念、新理论背景下，某种意义上 OODA 循环似乎正在逐渐成为"历史"而开始淡出人们的视野。事实上，即便是在其如日中天的顶峰时期，OODA 循环的深刻内涵也并未得到充分理解。更为重要的是，作为深深植根于科学范式复杂性转变背景中的思想硕果，OODA 循环对于未来智能化战争也有重要的理论穿透力和启发意义，这是我们所不可轻忽的。而真正理解 OODA 循环的第一步，就是澄清其作为复杂性战争思想的理论本质。

（一）"快速 OODA 循环"是博伊德理论的"简化"理解

博伊德本人第一次提及 OODA 循环时指出："为了胜利我们必须以更快的速度或节奏行动，或者更好的做法是，切入敌人的观察（Observation）——判断（Orientation）——决策（Decision）——行动（Action）时间周期或循环内部实施行动。"如图所示。

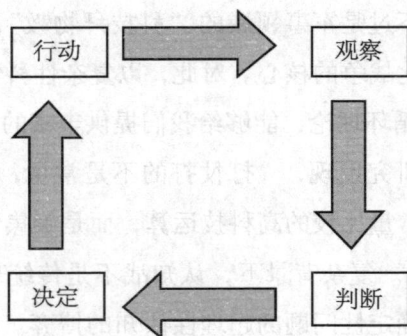

图 4 - 13 - 1　简化的 OODA 循环图

一般对于 OODA 循环的认识大概如上。也就是说，人类理性行为，无论是个人的还是有组织的，都可以用四种不同任务——观察、判断、决策和行动的不断循环加以描述，战争也是如此。其中，观察是获取战场环境信息最直接、最有效的方法；判断是把数据和信息转化为一定认知的过程；决策是根据战场态势、为实现己方目的而进行的谋划和决定；行动则常被表述为根据部队武器装备、编制体制等情况的具体不同而对相应作战计划的实施与执行。在这一周而复始的OODA过程中，信息是基础，时间是关键，效率是核心，嵌套是特征。

因此，"在冲突中获胜的关键在于切入敌人的决策循环。在观察和判断阶段取得优势，就能够在决策和执行阶段速度快于敌人，致使敌人无法有效做出及时反应。"[①] 换言之，决定胜负的关键，在于交战双方能否合理控制其各自 OODA（观察、判断、决定、行动）循环的相对运动；胜利者将是不断地以比其对手更快的速度和更高的精度去观察、判断、决定和行动的一方。也就是说，作战过程中，任一方只要能使己方循环周期短于对手的循环周期，就能让对手迟缓或使之无力做出有效的反应，经过多次这样的反复，己方就会赢得主动，获得胜利。

在一定意义上，上述 OODA 循环已经成为现代战争博弈的一般模式或通行逻辑。

（二）完整的 OODA 循环喻示了博伊德理论的复杂性本质

所谓"大道至简"，极为高深的思想也往往表现为特别简洁的形式。但"静水流深"，毕竟形式的逻辑并不能直接覆盖其背后的深刻理念。OODA 循环也是如此。

与简化的流程图相比，"完整的" OODA 循环如下图所示。的确，这比上文简化的流程图有更强的表现力，并呈现出了较为复杂的构成要素、内部关联与互动过程。但是，如果不把这个流程图与博伊德本人的成长经历、科学背景、理论视野、研究主旨甚至其思想的表达方式等联系起来，我们还是无法深入其思想并一窥堂奥。没办法，这就是复杂性。OODA 循环是博伊德本人毕生研究的结晶，并且相对于其理论观点，博伊德更重视思想的产生过程、科学的认知机理与适意的表达方式。一个典型的表现就是，博伊德平生并未发表几篇"规范的"论文，但却进行了不可胜数的报告演讲与互动交流，以至于我们只能通过他的 PPT 去研究其思想。这或许不利于其思想的"概括"与"总结"，但却是新思想本身不断创新涌现的根本途径。更何况，所谓的"概括"与"总结"又何尝不是对于真

---

① 科林·格雷. 现代战略 [M]. 牛津：牛津大学出版社，1999：91.

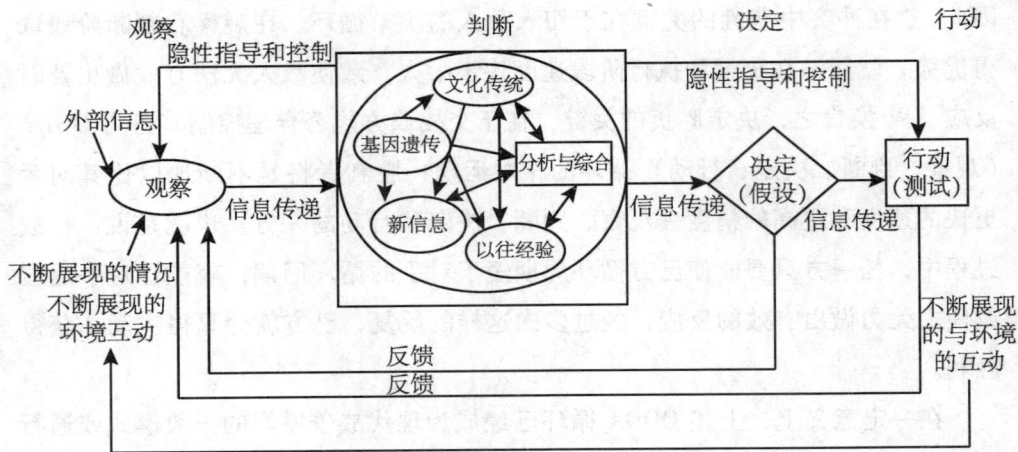

图 4 -13 -2　完整的 OODA 循环图

正思想的"简化"甚至"扭曲"？对复杂性事物的"简化"处理，这正是复杂性思想所根本反对的。事实上，全面的研究已经证明，OODA 循环是新兴复杂性科学应用于美国军事转型的产物；凸显了信息的价值又超越了"信息化"；认为"混序"组织最具有适应性效率；实现了军事思维从"求强"向"求适"的转变；是在军事各层次都具有普适性的卓越战略理论。① 总之，它完全当得起如下高度赞誉："（OODA 循环）内含（复杂性背景下）冲突的普遍逻辑……能够应用于战争的战役、战略和政治层次……。它优雅而简单，应用范围极广，对战略的本质有着具有洞察力的高超见解。"②

二、OODA 循环的理论核心是"认知战"

明确 OODA 循环理论的复杂性本质只是认识博伊德战争思想的第一步，我们更感兴趣的是在复杂性理论指导下博伊德到底得出了什么样的启发或说找到了什

---

① 田永峰.OODA 循环理论的复杂性解读及其启示：紧紧围绕军队政治工作时代主题创新发展海军政治工作 [C]. 北京：海潮出版社，2015.

② 弗兰斯·P. B. 奥辛格. 科学·战略·战争 [M]. 北京：军事科学出版社，2009：3.

么样的战争制胜机理。总的来说，OODA 循环的关键是"判断"，"判断"的核心是认知，表面的 OODA 循环之下其实隐藏着更为重要的"认知的循环"即博伊德所说"概念的螺旋"。总的来说，OODA 循环的理论核心就是"认知战"。

（一）OODA 循环的关键是"判断"

如下图，在其"完整的"的 OODA 循环中，一个直观上的中心就是第二个大写的"O"所示的"判断"，而且也唯有"判断"这个环节的构成要素、内在关系和互动机理被详细地勾勒了出来。这并非偶然。事实上，"判断"及其内在的"认知的循环"，也正是博伊德整个理论所聚焦的重心，这在其比较成熟的后期思想中表现得尤为突出。

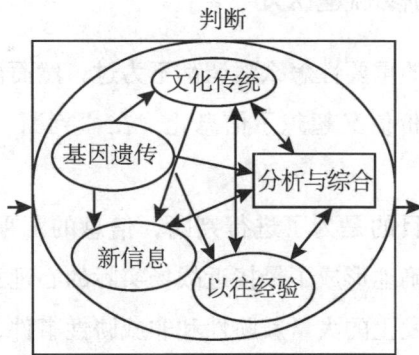

图 4 - 13 - 3　第二个大写的"O"

博伊德高度重视"判断"，他指出："为了在这个世界中获得活力和成长，我们必须将自己的思想和行动以至判断符合新出现的事物。但是，在这个新事物出现之前一直受经验束缚的判断会导致出现使我们迷惑或者不知所措的差异。然而，前面描述的分析/综合过程使我们能够纠正这些差异，从而重新定位自己的思想和行动，并使它们重新与这个新事物相符合。经过反复的再判断、差异、分析/综合过程，我们就能够理解、应对和塑造这个实际上来自我们周围的新事物，并为其所塑造。"① 这段综合性的描述实际上融汇了博伊德多方面的研究，具有多层面的含义，但最重要的还是判断。博伊德还说，"判断是重心，它左右我们和环境互动的方式——因此塑造我们观察、我们决定问题和我们采取行动的方式。"② 因此，"观察"的目的是"判断"，"决定"的依据是"判断"，"行为"的根据以及反馈的指向也是"判断"，与此同时，"判断"并不是单纯决定于"观察"，"判断"对于"观察"也具有"塑造"作用。显然，无论是在简化的OODA 循环还是在完整的 OODA 循环中，无论是在其研究重点还是思想体系中，"判断"所处的关键位置及其关键性意义都是不言而喻的。某种意义上，不了解"判断"，也就不了解博伊德的整个理论。

（二）"判断"的核心是认知

信息对于现代战争的重要性怎么强调都不为过，然而博伊德在这一点上走得更远：他发现了信息的价值又超越了信息化，在"判断"中深入到了更为底层"认知"领域。

众所周知，观察的目的是为了进行判断，信息的汇聚是为了得到"知识"。就是说，只有迅速而准确地形成了最接近战场实际的心理意象或模式，我们才能更好地理解和应对面前发生的大量威胁性和非威胁性事件，也才能做出有利于己方生存的决策并付诸行动。这也就是博伊德所说的，"我们需要创造新的心理模式，使我们对世界的意象、看法和印象与现实世界的活动相符合"。这就是"认知"。当然，同时我们也还要不断采取各种措施（比如切入敌方的 OODA 循环）使敌方的心智模式最大限度地偏离现实并作出错误决策，这样就能在"信息优势"的基础上牢固地建立起"知识优势"。从克劳塞维茨关于"战争迷雾"的角度出发，"知识优势"是比"信息优势"更为根本的军事优势。

理解建立在"认知"基础上的"知识优势"，需要强调如下几点：

---

① 弗兰斯·P. B. 奥辛格. 科学·战略·战争 [M]. 北京：军事科学出版社，2009：255.
② 弗兰斯·P. B. 奥辛格. 科学·战略·战争 [M]. 北京：军事科学出版社，2009：220.

第一，广义来说，环境对我们构成了挑战，然而环境也是我们所以成为我们的必要条件："哥德尔的不完备理论、海森堡的测不准原理和热力学第二定律等共同表明，我们不能在一个系统内部确定这个系统的特点和本质。而且，任何这样做的努力都会导致混乱和无序——在心理和物理上都是如此。要点：我们需要外部环境，或外在世界，以明确我们自己的定位和保持有机组织的完整，否则，我们就会瓦解和崩溃……"①

第二，环境是不确定性的，"知识是在不确定性的边缘的永恒探险"，我们不可能对复杂的世界形成普适性的知识，因此（心智模式的不断）创新亦即不断"认知"以不断"再判断"就是我们的生存之本。

第三，判断是文化传统、基因遗传、新信息以及以往经验等多个变量的函数，而关键的不断形成新判断的认知机理则是"分析与综合"的"辩证引擎"，我们必须使大脑经常运行于"混沌的边缘"，经常性地对上述材料反复进行博伊德所谓"组装摩托雪橇"式的分析/综合，正是在这样一个过程中，新的判断才会源源不断地"涌现"。

（三）"认知战"和"制认知权"登上历史舞台

尽管在博伊德之前，很多人已经认识到战争和战略以心智活动为核心，但以科学的复杂性转型为背景、以当时代多学科对人类认知规律的探索为基础、以对军事历史和军事理论的深入研究为支撑，建立一种独特且具有普适性的关于生存竞争、冲突博弈和战争战略一般逻辑的理论，博伊德当之无愧是首屈一指的。

一般来说，OODA循环本身就的确是个认识论的表述，是个关于我们如何从环境中获得知识的抽象的理论模型。② 具体到博伊德有关战争与战略的思想中，占据其核心位置的是认识论的基本问题和认为知识是不断展现、进化，同时又是辩证过程并带有不确定性的观点。博伊德最根本的前提是，世界在本质上是不确

---

① 弗兰斯·P. B. 奥辛格. 科学·战略·战争 [M]. 北京：军事科学出版社，2009：235.
② 弗兰斯·P. B. 奥辛格. 科学·战略·战争 [M]. 北京：军事科学出版社，2009：270.

定的；真理是战斗的场地；知识和形成知识基础的能力一样，是一件武器。更进一步，在定义战斗力时，博伊德理论中"存在于时间领域的语言、理论、信仰体系、经验、文化、象征物、模式、数据流、知己知彼的程度、感知、组织认知能力、改变实践方式的能力等，至少与技术、武器、士兵的数量有着同样的分量"。①

正因为不确定性的根本性、不可避免和无处不在的性质是博伊德思想的起点，并由此引出了"'学习'、建立充分的思维模型、并不断评估思维模型的充分程度的必要性，因为这是任何有机体生存的基础"②，那么在这个意义上，战场上的激烈角逐就首先成为并必然体现为敌我双方彼此都在进行的"在不确定性的边缘的永恒探险"，最终，对战争这个典型的生存博弈的认识就从"物理域""信息域"层层深入到了"认知域"，而后者当中的隐性博弈无疑更能体现战争的本质，并决定着前两者中显在的战争实践。显然，可以说，OODA 循环的内涵远比"信息化"或"信息优势"更为丰富而深刻，它的要义并不在于简单的"速度"博弈，而是一种深层的"认知"博弈，从而获得"知识优势"和决策、行动优势。因此，在本质上，OODA 循环说的不是别的，就是"认知战"。

与认知战相对应，"制认知权"作为战争制权的最新表现或者新发展阶段也终于登上了历史舞台。一般来说，制权是对战争某一领域的控制权，是某一作战关键要素发挥主导压制作用的态势，体现出对一个时代作战优势领域的技术控制。迄今为止，制权理论发展主要经历了制陆权、制海权、制信息权、制电磁权等几个主要阶段，在心理战中也有"制心权"的提法。那么，在智能化战争中，由于认知域中发生的认知战决定着战争的全局，因而，制认知权的争夺也必然成为未来战争博弈的核心。但与其他几种制权不同，制认知权的争夺主要的还不是科技层面的博弈，而是快速适应战场不确定性挑战的心智模式创新发展的比拼。

---

① 弗兰斯·P. B. 奥辛格. 科学·战略·战争［M］. 北京：军事科学出版社，2009：270.
② 弗兰斯·P. B. 奥辛格. 科学·战略·战争［M］. 北京：军事科学出版社，2009：156.

（四）"超限战"与"认知战"

1999 年，《超限战》一书问世；2020 年，"超限战"已成为国际舞台尤其是大国对抗的主流对抗形态，这又以中美博弈体现得最为典型。那么，"超限战"与"认知战"又是什么关系？

1. 超限战代表着关于战争的认知的一次极大拓展

在其一般意义上，超限战是指"超越一切战争模式，打破一切限制，一切手段，特别是以非军事手段叠加组合、为我所用，从各个角度、各个层次、各个领域打击敌人，达到战争目的"。而"作为后现代战略思想的一个模型，OODA 循环以及博伊德利用它所提出的论点的价值，在于使人们认识到产生作战威力的非传统手段和敌人系统中的非传统目标。"[1] 从这一点来看，超限战与 OODA 循环颇有异曲同工之妙。另外，由于 OODA 循环的理论核心即在于敌我双方的"认知博弈"，超限战无疑也代表着关于战争本身认知的一次极大拓展。在这个意义上，超限战又可视为认知战的一种具体体现。

2. 认知战与超限战相互包含且互为对方核心

超限战主张超越一切界限和限度，或者说，所谓超限，是指超越所有被称之为或是可以理解为界限的东西，不论它属于物质的、精神的或是技术的。从这个角度出发，考虑到战争发生的物理域、信息域和认知域的事实，如果把认知战界定于认知域的层面，可以认为超限战包括了认知战。同时，又由于无论何种"界限"或"限度"，根本上都是人类认知的界限与限度，其超越也首先必须体现为认知的超越。在这个意义上，认知战也是超限战的核心。

从另外一个角度讲，不管是哪个"域"都属于世界的一部分，而从科学与哲学的高度来看，如海森堡所说，我们观察的不是自然本身，而是自然向我们的探究方法所呈现的东西。这喻示着，我们并不能观察到真实的世界，或者说，我们所看的世界，不过是我们思想的构造物。因此，随着人类思想的进步，世界本

---

① 弗兰斯·P. B. 奥辛格. 科学·战略·战争 [M]. 北京：军事科学出版社，2009：270.

身也在人类观察中呈现不断变化的样貌。因此，认知战又包含了超限战。同时，"人是天然的越境者"，人类的认知要想不断进步，也必须不断超越自我的思想的"界限""限度"，在这个意义上，超限战又是认知战的核心。

3. 认知战不限于超限战且更为根本

超限战是以各种"界限""限度"的现实存在为前提的，并致力于对其"超越"。然而，我们且不说超限战理论更多地局限于"物理域"，而且从深层次上看，所谓"一花一世界"，无论是"界限""限度"乃至"超越"，从根本上都属于人类的认知，因此并无法逾越人类的认知。更进一步从哲学的角度，超限战尽管也带有显著的复杂性色彩，但其背后的支撑因素还是人类的理性，而正如下文我们即将讨论的，"超理性博弈"是认知战的至高境界。在这一意义上，我们认为认知战不限于超限战且更为根本。

（五）认知战在智能化战争时代越来越重要

博伊德反复地强调，"我们在塑造环境的同时也被不断变化的环境所塑造"[①]，从战争史演变与人类战争观演变的高度关联性来看，这是很有道理的。正如战争的复杂性古来有之却在信息化时代得到彰显一样，认知战也具有悠久历史并在智能化战争时代愈益重要。

在信息化得到极大发展的今天，信息可以消除战争"迷雾"的想法已被证明是一厢情愿。同样，智能化战争其实并不真正"智能"。或许未来战争将会表现出无人化、高度机械化、信息化、自动化等特征，但由于人机之别，无论是智能指挥平台还是机器战士，其所负载的所谓"智能"只不过是人类思想中那些可量化、可数据化并加以运算的表层认知，至于诸如价值观、情感、文化、宗教等专属于生命领域的因素，诸如创新、直觉、智慧等人类的专属能力，以及非常普遍而重要的人际交流的"默识性知识"，智能武器装备事实上是无能为力的，

---

① 这让我们想到了盖尔·曼的"图式"。弗兰斯·P. B. 奥辛格. 科学·战略·战争［M］. 北京：军事科学出版社，2009：156－157.

智能武器装备更难以有效处理不确定性、非线性、混沌等复杂性。同时，智能化战争也并不意味着人类退出了战争舞台，人事实上是在大战略、战略等战争的核心层次发挥着更加重要的作用。因此，正因为智能化战争越来越"智能"，智能化战争对人类的真正智能反而越来越倚重。而关于人类心智模式的不断自我革新以及认知的不断创新发展进而认知战争，这正是博伊德 OODA 循环所高度重视并着力研究的课题。

三、"超理性博弈"是智能化战争中制认知权争夺的主要样式

认知战古已有之。在漫长的历史长河中，举不胜举的战争案例已经向我们昭示了以高妙谋略运用获得战场认知优势从而对敌形成"降维打击"态势的战争规律。这些认知战的杰出实践，说明人类理性可以深刻地认知并创造性地运用战争规律，以《孙子兵法》为代表的兵学圣典就是这些实践经验的精妙总结。然而，未来智能化时代的战争对抗，其不确定性空前凸显，常规的理性在很大程度上失去了用武之地，又该如何开打认知战呢？其实答案已经有了，那就是以"超理性博弈"提高"适应性效率"，进而夺取制认知权。

（一）复杂背景下军事思维从"求强"转向"求适"

复杂性的典型表现是"不确定性"。从客观的角度，不确定性是世界的本质属性；从主观的角度，不确定性意味着人类的理性心智模式的无法理解或无法解释性。战争的不确定性尤其突出，因此，对敌任何一方都难以通过事先的"庙算"即理性筹谋来赢得战争主动与作战优势，进而也就使得传统的"求强"思维在很大程度上失去了用武之地。那么如何来应对不确定性呢？根本的途径只有一个，那就是在不确定性因素出现后，己方能够在各方面、各层次、各环节等灵敏、及时、快速、准确地对之形成"适应"，这也就是复杂性科学所强调的"求

适"。显然，博伊德 OODA 循环就是一个关于提高己方适应性并破坏敌方适应性的理论模型。因此，复杂背景下"适应性效率"高的一方将赢得优势地位。

（二）超理性博弈可以极大提升"适应性效率"进而夺取制认知权

如上述，适应性效率的高低就是复杂背景下生存竞争的强弱标准。关于适应性效率，前文已述美国经济学家诺斯曾进行过深入研究。不约而同地，尽管是从经济发展的角度展开，诺斯与博伊德一样高度重视人类的认知机理，并发现了"认知层面的路径依赖→制度层面的路径依赖→经济发展的路径依赖"的内在逻辑。诺斯认为：第一，要想达致可持续性的经济发展，就必须从源头上克服人类认知层面的路径依赖；第二，人类发展在深层次上受着文化的约束，文化传统等深层的心智模式是人类认知路径依赖的深刻根源；第三，在深层文化约束面前人类并不是无可作为的，因为人类精神有一个最大的特点就是能够作出"表示型的再描述"，就是说，人类精神具有按照它们特定的目的对心智模型进行整理和重组使之能够处理其他信息的能力。这其实就是指的超理性认知。

显然，诺斯关于路径依赖与认知突破的研究既十分深入又具有普适性。经济发展是如此，战争对抗的生存博弈也是如此。从其本质上说，诺斯所说"表示型的再描述"，与博伊德通过"组建摩托雪橇"的思想试验所揭示的"分析与综合"那种特殊的人类认识能力是高度一致的，都是指的人类精神对固有心智模式的内在突破与创新拓展。如前所述，超理性认知是超越理性的人类认知能力，主要用以解决复杂与不确定性问题。因此，突破认知性路径依赖的根本途径，就是超理性认知。在这个意义上，智能化战争中争夺制认知权的本质，就是敌我双方面对不确定性的挑战以超理性的方式迅速获取知识优势进而适应的认知竞赛，在其本质上就是一种"超理性博弈"。

（三）何谓超理性博弈

最直白的理解，所谓超理性博弈就是指，在人际或组织之间的生存竞争中，通过形成、强化与运用人类精神固有的、对以心智模式形式显现的理性进行自觉、反思并创造性拓展的能力，有效提升对复杂环境不确定性变量或因素的适应性效率，并同时通过相应手段破坏对方的适应性，从而获得对敌认知优势进而获得战争优势。

事实上，尽管没有使用"超理性"这个概念，但在 OODA 循环理论中博伊德事实上自始至终都在对超理性博弈进行深入的探索，且相关的论述在其讲演的 PPT 中随处可见。比如，博伊德提出，"创新是通过分析和综合的心理/物理反馈过程产生的，它使我们能够与世界互动，从而理解、应对和塑造这个世界，同时被这个世界所塑造"①；"为了在这个世界中获得活力与成长，我们必须将自己的思想和行动以至判断符合新出现的事物。但是，在这个新事物出现之前一直受经验束缚的判断会导致出现使我们迷惑或者不知所措的差异。然而，前面描述的分析/综合过程使我们能够纠正这些差异，从而重新定位自己的思想和行动，并使它们重新与这个新事物相符合。经过反复的再判断、差异、分析/综合过程，我们就能够理解、应对和塑造这个实际上来自我们周围的新事物，并为其所塑造"②；"通过跨越不同领域或相互竞争的独立信息渠道，本能地交替进行分析和综合，从而自发地产生与正在呈现的不确定和变化的世界相符合的新的心理意向或印象。"③ 当然，这只是超理性博弈中强化自身适应性效率或能力的一面，对敌的一面同样重要，只不过采取的是一系列相反的举措。这里仅引用一处如下："切断敌人的 OODA 循环……从而形成威胁性和/或非威胁性事件/行动错综交织的局面，并在敌人观察或想象的事件/行动与他为生存必须应对的事件/行动之间反复造成差异，从而使敌人陷入充满不确定、怀疑、不信任、混乱、无序、恐惧、恐慌、混沌……的无规则的、危机重重的和不可预测的世界……。"④

---

① 弗兰斯·P. B. 奥辛格. 科学·战略·战争 [M]. 北京：军事科学出版社，2009：253.
② 弗兰斯·P. B. 奥辛格. 科学·战略·战争 [M]. 北京：军事科学出版社，2009：255.
③ 弗兰斯·P. B. 奥辛格. 科学·战略·战争 [M]. 北京：军事科学出版社，2009：245.
④ 弗兰斯·P. B. 奥辛格. 科学·战略·战争 [M]. 北京：军事科学出版社，2009：121.

（四）超理性博弈的主要形式

尽管超理性博弈的内涵并不复杂，但其外延或者可能采取的主要形式则难以穷尽。因为超理性博弈不仅是对己的，同时也是对敌的；不仅应对自然生成的复杂性，同时还人为造作以及处理人为的复杂性；不仅包括理性的自我反思，还包括非/反理性因素的干扰与反干扰；等等。诚如孙子所谓：运用之妙，存乎一心，是也。超理性博弈的主要形式，仅举几例如下：

1. 精神/文化"吸引"

理性归根结底是服务于理念、信念、价值观等的工具。因此，在大战略这个博弈的至高层次，精神/文化等是润物无声、历久弥坚的软实力。比如文化，就具有"谁喜欢你的文化，你就拥有了谁"的强大力量。这是理性所难以企及并无法改变的。孙子云：善攻者动于九天之上，善守者藏于九地之下。因此，超理性博弈的终极大招，就是"利用精神杠杆增强我们的精神和力量，并暴露与我们竞争或敌对的系统的缺陷，与此同时，对中立者、潜在敌人和当前敌人施加影响，从而使他们受到我们成功的吸引"①。最终，"我们需要一种源于人类本性的理念，它极其高尚和令人向往，不但吸引了中立者，加强了拥护者的精神和力量，而且削弱了所有竞争者或敌人的热诚和决心。"②

2. 战略文化自觉③

人类认知的一个独特规律就是：许多想当然的决策决定，表面来看是理性人的自觉行为，事实上你只是意识到了而已，因为这个决定在你实际作出决策之前早已在精神的深层酝酿并涌现。推而广之，每个国家都有独特的战略文化，广义的战略文化泛指由文化、传统、价值观、经验等复杂因素相互互动共同构成的战争指导原则的潜在思维方式。因此，超理性博弈视域下，切入对方 OODA 循环的

---

① 弗兰斯·P. B. 奥辛格. 科学·战略·战争 [M]. 北京：军事科学出版社，2009：243.
② 弗兰斯·P. B. 奥辛格. 科学·战略·战争 [M]. 北京：军事科学出版社，2009：207.
③ 田永峰. 战略文化自觉：理论蕴含与实践价值 [J]. 南京政治学院学报，2018（3）.

有效途径之一，是对对手战略文化的深刻体认，从而能够在一定程度上提前预知敌人可能的战略决策。

3. 大数据"直觉"

直觉又称直观认知，是指不依赖逻辑推理就能直达问题本质的意识能力或者现象。直觉虽然是人类精神客观存在且至关重要的一种能力，但由于它更多地与潜意识或无意识相连，故而虽然广泛存在却并没有获得应有的认可，特别是被不合理地放在了理性的对立面。事实上，直觉是典型的超理性认知，是人类潜意识当中众多经验、理念、价值、文化、历史等"记忆的碎片"经过复杂互动之后的"无目的而合目的"的偶然涌现，这是一种虽不为理性觉察但却更为高妙的思维方式，常常能够直击问题本质。古往今来的战争实践中，许多典型的战例就是在指挥员的直觉驱动下完成的。信息化时代特别是智能化时代，我们并不缺少信息，甚至也不缺少算法，但信息并不等于知识，算法也不外乎人类理性的电子形态，它们或许可以极端高效地完成某些特定的计算，但却不可能像人类的直觉那样产生"顿悟"。因此，在许多机械性的逻辑推理任务交由机器来完成后，指挥员的直觉能力就尤为重要了。当然，需要强调的是，现代战争指挥员的直觉不是与世隔绝的冥想，而是离不开"大数据"的有力支撑。因此可称为大数据"直觉"。另外，大数据直觉还包括另外一层含义，就是当大数据已呈现出某些特定的迹象时，尽管人类理性一时还无法理解，但也必须引起足够的重视并采取相应的行动。

4. 信息爆炸/剥夺

信息是未来战争的第一资源。在 OODA 循环中，观察是判断以及认知的前提。因此，对敌制造海量的垃圾信息使其无从辨别真假，或者相反采取措施剥夺其对战场态势的信息感知能力使其理性"难为无米之炊"，就可使敌我双方的认知战还没开始就已有了胜负之分。

5. 反理性对抗

我军战争史上，"你打你的，我打我的"是我军创造的一条非常重要的以弱胜强战争法则。从对抗复杂性的角度看，这其实是对敌方 OODA 循环打出的一个非常漂亮的"防守反击"，从而避免陷入对敌的消极应对，并且掌握主动，迫使敌方进入我方掌控的战争节奏。

6. 理性超载/过载

兵者，诡道也。这是孙子兵法中至今依然闪烁着熠熠光辉的智慧洞见，已经内在蕴含着超理性博弈的思想。事实上，孙子兵法中关于"兵无常势""示形惑敌""奇正相生"等的许多精辟论断都被博伊德完全接受了。博伊德赞同孙子的如下思想，即一场冲突的任何胜利都是各种手段同时在各层次发生作用并互相促进、共同影响局势的结果。比如，同时确定几个攻击目标并同时发起攻击，而在攻击的过程中主要目标与次要目标会根据具体的情形随机调整，并且部队的主攻与辅攻力量也同样适时转换。显然，这种灵活机动、变幻无则，且充满误导与诱导性的"饱和式"攻击，很容易会使敌方指挥员理性超载、过载，无从判断、无所适从，最终落于下风。

7. 自适应认知/指挥/行动

易经云：见群龙无首，吉。这似乎并不符合"令行禁止，千军一人"的兵法常识，但却蕴含着深刻的超理性博弈思维。在人类理性看来，深翔海底的鱼群，高天云游的鸟群，在缺乏"指挥中心"的情况下却非常顺畅、自然甚至优雅有致地达成了趋利避害的集体行动，这几乎是无法理喻的。事实上，这正是复杂适应系统涌现出的整体智慧。解放战争后期的几次战役，在战况最为激烈的阶段，敌我双方战场与官兵高度混杂，指挥员几乎无法实时了解战况，更无法实施高效的指挥，然而我军却取得了大捷，原因何在？《亮剑》中，李云龙擅自攻打县城，无意间调动了敌我双方的大部队，使整个战局发生了于我有利的改变，原因又是什么？这里都包含着理性难以理解的自适应认知与自适应指挥的智慧。

8. 理性失能/非理性诱导

由于人类理性之下是无比复杂的个体潜意识与集体无意识，集体行动的逻辑常常带有"乌合之众"的显著特点。因此，才产生了诸如"三军一怒为红颜"

的战争闹剧，才会有韩信"背水列阵"的军事奇迹，也才会有兵法中"主不可怒而兴军，将不可愠而致战"的谆谆教诲。根据深层心理学的发现，人类心理事实上是高度复杂、高度不稳定与高度不确定的，这就使得战争实践充满着事前难以预测、事后难以还原的复杂特点。显然，这一方面说明军队指挥员必须拥有强大的理性，同时也说明了充分发挥非理性因素创造制胜良机，也是超理性博弈的重要手段。

总之，从广义的生存博弈角度，对抗双方其实并不真正互为敌人，世界的复杂性才是人类生存的最大威胁。与世界的复杂性相比，人类理性其实是非常狭隘与局限的。但是，人类精神也是一个典型的复杂适应系统，而理性只是这个系统的简化和机械运用。正因如此，超理性博弈不仅符合智能化战争的需要，而且事实上是符合人的认知本质的。进而，超理性博弈才是复杂背景下人类精神能力的非异化的正确运用，也是智能化战争的根本作战样式。最终，超理性博弈的根本，不在于敌我双方 OODA 循环的相互对抗，而在于千方百计增强己方对于不确定性的适应力，而这个适应力的形成，则需要从理论到实践进行漫长而深刻的超理性变革。

｜ 第十四章 ｜

超理性认知是穿透战场不确定性
"迷雾"的关键①

克劳塞维茨所说"战争中的迷雾",在现代战争中不仅没有被缓解反而更加严重了。这是因为复杂性本来就是战争的本质属性,而新战争要素即信息的泛滥使得战争愈加复杂了。那么战争复杂性即不确定性该如何应对呢?超理性认知就是穿透战场不确定性"迷雾"的一个关键。这里,结合战争实践的案例,我们围绕超理性认知的一些具体策略进行具体的分析。

一、复杂与不确定性是战争的本质属性

战争的复杂性问题,往往被归因于人类社会发展现阶段新战争要素即信息的融入与触发。然而事实却是,复杂本来就是战争的本质属性,它一直都与战争如影随形,只不过刚刚引起普遍的关注而已。除了"战争中的偶然性""战争中的迷雾""战争结果的不可重复性"等现象以外,战争复杂性的一个典型表现是:弱肉强食几乎被自然界奉为铁律,而在人类战争中则大量存在着"以劣胜优""以少胜多""以小胜大""以弱胜强"等类似的情况,比如美国在越南战争中的失败,比如第四次中东战争伊军对阿拉伯国家的胜利,还比如中国的抗日战争、革命战争以及朝鲜战争等,都是其典型的战例。

---

① 本章是案例分析,所选案例主要源于胡晓峰. 战争科学论［M］. 北京:科学出版社,2018.

战争所以具有复杂性，不仅是因为战争具备一般复杂系统的共同特点，还由于战争具备剧烈的对抗性、强烈的时效性、极快的节奏性以及高度的风险性等一系列显著区别于一般复杂系统的特性。而最关键的一点则是，由于人本身即战争主体，亦即"战争并不是活的力量对死的物质的行动，它总是两股活的力量之间的冲突"（克劳塞维茨），战争各方具有自适应性或者战争双方具有复杂的相互适应性。也正因如此，正如世间没有两片绝对相同的树叶一样，即便给定相同的初始条件，战争也不会沿着同一个轨迹进行。完全可以说，由于人的思维及行为的复杂性，只要有人参与的战争，就不存在那种可以消除战争不确定性的技术上的可能性。这一方面解释了战争的复杂性，由于同样的原因战争指挥的艺术也才获得了其他任何一个领域都难以企及的魅力。以军事运筹学为例，它主要是应用数学工具和现代计算技术对军事问题进行定量分析，为指挥决策提供数量依据的一种科学方法。那么，能否运用这些复杂的数学模型来预测战争的结果呢？1955年到1975年爆发的越南战争中，美军深陷战争泥潭，最后失败而归。1990年年底，伊拉克突然出兵占领了科威特，海湾战争爆发。国内曾有专家用数学方程成功描述预测了历史上伊朗和伊拉克的"两伊战争"。海湾战争爆发后，他信心满满，试图再次用成功的数学方法进行战争结局预测。经过研究他认为，和历史上一样，美军将陷入长期的消耗战，最终结果会与越南战争大同小异。结果，他的论文还没有发表，战争已经结束了。其实，美国自己也对海湾战争进行了模拟，最著名的两个，一个是波森模型，预测美国联军将伤亡 4000～11000 人，另一个是爱泼斯坦模型，预测联军将伤亡 3000～16000 人。美军据此提前做了准备，但实际上多国部队仅 147 人死于作战，35 人死于误伤。这和预测相比差异实在是太大了。这充分说明，战争充满着不确定性，是典型的复杂性事物。

二、未来战争的不确定性特点日益凸显

"适应性造就复杂性"是复杂性科学的核心理念，也是它观察世界的一个基本视角。的确，现代社会的不确定性日益显著，环境的"长期不可预测"现象

越来越普遍。这样，一个组织就很难或不能在分析自身与环境之间关系和对环境做出明确判断的基础上确定自身的对策和策略，但是组织又不能不持续地改变自身的系统性来应对环境的不确定性，否则组织就将遭受淘汰的命运；也正是在这样一个连续的"刺激——反应"过程中组织本身变得越来越复杂。基此，管理者们越来越倾向于将环境的不确定性看成是既定的条件，而将关注的焦点转移到了组织如何适应外部环境上。

既然世界的复杂性和不确定性来自"适应性"，那么随着战争的进化，未来战争的不确定性特点也必然越来越突出。克劳塞维茨在其《战争论》一书中提出了著名的"三位一体"学说，认为战争是由三个不同的子系统所包括的许多物质要素和精神要素组成的一个复杂的"三位一体"：其一，主要同"人民"有关的"战争要素原有的暴烈性，即仇恨感和敌忾心，这些都可看作是盲目的自然冲动"；其二，主要同"统帅和他的军队"有关的"概然性和偶然性的活动，它们使战争成为一种自由的精神活动"；其三，主要同交战国双方"政府"部门有关的"作为政治工具的从属性，战争因此属于纯粹的理智行为"。因此首先，三位一体每一方面都充满着变化，从而使战争也充满变数；其次，战争表现为"三种引力点之间的某种平衡"，而这种"平衡"必然是动态的、复杂而多变的，战争整体也因此是"一条真正的变色龙"。因此克劳塞维茨断言"再没有像战争这样经常而又普遍地同偶然性接触的活动了"。[①] 我国古代兵学大师孙子也指出："战势不过奇正，奇正之变，不可胜穷也。奇正相生，如循环之无端，孰能穷之？"孙子认为，"兵者，诡道也"，"兵形象水……兵无常势，水无常形，能因敌变化而取胜者，谓之神"，可谓"无穷如天地，不竭如江河"。[②]

尽管人们早已发现了战争的不确定性或复杂性，但战争复杂性受到广泛关注并得到深入研究的一刻迟至 20 世纪八九十年代才终于到来。之所以如此，第一个原因是人类社会发展到了这个阶段开始逐渐进入信息化时代，信息要素的融入使战争的"适应性"更为复杂因此不确定性也更为增强。第二个原因是人类社

---

① 克劳塞维茨．战争论［M］．北京：商务印书馆，1978：22.
② 孙子兵法之势篇、计篇及虚实篇等.

会正在进入智能化时代，战争双方智能化程度越来越高，战场博弈的复杂程度也同样越来越高。第三个原因则是超限战已登上历史舞台，经济、政治、文化、科技等想到的和想象不到的因素都以难以预知的方式和程度进入了战争的"适应性"，这就使得战争的内涵与外延相比过去都大为拓展了，战争不确定性出现了指数级的增强。比如，2018 年以来中美之间的大国博弈就是其典型的案例。

三、战争不确定性不能消除只能适应

战争不确定性在克劳塞维茨那里就是"战争的迷雾"。囿于传统简单性思维，许多人本能地试图简化或者取消不确定性。比如，二战时，法军非常教条，他们一直恪守"不完全搞清楚敌情绝不发动战斗"的原则，一直在等待更为详细的情报。但创造"闪击战"的德军将领古德里安，指挥德军故意变来变去，频繁调整部署，使法军始终未能查清德军情况，从而没有成功发动过一次像样的反击。其实，战场上的情况永远都不可能完全搞清楚，法军的遭遇也就是不可避免的了。还比如，在拉姆斯菲尔德时代，美军比较迷信所谓的新军事理论或者"像打仗一样训练，像训练一样打仗"，几乎所有作战方案都事先在电脑中进行过模拟推演，几乎所有的计划都进行过精密计算。这种做法当然是必要的，也取得了一些成效，比如美国的战争动员越来越集约高效，在一定程度上做到了"缺什么补什么，缺多少补多少，哪里缺哪里补"，从而避免了大量的浪费，并极大提高了效率。但是总的来说，大部分战前的计划，一到实际战场上就状况百出。2003 年爆发的历时七年的伊拉克战争，其实当年 3 月 20 日到 4 月 15 日，战争主要军事行动已结束，据美国官方公布，在主要军事行动中死亡的美军人数为 262 人，其中 139 人阵亡，123 人死于事故。但之后的几年中，美军有 4497 人死亡、47541 受伤。这远远超过了主要的战争行动，也远远超出美军的预料。为什么会出现这种情况？这就是战争的不确定性。事实上，伊拉克战争还是一场双方实力对比差距悬殊的战争，要是双方实力差别不大，情况肯定会更为复杂。

针对战争不确定性，也有许多人认为"迷雾"之所以存在是因为信息情报不够充分，如果有强大的信息化手段，就可以驱散战争"迷雾"。事实上，即便是在信息化时代包括未来的智能化时代，战争不确定性也无法消除甚至会更为严重。比如，美军的信息化程度在全球居于前列，其大名鼎鼎的前海军上将欧文斯就认为，由于科技的发展导致信息化装备的大量应用，部队的情报侦察能力大幅度提升，也就使得"千百年来围绕着指挥官的战争迷雾终于被驱散了"。在欧文斯的鼓动下，美军确实在信息化方面有了长足的进步，但是这时才发现，战争迷雾不仅没有消失，甚至还更为突出了。欧文斯主张建设的"未来作战系统"成为最大的烂尾工程，最终不得不撤销，造成约 199 亿美元的财力浪费。为什么信息化并不能消除不确定性？这个问题其实不难回答。因为信息化只是在一定程度上消除了与信息有关的不确定性，而战争复杂性的根源不是情报信息不足，而是人类行为本身的不可预测。以象棋为例，双方棋盘上没有任何信息遮蔽，但是每一局都是不同的。重点不在于棋子，而在于操纵棋子的人的思想。而且，信息过多也会造成新的不确定性。比如西方有个民谚就是"用两块手表你永远不知道准确的时间"。海湾战争时，地面战的前 30 个小时，美军一个师就收到了 130 万份电文。这种爆炸式的信息泛滥，显然不仅不会使战场单向透明，反而可能会使指挥员更加无所适从。因此，不确定性是战争的本质特征，试图消除不确定性，这种做法已经在实践中被证明是无效甚至是有害的。

四、如何应对不确定性之——"管理"不确定性

不确定性研究专家、《黑天鹅》一书作者塔勒布认为，只有军人会以真正的、内省的诚实对待不确定性。这是很有道理的。不确定性对于战争的胜负至关重要，战争本质上就是"不确定性的科学"，是"可能性的艺术"。因此，必须学会"与狼共舞"，也就是必须学会在不确定条件下作战。那么，如何应对不确定性呢？不确定性尽管难以事先预测，但以超理性认知的视角："你打你的，我打我的"，可以进行一定程度的"管理"。

管理不确定性，就是把不确定性作为理性无法预测但概率上必定存在的因

素，在决策、准备、行动中都给予必要的考虑即准备必要的"冗余"，以"冗余"对付未知的"黑天鹅"，并显著降低"黑天鹅"事件可能带来的消极影响。在长期的战争实践中，人们已经总结出了许多管理不确定性的方式方法。

（一）以技术优势管理不确定性

利用技术优势管理不确定性最突出的是美军。美军一直在武器装备等方面追求并保持对于任何对手的"跨代优势"。美国担心的就是，一旦潜在对手武器装备与美差距变小，战争的不确定性就大为增加了，就难以确保必胜。世纪之交以来美国发动的几次主要战争，基本上都是"牛刀杀鸡"，对手都是一些在技术上远远落后的国家军队。比如，在1991年的海湾战争中，美军首先运用其空中力量这一非对称战力实施长达38天的空袭，再通过仅4天的地面作战就取得完胜，即是一个典型案例。相反，对于在势均力敌国家之间发动大规模的战争，美国是非常谨慎的。

为了保持技术优势，从20世纪开始，美国采取了三轮"抵消战略"。第一轮抵消战略（20世纪50年代至70年代）和第二轮"抵消战略"（20世纪70年代至90年代初）的核心思路均为"装备技术差异化"，分别通过"以核制常"和"以信息化对机械化"构建针对苏联的非对称优势。与前两次相比，第三轮"抵消战略"的核心思路转变为了"以快制慢"。美军认为，是否能快速引入新技术并生成战斗力将决定新"抵消战略"的成败。为什么改变了策略？原因有两点，一是美军仍占有明显的装备技术与质量优势，无须刻意差异化；二是环境变化，难以再依托少数领域的差异化长期享有决胜战局的非对称战斗力。美军认为，先进科技和装备全球扩散、商用技术快速发展、中俄等国的能力日益增强这三个方面构成了挑战性环境，很难像以前那样依靠某个或少数领域的装备技术差异化发展来获得长期军事优势，因此新"抵消战略"更加强调新技术引入并生成战斗力的速度。

为了保持技术的跨代优势，美国的军费一直保持着世界第一、遥遥领先的规模。同样为了保持这个优势，美国还不惜对中国开打科技战，对以华为为代表的中国科技公司展开了不遗余力、不择手段的打击。即便对它的盟友，美国也持续保持军事科技优势。总之，美军作战的一个核心思路，就是以绝对的技术优势"管理"不确定性及其可能带来的负面影响。

（二）以数量优势管理不确定性

利用数量优势管理不确定性，这方面我军比较有经验。孙子兵法说："用兵之法，十则围之，五则攻之，倍则战之，敌则能分之，少则能逃之，不若则能避之。故小敌之坚，大敌之擒也。"（《谋攻篇》）就是说，我若十倍于敌，就实施围歼；五倍于敌就实施进攻；两倍于敌就要努力战胜敌军；势均力敌则设法分散之并各个击破；兵力弱于敌人就应避免作战；弱小的一方若死拼固守，那就会成为强大敌人的俘虏。而且孙子兵法还说"围师必阙"，就是说即便包围了敌军，还要虚留一个缺口，否则就像韩信背水列阵反败为胜一样，万一敌军来个"置之于死地而后生"，鹿死谁手尚未可知。尽管这里讲的是数量优势，但用以管理不确定性的原理是一样的，都是以某种"冗余"来抵消理性无法预测的可能"风险"。在抗日战争中，我军就遵循了孙子兵法的要求，在战略上采取防御战、持久战，在战术上则是"进攻战、歼灭战"，我军要求"避免不必要的固定的阵地战与不必要与无胜利把握的攻坚"，一直坚持"集中优势兵力，一举歼灭敌人"，还创造了一些"集中几倍于敌的优势兵力打歼灭战的'三打一'"等战术。从历史的经验看，这种发挥数量优势的战法，不仅极大地压缩了不确定性因素的潜在影响，甚至做到了"以弱胜强"。

以数量优势管理不确定性与以技术优势管理不确定性有时会有交集。美国国防部的"阿尔法狗斗试验"是2019年启动的国防部高级研究项目局"空战改革计划"的一部分，旨在发展和展示先进人工智能系统的空战能力。2020年8月美国空军进行了一次试验，派出5名经验丰富的F-16飞行员与人工智能操控的模拟战斗机进行对抗，结果这些"空中骄子"惨遭落败。其实其原理和之前在象棋和围棋领域战胜人类的试验一样，就是通过大量的棋谱学习和反复的自我博弈来强化数量优势基础上的认知优势。比如，阿尔法进化最基本的一步，就是对人类优秀棋手 16 万盘的棋谱进行分拆，达到 3000 万个盘面，然后进行学习。这是最基础的一步，其实第二步还有随机产生的新的 3000 万棋局，前一个 3000 万已经超越了绝大多数人类，后一个 3000 万则完全是人类经验以外的。这在一定意义上就是通过数量的优势对不确定性进行了有效管理。从这些案例可以看出，机器的思维虽然不过是人类理性的延伸，但在理性的某些维度上却是人类不可比拟的。因此，人类只有并必须大力开发超理性认知，才能够在更高的维度和层次上管理人工智能带来的新的不确定性。

（三）以速度优势管理不确定性

速度优势就是指的快速反应，以快治变。在这方面的一个典型人物是 20 世纪中后期的美国空军少校博伊德。作为一名战斗机飞行员，他赢得了"40 秒博伊德"的美名，因为他经常与人打赌，在一对一空战中，他能在 40 秒以内战胜任何对手，而他通常都是赢家。博伊德常胜的一个秘诀，就是充分发挥了战斗机的机动性即"任意改变高度、速度和方向"的能力。并且，受战斗机飞行经验以及参与研制战斗机的经历的启发，经过后期的深入研究，博伊德提出了赫赫有名的"OODA"循环理论，其中的核心观点之一，就是"能掌握最高速率变化者必胜"[1]。当然，OODA 理论的精髓不止于此，其最有启发性的思想，还是通过发挥认知的优势以提高决策的质量与速度。但无论如何，这一思想都包含有速度的因素，并且都指向了不确定性的管理。[2] 孙子兵法有云，"兵贵胜，不贵久"；还说"故兵闻拙速，未睹巧之久也"，更要求"疾如风……侵掠如火……动如雷霆"[3]。其实也是说的这个道理。

（四）以计划尤其是训练优势管理不确定性

计划优势就是事先多做研究，针对各种可能的情况做好预案，以"有备无

---

① 科林·格雷. 现代战略 [M]. 牛津：牛津大学出版社，1999：34.

② 田永峰. OODA 循环理论的复杂性解读及其启示：紧紧围绕军队政治工作时代主题创新发展海军政治工作 [C]. 北京：海潮出版社，2015.

③ 见孙子兵法之作战篇、军争篇.

患"。这也包括各种演习演练，特别是实战性的演习，往往能够发现许多平常发现不了的问题。也就是说，演习最重要的是发现新的问题并针对性解决，而不是为了结果的漂亮好看。所以，美军虽然也研究历史，但却对曾经取得的胜利轻轻放过，而对曾经犯过的错误、打的败仗则死死抓住不放，研究了再研究、反思了再反思，原因就是要在未来战争中力图避免可能的不确定性。

1942年6月的中途岛海战。美国海军首脑事后评价道："中途岛战斗是日本海军350年以来的第一次决定性的败仗。它结束了日本的长期攻势，恢复了太平洋海军力量的均势。"中途岛战役美军只损失1艘航空母舰、1艘驱逐舰和147架飞机，阵亡307人；而日本却损失了4艘大型航空母舰、1艘巡洋舰、332架飞机，还有几百名经验丰富的飞行员和3700名舰员。日本海军从此走向了失败。事后总结，日海军战败的原因有很多，其中一条就是因为偷袭珍珠港胜利后骄傲自满而放松了战前预案与计划的制订，特别是对于战前演习发现的问题敷衍了事甚至掩耳盗铃。比如，演习中一支部队在空袭中途岛时遭到美陆基飞机的攻击，裁判判定日本舰队被命中9次，两艘航空母舰被击沉，可主持演习的指挥员却命令将命中次数改为3次。正是由于计划预案的疏漏和战前演习的草率，实际作战过程中状况百出。比如，一艘军舰上的2架侦察机因弹射器故障，起飞时间竟然耽误了半个小时，时间上失了先机；另一军舰上的1架侦察机引擎又发生故障中途返航，而这架飞机本应正好搜索美国特混舰队的上空，情报上又输了一筹；由于指挥的混乱，航母甲板上还堆放了许多炸弹，结果因受到美机轰炸引起了连环爆炸；等等。显然，日本这次海战不仅没有达到以计划和训练优势管理不确定性的目的，反而成了因计划不力和训练造假而大量增加了不确定性的反面典型。

五、如何应对不确定性之二——"认知"不确定性

战争打的不是常量，而是变量，这个变量就是不确定性。因此，智能化战争在本质上就是"认知中心战"，认知什么？认知不确定性的"黑天鹅"。在人们不知道黑天鹅之前，黑天鹅就是一个怪物；在人们认识了黑天鹅之后，黑天鹅也

有黑天鹅的美。这就是说，因为未知产生了不确定性，但不确定性本身一旦被发现，就有了被认知的可能，被人们认知了的不确定性，在很大程度上就是确定性了。因此，在战争中，谁能尽快"认知"战场不确定性，谁也就能够率先发现克敌制胜的规律。

1948 年 10 月 14 日，参加辽沈战役的东北野战军以迅雷不及掩耳之势，仅用了 30 小时就攻克了国民党军队以为可以长期坚守的锦州，并全歼了守敌 10 万余人。然后，东北野战军不顾疲劳挥师北上，在辽西与从沈阳出来增援廖耀湘兵团 6 个军相遇，我军共 9 个纵队，一时间形成了接近百万人的大混战，战局瞬息万变，谁胜谁负实难预料。此时的东北野战军指挥所里异常繁忙，但不管多忙，"每日战况汇报"的制度都是严格执行的。一天深夜，值班参谋正在汇报某师下属部队的战报，说是部队碰到了一个遭遇战，歼敌部分，其余逃走，其他相关的数据也按照要求逐条报告中，与之前并无明显异样。但指挥员突然叫停并问道："刚才念的胡家窝棚战斗的缴获，你们听到了什么？"见无人回答，指挥员又接连问了三句："为什么那里缴获的短枪与长枪的比例比其他战斗略高？""为什么那里缴获和击毁的小车与大车的比例比其他战斗略高？""为什么那里俘虏和击毙的军官与士兵的比例比其他战斗略高？"人们还没有来得及思索，指挥员大步走向挂满军用地图的墙壁，指着地图上的那个点说："我猜想敌人的指挥所就在这里！"于是，命令下达：注意搜捕敌方指挥官。很快，前方传来战报，廖耀湘被活捉。

对这场胜利进行分析，不能不说一个关键的因素就是指挥员对一份普通遭遇战战报的"大数据直觉"。某种程度上，战况是瞬息万变的，数据也在源源不断地流动，而基于历史的经验、现状的考量、数据的异常等多种因素的综合感知，一种类似本质直观的带有洞察力的直觉或灵感就常常在这时发生了。这就是"认知"不确定性。

六、如何应对不确定性之四——利用不确定性

不确定性本身是需要适应或者解决的问题，但不确定性本身也是一个解决不

确定性问题的很好思路与方法。中途岛海战中，有一个细节对于最后的结果至关重要。战中，美军舰载机群按指令到达预定海域没有发现敌人，只是一片空旷的大海。按说机群就应该返回了。但是他们没有，而是做出了一个看起来不符常规的决定，飞往了一个不太可能的次要地点，并进行自行搜索、攻击，结果发现了毫无作战准备的日军航母，战斗人员立即摧毁了 4 艘日本航母中的 1 艘，其他美国飞行员冲到现场继续袭击。这一事件改变了战局，帮助美国从日本手中夺取了胜利。指挥员尼米兹上将后来说这是"战斗中最为重要的一个决定"。美军网络中心战的提出者赛布罗斯基也说过，"军事行动极为复杂，复杂性理论告诉我们，最好自下而上组织军事行动"。就是说，战争一开打，实际的作战行动很快就会超出初始的计划和预案，这时，只有最前沿的一线部队才最清楚当面的敌情、最合适的作战方式，这时，指挥员最佳的策略，就是在明确总目标的基础上，"抓大放小"，充分放权，管大方向不管具体事，给基层部队充分的决策空间。这就有效地把不确定性转变成了我方可以利用的重要优势。

　　还是在上述"活捉廖耀湘"的战斗中，当时战场非常混乱，双方部队相互缠绕，敌我双方经常擦肩而过，一不小心还可能迎头相撞。如果将部队再组织起来，重新做下一步部署，已经非常困难，还可能贻误战机。更重要的是，在廖耀湘知道我军全歼其兵团的意图后，利用其机械化优势准备快速逃跑。为了赶上廖兵团，我各纵队全速前进，结果由于速度太快，各部位置急剧变动，以至于超出了指挥所的最大负荷。其实这时要收拢部队也不难，只需要通过电台指定一个集结地点，大约一天就能重建指挥链。但当时，东野指挥员下达了一个奇怪的命令："各纵队不必找师，师不必找团，团不必找营，大家都找廖耀湘就行！""哪里有敌人就往哪里打，哪里有枪声就往哪里追。"总结一下就是：全军就地解散，给我去活捉廖耀湘。这个命令之所以奇怪，是因为它缺乏一个标准"命令"所应具备的几乎所有要素，但最令人奇怪的是，9 个纵队几十万部队自由活动，想打哪就打哪，想打谁就打谁，想怎么打就怎么打，战场局面顿时改观，部队既无一线二线之分，也无前方后方之别，主动穿插、渗透、分割，打乱了敌人部署，廖兵团就此全军覆灭。被活捉后，廖耀湘非常恼火地说："你们共军打的什么仗？

根本不懂战役，也不讲究战术，我们把部队摆开，重新打。"还说，"像你们这样的土八路莫非是用了什么巫术来打仗？"

这个战例大家耳熟能详，胜利的关键应该在于这个奇怪的"命令"，后来也有外电评论说，是"上帝之手"为东野部队送来了"神来之笔"。事实上，既不是"上帝之手"的操控，也不是我军使用了所谓的"巫术"。廖耀湘本人的军事素养也不低，但他的常规战法却遭到了我党我军"群众路线"的"超理性"战法的压制，这两者根本不是一个维度上的，廖耀湘兵团的失败也就是不可避免的了。所以，《黑天鹅》的作者塔勒布说，"真正的强者喜欢变化"；"你要成为火，就不要怕风的吹拂"。风可以把火吹灭，也可以把火吹旺，关键在于你怎么把握它，而不确定性就是那股可以善加利用的"风"。

七、如何应对不确定性之四——制造不确定性

其实，对不确定性的利用，已经隐含了对不确定性的"制造"。制造不确定性也是一种非常高明的适应不确定性的方法。这里所讲的制造不确定性，主要是指的给对手、给敌人制造不确定性，以使其不能管理、更难以认知面对的不确定性，从而使我方占据优势地位。《孙子·虚实篇》云："故形人而我无形，则我专而敌分"，意为用种种假象去欺骗调动敌人，而不暴露我军的真像。这是通过隐真示假给敌人制造不确定性从而达到分散敌人、以众击寡的目的。现代意义上，体现制造不确定性思路的一种"超理性"作战指挥方式是分散式指挥与作战自同步。

2003年3月20日，伊拉克战争爆发，战争开始不久，许多媒体、电视评论员都预测美军将陷入地面战的泥潭，甚至会"淹没在人民战争的汪洋大海"。但事实上，不到一个月，伊拉克连预备役上百万的军队土崩瓦解，伊拉克的前共和国卫队也仿佛人间蒸发了，主要军事行动结束，伊拉克全境被美国军队占领。这一结果不仅出乎许多旁观者的意料之外，其实和美军的预想也是有很大差异的。但是，最重要的事情却发生于"标准的"战争结束之后。一个月的主要作战行

动，真正阵亡的美军人数只有100多人，但美军占领伊拉克之后，直到2010年8月草草宣布战争结束，4497人死亡，47541受伤。那么，这里需要关注的问题是，为什么美军在与伊拉克近100万正规军作战中只有100多人阵亡，但与非正规的民间反美武装作战却伤亡惨重？这里面就蕴含着一个制造不确定性的问题。伊拉克的正规军，虽然"兵强马壮"，但在实力更强的美军看来，它的行为是可预测的，因此不难消灭。但是伊拉克的民间反美武装，虽然"不专业"，甚至无领导中心、无正规的组织，纪律性也很差，但它们的优势恰恰就在于这几个方面，反而使其行动无规律可循，让美军无从预测，防不胜防。这事实上就是无意识当中给美军制造了大量的不确定性。

另外一个数据也很能说明问题，自2001年美军开始反恐，到2011年的"海神之矛"行动击毙本·拉登取得象征性胜利，美国10年的反恐行动，经费开支达到天文数字的2.3万亿至2.7万亿美元。2018年，沃森国际研究所报告说17年来美国在反恐战争上的投入已经将近6万亿美元。与前面10年的投入相比，显然又显著增加了。这些数据从一个侧面说明了，恐怖组织与伊拉克战后反美武装的行动具有相似性，都是制造、利用不确定性给美军造成了巨大麻烦。

在伊拉克战争、反恐战争，以及越南战争的游击战中，美军尝够了反美民间武装与恐怖分子等利用不确定性制造的麻烦，一直在反思，能不能在作战中也给敌人故意制造一些不确定性从而取得优势呢？美军慢慢也学会了这一招。"分布式杀伤"概念就是一个体现。

2014年美国海军战争学院根据濒海战斗舰编队对海上、陆上目标打击的兵棋推演结果，针对水面舰艇反舰能力不足，提出了"分布式杀伤"作战概念。2015年1月，《美国海军学院学报》发表了一篇题为《分布式杀伤》的论文，此后，美国海军水面部队司令罗登中将通过公开演讲、网络媒体不断宣传"分布式杀伤"概念，其影响力、内涵不断扩大。2016年4月，美国海军第15驱逐舰中队举办第三届年度水面战军官峰会，提出"分布式杀伤"三原则：每艘舰船都是一名"射手"；从地理上分散水面进攻能力；确保资源正确组合，提升续战时间。2017年1月美海军在《水面部队战略》中对"分布式杀伤"作战概念进行了深入解读，并将其上升为"夺回海洋控制权"的核心作战理论。随着大数据、云计算和人工智能等高端前沿技术在军事上的广泛应用，美智库和海、陆、空及海军陆战队高层对"分布式杀伤"的认识不断深入，其内涵向基于作战云的多维一体作战概念拓展，并逐渐上升为"第三次抵消战略"的重要概念。

　　虽然"分布式杀伤"概念越来越"高大上"，但从其最初始与最基本的概念角度讲，它就是对不确定性的制造与利用。其核心内涵有四，都体现着制造不确定性的理念。第一，"凡船皆可战"，提高舰艇独立攻防能力，把"提高全部舰艇的进攻性杀伤力"作为基本原则。通过武器试验、升级改造、新建平台等方式，使水面舰艇部队的进攻手段越来越多元化，比如，"环太平洋－2016"军演中，美"科罗拉多"号濒海战斗舰从安装在其前甲板上的弹筒发射了一枚"鱼叉"导弹，验证了濒海战斗舰装备反舰导弹的现实可能性。美海军构建了具有"分布式杀伤"能力的水面舰艇模型，在濒海战斗舰装载一定数量的激光武器、电磁轨道炮、电子战系统、近程拦截导弹和"标准－6"导弹等防空反导武器，腾出空间携带更多的攻击性导弹。第二，"分散部署"，在广阔的海域以分散编队方式使用这些舰艇，形成分布式火力。比如，将适量（比如1至3艘）舰船组成的"水面行动大队"分散部署，增大对方探测和打击的难度，提高自身生存力、杀伤力。第三，"形散神聚"，就是发挥美军的技术优势，实现平台分散，火力集中，实施高效打击和摧毁。显然，这里的技术优势，主要就是指的基于"作战云"的有机融合。"作战云"呈网状结构，通过实现信息共享和协同作战，达到统一指挥、分布控制、分散实施、集中火力的目的。第四，实施一体化作战。"分布式杀伤"并不是水面行动大队能单独实现的，背后需要联队指挥中心在作战云的支撑下，整合陆、海、空、天、网、电等空间领域的多种作战力量，实施一体化作战。从这几个方面来看，分布式杀伤有点像一拥而上打群架的现代"群狼战术"，但其核心理念仍不过是对于不确定性的制造以及利用。

八、如何应对不确定性之五——分布式领导

　　战争要想取胜，就必须形成不对称优势，不管你是强国还是弱国，都是如

此。这种不对称的优势，其实就是在准备战争及战争进行的过程中，通过不断适应环境变化形成的。毛泽东说过一句很有名的话，"美军打到哪里，哪里的人民就学会打仗"，其实说的就是适应能力。两军对阵，主要就是看谁适应情况快，谁的反应及时，所以说战争对抗的其实就是适应能力，大到快速适应时代的军事变革，小到快速适应战场态势及时做出处置等。但这种适应绝不是那种"兵来将挡水来土掩"式的简单反应式变化，而是对不确定性的创造性适应。谈到适应，战争指挥员或者"领导"在一个组织或团队中发挥着举足轻重的作用。在不确定性背景下，领导的概念、特征、发挥的作用，以及领导力提升的途径等都有了重要的变化与拓展。

（一）传统式领导举步维艰

传统的领导往往是"英雄式领导"与"集权式领导"。发现传统的领导概念越来越不合时宜，这不是理论的推论，而是实践的总结。美军在这方面吃过不少苦头。比如，一位参加过伊拉克战争的营长就抱怨，在一次战斗中，曾有共计"12颗将星"的将军们指示他该如何部署部队，这让他不知所措。据估算这"12颗将星"大概是一位四星上将、两位三星中将，以及一位两星少将。还有一个极端的例子。美军的"乌鸦"无人机操作员发现恐怖分子正在路边安装简易爆炸装置，于是他向指挥官报告，请求立即打击。但指挥官在显示屏上分辨不清具体情况，一再要求降低无人机的高度，最后士兵操控无人机直接撞了上去与恐怖分子同归于尽，然后报告道："长官，这下您看清楚了吧。"这些案例说明领导并不是万能的，当然这不是说领导本身不重要，而是说领导发挥领导力的方式应当与时俱进。

正因如此，美军在作战指挥中逐渐减少了不必要的或者传统的"领导"干预。

（二）"现代式"领导也常常适得其反

量化、信息化、科学化、精细化、精确化等似乎成为"现代式领导"的代名词。但是实践一再证明这种所谓的"现代式领导"并不是十全十美的。在美军发展史上，曾经有一位成功和失败都同样显著的国防部长叫作麦克纳马拉。麦克纳马拉在统计分析与量化管理方面极为擅长。麦氏接掌五角大楼之后，运用它的"杀手锏"很快就掀起了一场科学管理革命，并对美军发展产生了巨大影响，在美苏争霸中也逐步占了上风，美军逐步走上了世界最强军事力量的宝座。但是，麦氏的"现代式领导"却在越战中大败而归。麦氏对于越战的量化分析几乎走上了极端。比如，一切靠数据分析：如果一个村庄周围设有一定长度的篱笆，有民兵守卫，村长在过去的三周中未被杀害，就把该村列为"安全村"。但即便是如此精细的量化数据，最后也没能避免失败的命运。麦氏不得不宣布提前辞职。他自己后来也反思道："战争的复杂性超越了人类思维能够理解的极限，我们的判断和理解都是不足的。"必须说，麦克纳马拉关于越战的反思是深刻的。战争的复杂性与不确定性早已经越出了人类理性所能计算的范围，战争指挥与领导也必须是"超理性的"。

（三）有效适应不确定性需要"分布式领导"

在领导逐渐减少直接干预的同时，基层一线军官的建议意见越来越受到尊重。"海神之矛"行动成功后发布了一组照片，有人得出一个结论：奥巴马总统亲自指挥了行动。事实上，当时白宫作战室里的总统、国防部长，以及军方的高级将领，都可以看见现场情况，但他们并没有进行实时指挥，而是仍把决策权交给了带队执行突击行动的一线指挥官。伊拉克战争后期，美军也认识到，一些一线军官和士兵总结出来的东西，可能比拉姆斯菲尔德提出来的那些"高大上"理论要好用得多。为了尽量减少伊拉克民间反美武装对美军的威胁，他们也听取了很多普通战士的建议意见，比如其中之一是："留大胡子可以与当地民众更好的交流，当地老百姓更信任留大胡子的人。"

领导尽量不要干预一线的行动，又要充分尊重"将军连长"们的意见建议，那么领导到底干什么呢？到底怎么发挥作用呢？前不久，在中美科技战过程中，华为发布了一副伤痕累累的战斗机图片，这是一架二战中被打得像筛子一样，浑身弹孔累累但终于安全返回的被称为"空中坦克"的伊尔 2 强击机。据说这是任正非最喜欢的用来励志的一幅图。用这架飞机来形容华为所面临形势的危险性应该不为过。现在越来越多的人开始接受华为是一家伟大的公司。那么，华为屹立不倒的秘诀在哪里呢？

我们知道华为有一项技术非常先进就是"分布式技术"，包括分布式系统、分布式存储、分布式数据仓库等。事实上华为的领导制度也是分布式的。这两者的理念是类似的。以分布式云计算为例，为了提高电脑的运算力，过去我们的技术方向是拼命做大 CPU、显卡、硬盘，但是当计算任务非常庞大时，利用单一的服务器，CPU、内存和硬盘无法承载这个任务了，怎么办呢？最终就创新出了云的分布式概念，把联网的所有电脑的计算能力联在一起，形成一个无限大的群集，这样大型的计算任务就不用考虑跑在哪台服务器，而是一种整体的力量。在这个分布式的计算云中，任何一台闲置的电脑，其后台都可能在运行一些你不知道的任务，当然，一旦你唤醒电脑，它的云计算任务就大大压缩或者停止了。从领导制度的角度，那些越做越大、计算能力越来越强的单一电脑就是传统的英雄式领导，单个电脑的能力毕竟是有限的，就像传统的领导不能包打天下一样，并联在一起的无数电脑计算力是无穷的，这就是分布式领导。华为的领导制度和它的技术方向一样。我们一般都认为任正非是华为的最高领导，但其实并非如此。任正非在华为更多是一个精神领袖的角色。事实上，2004 年，华为就首创并不断创新发展了轮值主席（COO）到轮值首席执行官（CEO）甚至再到轮值董事长的领导制度。这对于华为的成功功不可没，而这套轮值式的领导制度，就是分布式领导的一种。

那么到底什么是分布式领导呢？在本质上，分布式领导是在复杂环境中，为了管理、认知、制造以及利用不确定性而促进员工参与、高效共享知识、发挥团队优势、优化组织决策、提高己方适应性的一种带有很强全面性、流动性、网络化及扁平式的领导模式。顾名思义，分布式领导的显著特点有：第一，领导不限于个人，组织根据任务、时间、环境等的不同来分配领导角色。最经典的说明是赛艇案例：在赛艇团队中，领导的职位是不确定的。比赛时，领导角色由站在船尾不懂划船但却指挥团队的人员担任，他通常是任务小组的领导者。尾桨手也是领导者，他决定划桨的节奏。在不比赛时，船长是领导者，他负责选拔队员、规定纪律、调动队员的情绪，而在比赛时，船长只是一名普通的桨手。此外，教练也是领导者，他负责队员的训练和培养。可见，在组织实现目标的过程中，领导角色可以随任务特点的变化而灵活变换。第二，领导不限于正式的职位权力，领导的基础建立在知识优势与创新能力基础上的"信任"。复杂背景下，为了实现生存最大化，组织的运行遵循着"知者为王"的原则，没有一个领导者能为组织所有复杂问题找到正确的答案，最有能力解决问题的人理应担负领导职责，这是所有人共同、公平享有的权利，但更是义务与责任。第三，领导力是团队的整体属性。领导力这个词听起来像是领导的专属，或者就是组织力，其实都不是。这个词是美国人创造的，从一开始就是指的一个作战单位的整体属性，是指一支部队在任何情况下都能坚持完成任务的能力。比如电影《集结号》中，九连付出了全体牺牲的代价，最后只剩下连长一人，仍然坚持完成了任务。但美军现在对领导力的要求则是，哪怕战斗一开始连长就牺牲了，剩下的士兵也能够继续完成任务，并且每个人都坚信这个任务可以完成。其实《亮剑》里李云龙已经诠释了什么是领导力，他说，"只要我在，独立团就嗷嗷叫，遇到敌人就敢拼命，要是哪一天我牺牲了，独立团的战士也照样嗷嗷叫。我就不相信他们会成为棉花包，为什么呢？因为我的魂还在！"这个"魂"，其实就是分布式领导力。

显然，分布式领导是一种为了适应不确定性在强调整体价值同时又突出个性发挥的领导方式，它不仅要靠优秀的领导，更要靠团队的每一名成员；它不仅体现为平时的工作，更反映在急难险重的环境挑战或任务重担之中；它既是有中心的组织，同时又是无中心/处处皆中心的组织。所谓"以正治国，以奇用兵""以正合，以奇胜"，从根本上，"打仗打的不是常量，而是变量"，作战指挥就是一种典型的与不确定性打交道的学问，军队指挥员更应注重"分布式领导"。

（四）如何提高"分布式领导力"

澳大利亚学者 Gibb 于 1954 年率先提出了分布式领导的概念，但直到 20 世纪末，分布式领导才逐渐受到关注。2006 年，管理大师亨利·明茨伯格在英国《金融时报》上撰文指出，组织应该将以个人为中心的集权式领导转变为分布式领导，而所谓的分布式领导就是组织的不同成员根据自己的能力和环境条件的变化动态地分享领导角色。斯隆管理学院是世界顶级商学院之一，其领导力中心也是最有影响的领导力研究机构，其代表人物、学习型组织理论的提出者彼得·圣吉也高度认同"分布式领导"。当前，分布式领导已经成为领导学与领导力研究的热点，并被认为在一定程度上代表了复杂环境下领导科学的未来发展方向。

那么，如何提高"分布式领导力"？尽管在这方面的理论还不够成熟全面，但至少如下几点是非常重要的：

第一，共同愿景。分布式领导不是权力制衡，不是轮流坐庄，而是有高度凝聚力和号召力的组织共同愿景之内核。在某种意义上，这个共同愿景就是分布式领导的"吸引子"，它保证了无论谁来担任领导角色都不会偏离组织目标。共同愿景有许多种表现形式。在传销组织里，共同愿景就是"合作发财"；在宗教团体里，共同愿景就是"共同得救"；对于国家而言，共同愿景是发展目标；对于党派来说，共同愿景是政治信仰。等等。有了共同愿景，就可以有效突破领导极限问题。

第二，自我超越。分布式领导的基础，必须建立在充分尊重个体价值、个性特征特别是个体异质性知识与思维方式的基础上，它奠定了分布式领导的认知与创新基础。这里需要注意的是，自我超越必须与系统思维相结合，自我超越是个体性的行为，但系统思维却需要针对性的训练。

第三，充分授权。这是指的权力下沉，放权周边，给一线团队以充分的共享信息权与自由决策权。如果组织内部还搞信息封锁，一线团队就难以结合当面的情况做出适当的判断。这里需要注意的是，内部信息封锁的最大理由常常是"保密"的需要，事实上这是值得商榷的。比如，美国的联合作战特种部队自组建之日起就攻无不克，战功卓著，美国驻伊拉克联合特种作战部司令麦克里斯特尔专门指出，"实践证明，这种大范围、全透明方式共享信息带来的战场先机，远远超过因为情报泄密所带来的损失"，这是特别需要注意的。另外，如果一线人员无权做出判断并采取行动，就不能对组织面临的挑战做出敏锐的反应。当然，充分授权的前提是一线人员具备共同愿景和系统思维，能进行全局性思考，这正是上述第二点自我超越所强调的。

第四，团队学习。分布式领导的实现集中体现为集体心智模式的迅速更新迭代，而团队学习是实现集体心智模式快速迭代的必由之路与核心环节，并且团队学习的前提是知识的充分共享。何以特别强调"知识的共享"，首先，这是因为个体有隐藏个体知识创新的本能冲动；其次，这是因为创新型的知识常常是"默识性知识"难以相互交流；第三，则是因为创新性知识常常是与组织原有心智模式有所抵牾而容易受到认知性路径依赖的强大阻力。在很大程度上，团队学习的效率决定着不确定性环境中组织整体的适应性效率①，而适应性效率的高低就是分布式领导力高低的根本标准。

需要说明的是，分布式领导并不简单排斥传统的权威型领导，但毫无疑问，传统的权威型领导必须要对自己的思维方式进行多方面的深刻变革。诸如跨界思维、大数据思维、激励创新宽容试错的思维、信任思维、授权思维等都是必不可少的。但归根结底，最重要的还是超理性思维。

---

① 巫威威. "适应性效率"理论的研究与创新［D］. 长春：吉林大学，2008.

| 第十五章 |

在战略文化自觉中追求战略抉择与
运用的自由

上文已述，"战略文化自觉"是超理性博弈的重要方式，本章对此进行具体的讨论。众所周知，作为"非正式规则"，文化在人类理性的底层发挥着深刻的影响甚至决定性作用，但人对于文化又不是无能为力的。因此，文化自觉就不再是一个简单的文化概念，而成为了一个超理性博弈的大战略范畴。总体而言，文化自觉在中国历史性的和平崛起中发挥着重要的启蒙、导向与定位作用，而战略文化则在很大程度上决定着国家行为的战略风格或模式，因而攸关国家发展全局与国际博弈格局。战略文化自觉作为一个崭新的概念和一个复合型命题，衍生于文化自觉的普适性与战略文化研究领域理论化不足的困境。战略文化自觉范畴的提出，有助于战略文化研究领域"理论化不足"困境的突破；战略文化自觉的增强，一方面，有助于检讨战略，澄清战略承载的文化蕴含，避免战略抉择的盲目性；另一方面，则有助于反思文化，拓展战略选择的思维空间，增强战略运用的灵活性。

一、文化自觉具有重要战略价值

简单地把文化看成"软"实力，如果这不是误读，至少也是一种曲解。一定意义上，文化与经济、军事等"硬"实力并不是一个同等层次上的概念，而是其他诸领域的深层内核。诺贝尔经济学奖获得者、美国经济学家道格拉斯·C.

诺思对此有独到的认识。基于复杂性科学，诺思对经济效率的探求深入到了人类认知科学领域，经过研究，他提出了"适应性效率"理论，其核心观点之一就是："文化……通过它的支持性框架约束参与者，从而影响长期的变迁过程。"①这略带晦涩的论断，以一个独特的视角，深刻揭示了文化的本质进而文化自觉的重要战略价值。

（一）文化是人类心智模式的"底层代码"

众所周知，人都是生活于一定制度框架中的人，或者说制度决定着人们的"选择集"进而行为模式并最终决定着组织（社会）绩效。因此，对于人（进而组织）行为绩效的研究必定会上溯到制度的因素。而在诺思看来，制度的确或隐或显地制约着人类的现实行为，然而正是人类创造了制度本身。也就是说，制度虽然常以"神圣不可侵犯"的样貌示人，而事实却是相反的，制度本质上不过是无数行为主体通过其有限理性不断探索世界并相互交流、合作、博弈的产物。遵循这一路径，诺思的研究深入到了制度的认知根源，他指出，"我们所构建并试图去理解的这个世界是人类心智的建构物。它不能在人类心智之外独立存在"，"构成人类互动（social interaction）基础的总体结构是人类心智的一种建构，并且随着时间的推移以一种递增的过程演化着"②。打个比方，制度就是人类自我建构的一面"镜子"，通过这面"镜子"，人类认识并驾驭着这个世界，然而这面"镜子"体现的却不过是人的思维本质。换言之，制度就是人类共享的心智模式，或是针对不确定世界不断涌现的问题的普遍性解决方案，这种"共享心智模式"或者"普遍解决方案"正是人类的所谓"文化"。进而，所谓制度创新，表面来看是人类在修正某种"对象"或者"客体"，其实质却不过是人类集体心智模式的自我革新和与时俱进。最终，制度并不来自"神的启示"或者某位英雄人物的灵光闪耀，而是深藏于芸芸众生的意识，深藏于人类文化的内核之中。

---

① 道格拉斯·C·诺思. 理解经济变迁过程 [M]. 北京：中国人民大学出版社，2008：3.
② 道格拉斯·C·诺思. 理解经济变迁过程 [M]. 北京：中国人民大学出版社，2008：75.

（二）文化的效率意蕴及发展功能

传统路径依赖理论在诺思那里不断向纵深拓展：经济层面的路径依赖之形成，起因于制度的路径依赖，而制度层面的路径依赖，其源头又在于认知的路径依赖。路径依赖在认知层面的典型表现，就是制度创新和制度变迁过程中文化所发挥的内在、深刻影响。对文化——制度——绩效的内在逻辑，诺思依然从认知层面进行了深入探究。诺思发现，适应性效率较高也就是能够迅速适应各种扰动、冲击和危机的经济体系，一般都具有一套鲁棒性较强的制度体系，而这种较为灵活的制度体系通常是建基于信仰特别是信念等非正式约束之上的。这里的"信念"，既包括个体拥有的信念，又包括集体心智模式，其实就是指的文化。那么文化是如何作用于人类心智模式并进而影响制度、经济的发展演变的呢？诺思发现，"学习过程显然是以下两个因素的函数：（1）一个给定的信念体系对来自经验的信息进行过滤的方式；（2）在不同时期个体和社会所面临的不同经验。"① 这就是说，在各种不确定性挑战面前，信念和文化作为人类心智的"底层代码"，决定着他们的选择和行动。如果信念体系创造出了一个良好的"人造结构"②，能够科学应对各种新奇经历或风险挑战，经济发展就能良性循环；反之，当这个信念构成的"人造结构"无法应对新的不确定性的挑战，经济发展就会失败。正是在这个意义上，诺思深刻揭示了文化的效率意蕴和发展功能。

（三）文化自觉具有深刻的战略价值

当然，文化不仅作为"底层代码"通过制度规范深刻影响着人类行为，人本身也是可以认识并进而编写、改进这个"代码"的。诺思不仅揭示了文化的重要作用，他还进一步指出人类发展在文化约束面前并不是无可作为的：人类意

---

① 道格拉斯·C·诺思. 理解经济变迁过程［M］. 北京：中国人民大学出版社，2008：44.
② 所谓人造结构，就是经过许多代的文化传递，一个民族所学到的很多单个人一生都无法学到的东西，它作为文化传递到当前几代人的信念结构中。并且尽管一个社会的正式规则能反映这种文化遗传，但根植于行为规范、习俗和自愿遵守的行为准则之中的"非正式约束"才是这个人造结构最重要的载体。道格拉斯·C·诺思. 理解经济变迁过程［M］. 北京：中国人民大学出版社，2008：48.

识还具备"想象力""意向性"两个关键特征，这正是文化自觉的超理性认知表达。文化自觉的深层内涵，就是指"浸润"于一定文化中的人对其文化要有"自知之明"，对其他组织的异质文化也要有"知它之明"，以此来取长补短、兼容并蓄、共同发展。诺思指出，正是由于人类意识的上述关键特征，文化本身并不是一成不变的，而是经常地根据人类新的行为实践发生着缓慢的增量改进或者边际性的调整变化，这个调整变化，就是诺思所说的"适应性重组过程"或"表示型的再描述"①。一个人是如此，一个组织是如此，一个国家或民族更必须如此。只有不断地重新审视和不断创新文化，才能在发展内核的层面不断走向文化自信和文化自强。在这一意义上，文化自觉不仅是一个独特的文化范畴，更具有深刻的战略价值。

　　文化自觉的战略价值首先在于文化本身的价值。文化不仅意味着人类的精神家园和终极关怀，也不仅意味着一个国家或民族的身份确认，文化的价值还突出表现在，文化根本上就是一个民族生存与发展的支点，文化甚至攸关人类整体的共同命运。在中国，文化自觉的意义突出表现为历史性的文化危机与复兴。自从沦落为"边缘之国"，现代化就成为近代以来国人的共同梦想。但总的来说，我国的现代化和西方历史上的现代化有着根本的不同。西方的现代化是内生的，自然生成的；主要表现为一个自我否定、自我更新的过程。而我国的现代化是由近代历史上的外来打击推动的，带有典型的外生性和强制性，显著表现为西方文明对东方文明、异国文化对本国文化的挑战、威胁甚至否定的过程。这就使得我国的现代化表现为一个文化的选择和转型的过程。从历史上看，我国的现代化路径也实际遵循着"器物——制度——观念"层层深入的逻辑，正好验证了诺思的新路径依赖理论。可以说，中国近代以来的社会变迁，主题是现代化，内核是文化转型，实质是思维革新。文化自觉的战略价值就在于此。

---

① 道格拉斯·C·诺思. 理解经济变迁过程 [M]. 北京：中国人民大学出版社，2008：61.

二、战略文化自觉何以可能

战略文化自觉衍生于文化自觉的普适性以及战略文化研究领域理论化不足的困境。战略文化自觉既是一个全新的命题，同时又已具备了较充分的理论准备与深刻的现实基础。

战略文化自觉所以可能，首先是因为文化自觉不仅具有必要性与必然性，而且具有普遍性或普适性。"文化像光，普照一切；文化像水，浸润一切；文化像空气，涵摄一切"。某种意义上，不管是否为我们所知，也不管我们是否愿意承认，文化就是"我们"所以成为"我们"的深刻基因。正如新制度经济学所揭示的，作为"嵌入"于文化作为其核心的非正式制度环境当中的人，其行为的"理性"本身就是受这种非正式制度环境"建构"的。我们不能设想，当一个国家或民族正在经历浴火重生般的文化自觉与文化转型时，这种如岩浆涌动般的深刻变革不会影响到显露于外的社会诸领域特别是战略层面上的抉择、决策与行动。

战略文化自觉所以可能，还因为战略本身就同文化存在着紧密的内在关联。这种内在关联不仅表现在战略就处于距离文化最近的层次，因此受其影响巨大，尤其表现为在文化与战略两极间存在着一个连接并沟通两者、发挥桥梁与纽带作用的关键节点，那就是"战略文化"。战略文化是基于特定国家或组织的历史传统、集体记忆、精神文明和思想意识形态等，在战略实践中逐步形成发展，对战略行为产生持续稳定影响的政治信仰、价值取向、思维习惯、选择偏好等的总和。战略文化在潜移默化中塑造决策层的战略思维，在很大程度上左右决策层的战略选择，在较长时期内决定国家行为的战略模式。在战略文化逐渐成为一个重要学术领域的过去几十年中，尽管由于研究的背景、目的、方法的差异，中外学者就文化、战略文化、国家行为等核心范畴之间的关系问题尚存争议，甚至由于此一领域的理论化不足就连"战略文化"的定义还没有达成充分的共识，但学界就战略与战略文化进而文化之间存在着的内在联系还是形成了主导性意见的，分歧只在于这种联系的方式、程度、表现等。而对于中国学者来说，身处中国和平崛起的历史进程中，深受中国哲学文化传统的熏陶，在研究战略文化问题时几乎无一例外都主张一国主流文化必然决定其战略文化，战略文化必然影响其战略行为①。

战略文化自觉不仅具有重要的理论价值，更具有重要的实践意义。

（一）战略文化自觉的提出，有助于战略文化研究的进一步理论化

"从地缘政治和地缘经济来分析国际战略形势的发展，固然更直观……，然而毕竟是从现实看现实，从动机研究动机，往往缺乏历史纵向性的透视力"②，因此战略文化研究的领域才得到了开辟和拓展。战略文化研究的重要性是毋庸置疑的，然而经过几十年的发展，这一领域仍然面临着理论化不足的瓶颈约束。究其原因，一方面是因为研究历史的相对短暂，另一方面是因为现实的研究大多基于问题导向，欠缺自觉的理论关怀与深刻的哲学透视。然而更重要的是，理论化不足所产生的后果同时又成了其自身的原因：由于缺乏对话的工具与平台，学者们在这一领域难以进行有效的沟通，只能沿着各自的路径渐行渐远，而研究本身则难有质的突破。"工欲善其事，必先利其器"，战略文化自觉范畴的引入，有利于从理论上解决这一问题。

（二）战略文化自觉的增强，有助于检讨战略，澄清战略承载的文化蕴涵，避免战略选择的盲目性

"在战争指导上，了解对方的战略文化与了解其军事部署是同等重要的"③，这对于战略研究当然具有普遍性意义，但是还不够。"知己知彼，百战不殆"，"认识你自己"是同等重要的，也是更难做到的。"历史证明，一个国家有敌国外患并不可怕，可怕的是陷入盲目性，不自觉地接受了对方的战略误导，最后败

---

① 李晓燕. 文化·战略文化·国家行为 [J]. 外交评论, 2009 (4).
② 李际钧. 论战略文化 [J]. 中国军事科学, 1997 (1).
③ 李际钧. 论战略文化 [J]. 中国军事科学, 1997 (1).

了、垮了还不知道怎么败的和垮的。"① 现实也已证明，在国家建设与发展方面，追赶者易于堕落为追随者，追随者易于失去自己的方向。曾经引起争论的"中国外交思维的美国化"或"中国国际行为的美国化"就是一例。从文化的角度讲，中国崛起的意义并不在于出现一个复制版的"西化中国"，而在于出现一个具有中国特色、中国风格、中国气派的现代化国家。所以出现上述情况，不仅是因为没有看清对手的真正战略意图，更重要的还是因为缺乏高度的战略文化自觉，没有从文化层面认真检讨战略本身，特别是没有深刻检讨自我战略抉择的文化意义与价值。

（三）战略文化自觉的增强，有助于反思文化，拓展战略选择的文化空间，增强战略运用的灵活性

"以正治国，以奇用兵"。在其本来的意义上，如果说文化的核心价值在于它的方向性，那么战略的核心价值则在于它的灵活性。战略文化自觉的实践意义，不仅体现在一定的文化高度上检讨战略、校正战略方面，还体现在反思文化，拓展战略选择的思维空间，增强战略运用的灵活性方面。如果说文化对于战略主体的"内化"程度决定着文化指导下战略的原则性，那么可以说战略主体对于文化的"超越"程度则决定着文化多元背景下战略选择的灵活性。文化当然"建构"着战略，但不能狭隘地理解这种建构；战略当然"表达"着文化，但不能机械地看待这种表达。如何把战略与文化结合起来，如何"出奇"制胜，同时又"万变不离其宗"，这正是战略作为一门艺术的最大魅力，正是战略文化自觉的永恒追求，也正是超理性认知的题中应有之义。

三、把握战略文化自觉须关注的四个维度

战略文化自觉是一个内涵丰富的崭新概念，更是一个横跨多领域的复合命

---

① 李际钧. 论战略文化 [J]. 中国军事科学，1997（1）.

题。把握并达致高度的战略文化自觉，至少应关注如下四个层面：

（一）战略文化自觉首先意味着对文化与战略间内在关联的理性认知

战略文化自觉建基于文化与战略之间的内在关联上，这种内在关联具有客观性、必然性，而且有其独特的机理和规律。只有自觉地承认这种内在关联，并能够从认知上比较准确地把握其内部机理和规律，我们才能够从特定的战略行为中透视出其背后隐藏着的文化蕴含，我们也才能够从特定的文化形态推导出其在特定情境下可能做出的战略选择。这是战略文化自觉的前提条件或理论基础。只有在这个前提下或者基础上，我们才能够由此出发达到一定的战略文化自觉。反之，如果我们对于战略与文化关系的把握还仅仅停留于感性的层面，比如说，只是从相关案例材料的积累、归纳和分析中感觉到战略与文化之间存在某种关联，而对于这种关联本身却不能进行超理性的解释和把握，那么，我们距离真正的战略文化自觉还很遥远。

由于战略文化本身进入研究者视野的时间还不长，国际国内均只有几十年的历史，而且中外学者的有关研究在很多方面均存在差异，结果导致战略文化研究的理论化还不够充分。除了对于文化与战略相互作用的内在机理不甚了了这样一个共同不足，这种不充分的另一个显著表现，就是由于在这个研究前提与理论基础方面的薄弱，中外学者相互间还难以进行有效的交流与沟通，而这种交流与沟通的欠缺反过来更进一步促使两方沿着各自的路径渐行渐远，而理论化不足的研究现状则难有改观。在这种情况下，双方的继续研究更多的只能是量的积累，而难有质的突破。在这个意义上，很难说双方都已经具备了高度的战略文化自觉。

比如，在国家行为、战略文化、文化三者关系问题上，西方学者的研究主要集中在战略文化与国家行为的关系上，并且较多地采用了实证的方法，认为战略文化作为一种重要的"干预变量"对于国家行为具有重要影响；但他们对战略文化与文化的关系不是特别关注，而且普遍认为战略文化与国家文化之间并不存在某种强对应关系。与此不同，中国学者一般认为，国家文化与战略文化是一种涵摄与被涵摄的关系，有什么样的国家文化就必然有什么样的战略文化。因此，中国学界的有关研究主要集中于区分国别的文化与战略文化比较研究，而对于特定的文化背景对应着特定的行为方式一般并不存疑。

（二）战略文化自觉主要表现为对文化异质性与战略差异性的准确把握

尽管中外学者还不能或还没有来得及对战略与文化关系的内在机理与规律进行细致的分析，从而使战略文化研究缺少了一个充分理论化了的研究前提与基础，但由于理论的直觉（中国）和经验材料的不断积累（西方），双方还是比较敏锐地注意到了文化（战略文化）的异质性、战略的差异性以及两者的高度相关。这一点恰恰是战略文化自觉的一个核心层面或主要表现。

战略文化自觉的核心内涵，就是立足于"文化'浸润'战略，战略'嵌入'于文化；文化'建构'战略，战略'表达'文化"这样一个核心理念的基础上，保证战略主体理解不同战略选择所承载的文化蕴含，并在一定的文化背景下和文化高度上进行战略抉择，以此"实现"本国文化，以此赋予战略以"价值"。显然，在这里，由于战略主体自身是在特定文化环境中成长的，或者说他所身处的特定文化已经"内化"到了他的头脑中，不仅他的理性运用会自觉不自觉地服从于这种文化的指引，而且他的理性自身也会深深打上这种文化的烙印。所以如此，是因为人总是带着某种文化的"有色眼镜"看世界，但对于"眼镜"本身却常不自知。因此，在假定其他变量既定的情况下，一定情境下他常会作出符合其文化背景的战略决策。这就是文化异质性与战略差异性的关系原理，也是战略文化自觉的主要表现。

当然，由于如前述研究理论化的不足以及研究背景、目的和方法等的不同，中外学者对于异质性文化与差异性战略的研究不仅都存在着如前述的共同不足，而且对于战略文化自觉这一层面的认识也都表现出了各自的特点与倾向性。西方学者的主要关注点在于战略文化与国家行为的关系问题上，倾向于脱离开文化来界定战略文化的概念，并且认为战略文化对于战略决策只扮演着一个"干预变量"的角色；中国学者的主要关注点则在于文化与国家行为的关系问题，明确地在文化背景中界定战略文化概念，认为"战略……深刻地反映一个国家和民族的历史文化和哲学传统"，"战略文化是在一定的历史和民族文化传统的基础上所形成的战略思想和战略理论，并以这种思想和理论指导战略行为和影响社会文化与思潮"，"战略制定者的个人风格，正是其文化底蕴的外在表现"。①

（三）战略文化自觉还要求战略主体清醒地了解文化的演进性、交融性与战略的多源性、复杂性

在研究过程中中外战略文化学者曾经发现一个同样困扰双方的问题，那就是为什么在相似情境下同一国家或民族有时会做出两种或多种截然不同的战略决策。如果文化（战略文化）确实"浸润"着战略，那么何以同一种文化会产生多种不同的战略？如果战略确实表达着文化，那么如何解释同一种文化中会存在如此显著不同的因子？

对于这个问题，中外学者分别进行了自己的研究，但其给出的解释基本上都趋向于同一个方向，那就是不仅要准确把握文化的异质性与战略的差异性，更要清醒地认识文化的演进性、交融性与战略的多源性、复杂性。就西方的研究历史看，西方战略文化的研究路径表现出了从文化主义到建构主义的演变。文化主义研究的是单位层次上特定国家的战略文化对一国战略决策的影响，而建构主义研究的则是体系层次上多元的国际文化对一国战略文化的建构作用。文化主义更多强调不同国家战略文化的异质性导致了战略决策的差异性，而建构主义则认为不同国家的战略文化由于受同样国际规范的影响，因而存在一定的趋同性。就我国的有关研究看，尽管表述不尽一致，但多数都同意，战略文化具有连续性与非连续性的统一、多样性与主导性的统一、民族性与时代性的统一等三个基本特征②。这其实就是说的文化的演进性、多元并存与交融性决定了战略的多源性和复杂性。

---

① 李际钧．论战略文化［J］．中国军事科学，1997（1）．
② 宫玉振．中国战略文化解析［M］．北京：军事科学出版社，2002：23－26．

　　文化的演进性、交融性与战略的多源性、复杂性问题，究其实质，是因为文化远远不是"天国里的花朵"，文化也不是照片里的刹那芳华，文化更不是"近亲繁殖"而保存的"纯种"基因。相反，任何一种文化都有其优长与缺点，任何一种文化都是一个从过去延伸到将来的过程，任何一种现实文化其自身往往就成长于历史上多元文化的交融。因此，文化的对话和竞争是必要的，多元文化的并存与共生是可能的，文化正是在这种竞争与共生中不断演化并不断完善自我。与此适应，战略也必然具有多源性、动态性与复杂性等特征。这一点在全球化的今天表现尤为显著。

　　中外学者对于这样一个问题的发现以及解决，标志着战略文化自觉达到了一个新的高度。比较而言，文化的异质性与战略的差异性尽管反映了战略文化自觉的核心逻辑，但其思维方式更多地带有静态的、线性的特征，还远远不是现实的全貌；文化的演进性、交融性以及战略的多源性、多元性尽管看起来更为复杂而不易把握，但它其实根本没有远离这一逻辑，只不过其背后的思维方式更多地体现出了动态性、系统性和复杂性，因而更加逼近了客观的现实。

（四）军事文化自觉是战略文化自觉的重要组成部分

　　文化自觉对于军队组织变革与军事创新发展尤其具有极端重要的意义。这是因为军事是"死生之地，存亡之道"，因为军事系统不仅具有一般复杂系统的共有特征，军事系统还具有剧烈的对抗性、强烈的时效性、极快的节奏性以及高度的风险性等一系列显著区别于一般复杂系统的特性。这就决定了，军队必须高度强调创新性、适应性，军队最不能容许的就是因循守旧、墨守成规。考虑到文化作用于系统的内在机理，在所有复杂性系统当中，军事应该是文化自觉程度最强、重要性最突出、紧迫性最刻不容缓的领域。

　　军事文化自觉不仅具有文化自觉的一般含义，它还更加强调与军队这个特殊复杂系统相对应的一系列特性，比如对抗性、斗争性、爆烈性等。一般认为，军事文化自觉主要是指对军事文化性质、特点、倾向性等的主动反省、审视、认知和改造的能力。强调"军事文化自觉"，就是要充分发挥包括诺思所说"想象力""意向性"在内的人类超理性认知能力，不断对原有文化进行"适应性重组"和"表示型的再描述"，从而实现军事思维方式及价值观念适应新机遇新挑战的常态化革新与转变。老子有云："胜人者有力，自胜者强"。古今中外的国家军队，凡是大国强军，无不具有强烈的文化自觉特质；反之，在思维理念和文化意识上妄自尊大、因循守旧的，虽可横行一时，罕有常胜之师。当今世界，美军作为全球最强军队，仍然突出强调"上次战争成功的经验往往成为下次战争失败的教训"，表现出了强烈的文化自觉意识和自我革新精神，这是值得我们认真思考和借鉴的。总之，军事领域尤其要强调文化自觉。特别是军事战略文化，作为最高层次的军事文化形态，集中体现了一支军队的核心立场和思想精髓，对军事文化的整体发展起着统摄和牵引作用，是增进思想共识、凝聚意志力量的精神纽带，深刻影响着军事战略的形成和贯彻执行。要使军事系统具有强有力的适应性，就必须要具备高度的军事文化自觉，始终保持军事文化特别是战略文化建设的先进性。

丨 第十六章 丨

思想政治教育发挥着重要的认知战功能

"认知战"是未来智能化战争的核心作战形态。前文已述，OODA 循环的理论核心就是"认知战"。而在认知战的超理性博弈中，还有非常重要的一点就是大战略层面的"精神设计"。比如博伊德认为："机器不会打仗，地形不会打仗，打仗的是人。你必须进入人的内心，那里才是赢得战斗的敌方。"[①] 这事实上揭示出思想政治教育也具有重要的作战功能。思想政治教育要有效发挥其作战功能，必须在科学认识人类精神复杂性基础上，注重超理性策略的运用，这对于军队思想政治教育改进也提供了重要的启发。

一、思想政治教育是"大战略"层面的"认知战"

孙子云："不战而屈人之兵，善之善者也。"在很大程度上，OODA 循环理论就是以一种现代的视角对孙子有关思想观点的时代性诠释。在博伊德看来，在大战略层面，思想政治教育正是那个"善之善者"的国之重器，具有"重剑无锋"的作战功能。

（一）OODA 循环的理论本质是"认知战"

如前所述，在 OODA 循环四个主要环节中，"判断"具有核心意义。这不是

---

① 弗兰斯·P. B. 奥辛格. 科学·战略·战争 [M]. 北京：军事科学出版社，2009：54.

因为判断承上启下的自然逻辑地位，也不是因为判断的构成要素比较多样、内在机理比较复杂，而是因为在战争的物理域、信息域、认知域当中，敌我双方认知域层面的博弈、对抗或者竞争至为微妙而关键。这是因为，对于克劳塞维茨所说的战争迷雾所造成的"阻力"，我们不仅要极力克服，而且还要善加利用；不仅要尽速形成比较客观的关于战场态势的科学认知，更要努力干扰、破坏、塑造与诱导敌方的战场认知，至少使其认知的速度、节奏大为减缓，最好能够形成错误判断和行为决策。这就能使我方获得极大知识优势，克敌制胜也就顺理成章了。通观博伊德的全部思想，或许其早期更加注重 OODA 循环的速度，然而在其理论比较成熟的后期，他的全部研究重心事实上是落于第二个大写的"O"即判断之上的，其研究的聚焦点就是人类的认知，并且达到了相当深入的程度。从这个意义上讲，OODA 循环在本质上就是关于认知战的理论。

当然，博伊德并没有明确提出"认知战"的概念，而且严格意义上认知战的相关研究也并不自博伊德始。但是，如果要论成功地把现代科学的复杂性转型应用于人类认知层面并且深入研究复杂背景下认知对抗与博弈的规律途径、方式方法，OODA 循环理论是首屈一指的。需要强调的是，博伊德 OODA 循环关于认知战的思想观点，是建基于对战争史上主要作战形态或冲突类型，比如消耗战、机动战、闪击战、游击战等的深入研究总结之上的，并且已经在美军的改革转型与战争实践中得到成功运用。

博伊德的认知战思想对于我军的建设发展也具有重要的借鉴和启发意义。一段时间以来，信息与信息化是军事理论与实践的主流话语；当前，智能化战争又成为军事热词。事实上，信息化并不能消除战争迷雾，战争迷雾甚至因为信息化更为加重了；智能化也只是简单性问题处理的"智能化"，至于真正的战争复杂性问题，科技层面的智能化本质上是无能为力的。众所周知，战争指挥之所以被称为"艺术"，是因为战争不是战斗力常量的精确计算，而是多重变量的复杂互动。战争的最大变量是不确定性，真正的战争复杂性问题就是不确定性的处理问题。显然，主要体现为机械运算、逻辑演绎、因果推理的所谓智能化，能否有效处理事前不可预测、事后难以还原的不确定性，这是很值得存疑的。在本质上，

"在不确定性边缘的永恒探险"只能是人类认知的任务,虽然人类的认知水平目前仍然局限于理性的较低层次。如果说智能化也在一定意义上反映出未来战争发展趋势的话,也只能是说智能化把人类精神从简单性问题处理中解放了出来,从而能够专门发展处理不确定性的超理性认知能力。而博伊德的 OODA 循环,就是一个聚焦于战争双方认知博弈的军事理论。

(二) OODA 循环理论高度重视大战略层面的"精神设计"

如何处理战争复杂性/不确定性问题?或者说如何打赢认知战?OODA 循环理论事实上给出了两个答案,一个是战术层面敌我双方"认知力"的对抗;另一个则是大战略层面的"精神设计"。我们先简要说明这两者的内涵,再来评析各自的重要性和意义。

关于敌我双方"认知力"对抗,博伊德的研究是浓墨重彩的。简言之,博伊德认为:"为了在这个世界中获得活力和成长,我们必须将自己的思想和行动以至于判断符合新出现的事物。但是,在这个新事物出现之前一直受经验束缚的判断会导致出现使我们迷惑或者不知所措的差异。然而,前面描述的分析/综合过程使我们能够纠正这些差异,从而重新定位自己的思想和行动,并使它们重新与这个新事物相符合。经过反复的再判断、差异、分析/综合过程,我们就能够理解、应对和塑造这个实际上来自我们周围的新事物,并为其所塑造。"① 这是己方认知力的增强,主要讲的是如何发挥自我反思能力从而"自觉"并"创新"固有心智模式,以符合"新出现的事物"即不确定性,也与管理学的学习型组织理论遥相契合。需要说明的是,这并不是一个一般理性思维的过程,而是一个如图 4-13-3 所示发生在包括潜意识、无意识在内的整体人类精神中的极端复杂的过程。为此,无论是在个人思想还是在团队集体中,各种各样"异质性"思想的存在不仅是允许的,且是必须的,而且还要想方设法在确保共同愿景的前提下,促进这些有时针锋相对,甚至水火不容思想的充分互动,从而极大限度地

---

① 弗兰斯·P. B. 奥辛格. 科学·战略·战争 [M]. 北京:军事科学出版社,2009:255.

保证新思想的不断涌现。中国文化叫作"和而不同"，博伊德则称之为"组装摩托雪橇"，在莫兰那里是"有序与无序的有机结合"。在对敌的另一方面，博伊德指出："切断敌人的 OODA 循环……从而形成威胁性和/或非威胁性事件/行动错综交织的局面，并在敌人观察或想象的事件/行动与他为生存必须应对的事件/行动之间反复造成差异，从而使敌人陷入充满不确定、怀疑、不信任、混乱、无序、恐惧、恐慌、混沌……的无规则的、危机重重的和不可预测的世界……。"①这主要是说的采取多样化手段去干扰、破坏、误导或塑造敌方的认知，从而获得认知优势。②

关于大战略层面的"精神设计"，在 OODA 循环理论中博伊德着墨并不多，但却把它放在了一个至高无上的顶层位置。博伊德对于古今中外战略思想都有广泛涉猎，他对包括克劳塞维茨、约米尼、拿破仑等在内的西方战略思想颇多微词，却对以孙子为代表的东方战略思想情有独钟，甚至还专门研究了苏联的革命、中国的游击战。博伊德对"以弱胜强"的战例非常感兴趣，对于"不战而屈人之兵"思想则相当推崇。如何使战争指挥达到"善之善者"的至高境界呢？博伊德指出，"我们需要一种源于人类本性的理念，它极其高尚和令人向往，不但吸引了中立者，加强了拥护者的精神和力量，而且削弱了所有竞争者或敌人的热诚和决心"②；"利用精神杠杆增强我们的精神和力量，并暴露与我们竞争或敌对的系统的缺陷，与此同时，对中立者、潜在敌人和当前敌人施加影响，从而使他们受到我们成功的吸引"，或者说，"必须维护或者构建精神权威，同时削弱敌人的精神权威，从而鼓舞我们的决心，耗尽敌人的决心，吸引他们和其他人归向我们的事业和生活方式。"甚至，在对敌的方向上，为了达成上述"吸引"，我们还应该进行充分的对话，以便"让敌人了解我们的思想和生活方式"，并应"尊重敌人的文化和成就，向他们表明我们对他们并无恶意，帮助他们适应变化的世界，并向支持我们思想和行为方式的人们提供更多好处和更优厚待遇"③。

---

① 弗兰斯·P. B. 奥辛格. 科学·战略·战争［M］. 北京：军事科学出版社，2009：121.
② 弗兰斯·P. B. 奥辛格. 科学·战略·战争［M］. 北京：军事科学出版社，2009：207.
③ 弗兰斯·P. B. 奥辛格. 科学·战略·战争［M］. 北京：军事科学出版社，2009：243 - 244.

在这里，博伊德主要强调的就是精神/文化的吸引力和同化性。这或许与我们常说的舆论战有交叉，但两者并不是一回事。舆论战只是"术"，着力在"说服"，而大战略的"精神设计"则是"道"，是内在的"吸引"："你的文化吸引了谁，你就拥有了谁"。比如，革命战争年代延安成为多少热血青年的心中"圣地"，靠的就是"吸引"；同样，美国硅谷所以能够"聚天下科技英才而用之"，我们也必须承认其文化理念有着独到之处，这也正是其大战略层面"精神设计"的成功应用。

显然，所谓"以道御术"，认知战的上述两大策略事实上是不可偏废的。就认知力的提升来说，异质性思想甚至价值观的存在虽然有助于心智模式的创新，却必须以"共同愿景"确保必要的和谐与团结，否则组织或系统就会成为一盘散沙。就"精神设计"而言，如果这种"设计"走向极端，特别是如果不恰当地从"大战略"层面机械扩张到与微观主体直接相连的"战术"层面，就有可能在思想高度同质化的同时却扼杀了创新的空间，而这就削弱了适应不确定性的活力之源。显然，认知力的提升与"精神设计"，这两者是相辅相成的。当然总体来说，大战略的"精神设计"处于"道"的较高层面，是更为重要和关键的。

（三）思想政治教育是大战略层面的认知战

马克思指出，"理论一经掌握群众，就变成物质的力量"。博伊德说，"好的奋斗目标既是利剑也是铠甲"[①]。显然，在重视精神/文化吸引这一点上，博伊德与马克思是高度一致的。的确，正如物理域战争常常需要占据地理制高点，以及信息域战争需要占据频谱制高点一样，认知域战争则需要占据精神制高点，这个制高点，就是民族—国家或者社会层次的精神文化、意识形态、政治愿景等。对于这一点我们并不陌生，或说是再熟悉不过了，因为这就是我们通常所说的思想政治教育，也就是博伊德所说的"安排心灵的工作"。在这方面，尽管西方发达国家更为隐蔽，但其作为大战略层面"精神设计"的认知战本质是一致的。

---

① 弗兰斯·P. B. 奥辛格. 科学·战略·战争 [M]. 北京：军事科学出版社，2009：41.

最熟悉的也往往是最陌生的，思想政治教育也是如此。尽管实事求是地讲，博伊德有关"精神设计"的理论观点也受到了包括苏联在内的社会主义国家革命战争实践的启发，但其基于西方文化特别是基于以复杂性科学为代表的现代科学群对于大战略层面"认知战"的审视与诠释还是令我们耳目一新。比如，博伊德认为，"一个致力于发现的社会必须通过支持独立的积极意见并协调自身与它们的关系才能进步，这本身包含着竞争行为和对立的意见"，但"即便如此，所有独立的积极意见仍然必须接受传统权威的指导，通过鼓励其追随者的独创力而力促自身的更新"[①]。同时在某种程度上，我们也应当看到，受制于社会发展程度、科学哲学水平、国民文化程度以及特殊时代背景等因素，以苏联为代表的许多社会主义国家的思想政治教育，在其实际的运行中，更多走向了强制性的歧途，"政治领域颠覆了科学领域"[②]，因而在对异质性思想严格管控的同时，不自觉地遏制甚至扼杀了本国/民族的创新力和认知力，这事实上走上了认知博弈的反面，无异于自废武功。从这个角度讲，苏联对于西方国家从战略上的不战自败，或者说美英资本主义国家对苏联兵不血刃的不战而胜，事实上从认知战层面早已注定。而后来的俄罗斯盲目引进"新思维"推行"休克疗法"，则不过是同样错误的又一次重复。这就是西方国家秘不示人的大战略，这也就是博伊德所说"精神设计"的强大威力。

从历史的角度，大国博弈的国运之争，几乎没有哪一次不是通过血与火的武力手段最终解决的。苏联"和平解体"的教训向我们清楚地昭示：思想政治教育并非寻常之事，思想政治教育关乎国运兴衰，思想政治教育具有威力强大的作战功能。总之，思想政治教育虽然"重剑无锋"，却是举足轻重的国之重器，不可轻忽视之。

---

① 弗兰斯·P. B. 奥辛格. 科学·战略·战争 [M]. 北京：军事科学出版社，2009：74.
② 弗兰斯·P. B. 奥辛格. 科学·战略·战争 [M]. 北京：军事科学出版社，2009：74.

二、思想政治教育发挥作战功能的基本规律

在《思想如何变成物质的力量》中，马克思指出："理论只要能说服人，就能掌握群众；而理论只要彻底，就能说服人。所谓彻底，就是抓住事物的本质。"从物理战、信息战、认知战三者间关系的角度，这无疑是关于认知战以及思想政治教育地位作用的深刻洞见。但是，"哲学家们只是用不同方式解释世界，而问题在于改变世界"，由于马克思并未详细说明究竟何谓理论的"彻底"以及"抓住事物的本质"，这个"文本的空白"极易造成思想政治教育实践的偏差，苏联对此"不求甚解"结果不战自败，就是惨痛的前车之鉴。幸运的是，马克思所语焉不详的，现代认知科学在较大程度上进行了弥补，OODA 循环理论也有不少独到见解，这就使我们对思想政治教育作战功能发挥的基本规律能有一个大概的了解。

（一）从根本理念上讲，具备作战功能的思想政治教育必须是科学的思想政治教育，科学的思想政治教育必须正视人类精神以及思想政治教育的复杂性

马克思曾经指出，"批判的武器当然不能代替武器的批判"，这主要是指物质的暴力只能用物质的暴力去推翻。其实按照马克思原意，反过来推论也成立，即"武器的批判当然也不能代替批判的武器"，这主要是讲的思想政治教育的方法手段问题。在这里，马克思虽然没有使用复杂性科学的概念范畴，但他反对像"物质的暴力"那样简单粗暴地进行思想政治教育则是不言而喻的。

的确，现代科学已经证明，思想政治教育是典型的复杂性问题。思想政治教育的复杂性主要体现为微观、宏观两个层面。首先，在微观角度，人类精神是高度复杂的："意识与潜意识"二元互动的意识机制决定了人类精神的混沌与涌现特质；"自我－本我－超我"三位一体的心理结构决定了人类意识的内在张力；"人格的碎片化"即多样交错的"人格面具"决定了人的行为逻辑的多源性；分

析心理学揭示的集体无意识的心理基质决定了人格培养与成长的复杂性；超个人心理学的意识谱理论发现了人类心理也存在内生的"高度"；等等。其次，从宏观的角度，思想政治教育也是复杂性系统：思想政治教育的目标指向是复杂的人格培养；思想政治教育的主体群落是人的关系网络；思想政治教育的运行机制是主体间性的复杂互动。此外，思想政治教育的复杂性还包括：思想政治教育是多元化存在，体现了组分的复杂性；思想政治教育是多层次互动，体现了层级的复杂性；思想政治教育充满着随机性事件，体现了运行的非线性；思想政治教育不追求"整齐划一"的效果，体现了发展的非平衡性；思想政治教育不要求"标准化答案"，体现了教育的自然性；等等。

可见，思想政治教育本质上是一种做人的思想工作的社会实践活动，其核心任务是人的人格成长，其主要途径是人与人的复杂互动，其机制模式是人所构成的关系网络。因此，复杂性是思想政治教育的本质属性。这里还需要强调的是，由于思想政治教育承担着与一般知识性教育不同的带有显著政治性、国家性和社会性的综合使命，思想政治教育是"直指人心"的工作，这就使其复杂性更为突出。古希腊著名哲学家、教育家苏格拉底说，"教育……是点燃火焰"，它深刻揭示了，教育不是牛顿意义上的力的强制，而是一个灵魂唤醒另外一个灵魂，一颗心灵召唤另外一颗心灵，一个生命感动另外一个生命，是人类集体参与的高度复杂的智慧活动。

复杂性问题的处理必须运用复杂性的方法。但是，传统的思想政治教育在很大程度上对这一复杂性问题进行了"武器批判"式简单粗暴的"简化"处理，致使效果不彰，甚至产生逆反现象。质言之，人类精神不是机械性科学所理解的计算"机器"，思想政治教育也不可能是一个从一头强制"输入"知识理念，从另一头就自然"输出"品德能力的线性过程。从本质上讲，人类精神及思想政治教育的复杂性天然排斥简单性和强制性，相反，思想政治教育的使命任务，必须经由教育对象内在心理的"个体化"或"自性化"复杂过程来完成。

（二）从心理机制上讲，具备作战功能的思想政治教育必须充分尊重心理规律；只有建立在情感认同基础上的理性/规范才能真正被遵守

一旦承认人类精神的复杂性，思想政治教育的心理机理或规律就成了再一个我们必须正视并深入研究的课题和领域。这是因为，人类的言行虽然直接表现为意识理性的逻辑推理与指挥控制，但其更根本的能量之源却是深处意识阈限之下的个体潜意识与集体无意识，而后两者更多地与情感紧密关联。换言之，只有建立在情感认同基础上的理性/规范才能真正被遵守。从心理规律的角度，对于思想政治教育而言，情感认同是使理论认同真正落地生根、思想认同真正表里如一的基础条件，没有前者，后两者就是空中楼阁。显然，在这个意义上，建基于心理之上的情感认同，是思想政治教育作战功能发挥的深刻基础，也是思想政治教育战斗力的重要指标。

心理学的精神分析理论揭示了"自我－本我－超我"三位一体的人格结构，对情感认同的重要性提供了重要的科学支撑。弗洛伊德发现，本我是心理能量的动力之源，超我是标准严苛的道德法官，两者仿佛对立的两极，形成一种内在的张力。自我作为本我、超我的仲裁者，始终处于持续紧张的两难处境。弗洛伊德描述道："一仆不能同时服侍两位主人。然而可怜的自我却处境更坏：它服侍着三位严厉的主人，而且要使它们的要求和需要相互协调。这些要求总是背道而驰并似乎常常互不相容。难怪自我经常不能完成任务。它的三位专制的主人是外部世界、超自我和本我。"① 显而易见，人格三分结构给思想政治教育带来了永恒的难题：受教育者并非一只"口袋"，对什么都可以照单全收；也不是一台机器，对所有指令都机械执行。且不说持续作用于超我的外在律条始终面临着来自本我的审视乃至抵制，事实上超我自身的力量也因为源于本我因而超我的要求不能从根本上违反本我的诉求。否则，本我要么对超我的指示漠然置之，要么可能

----

① 弗洛伊德. 精神分析引论新讲 [M]. 合肥：安徽文艺出版社，1987：86.

导致自我的萎缩或精神的分裂，要么就很可能放纵本能瞬间冲决好不容易才形成的理性堤坝。因此，理性规范本质上是心理能量的自我配置，这种配置以情感认同的方式呈现，本质上是与强大本我的和解。

弗洛伊德的人格结构三分说很有说服力，却难免消极之嫌，甚至对人格发展表现出总体的悲观取向。对此，与弗洛伊德同时的分析心理学家荣格有不同见解。荣格首先发现人类潜意识事实上是一个情结之网，这一点及其推论与弗洛伊德类似。但更重要的是，在个体潜意识之下，还存在更深层次的"集体无意识"，这个集体无意识由众多"原型"构成。与情结—自我"相互拥有"的关系不同，原型更从根本上"掌控"着我们。并且，原型的触发常常伴随着一种强大的情感力量："……情境的瞬间再现，是以一种独特的情感强度为标志的。仿佛有谁拨动了我们很久以来未曾被人拨动的心弦，仿佛那种我们从未怀疑其存在的力量得到了释放。"在这里至为关键的是，原型"唤起一种比我们自己的声音更强的声音。一个用原始意象说话的人，是在同时用千万个人的声音说话。……它把我们个人的命运转变为人类的命运，他在我们身上唤醒所有那些仁慈的力量，正是这些力量，保证了人类能够随时摆脱危难，度过漫漫的长夜"①。显然，与弗洛伊德不同，荣格对人类心理表现出前述某种超个人心理学以及特定内涵的集体主义倾向。基于此，道德规范其实并不是外在的要求，而是人性的内在禀赋。

从上述深层心理学所揭示的人类心理规律看，思想政治教育并不简单是一个外在塑造问题，而同时是甚至更多是一个人格成长的内生唤醒过程。博伊德曾在其《战略博弈》讲稿中写道："人所作的一切都受认知的影响，并因此是可塑的。一旦有了认知，这些行为模式、习惯反应和互动方式在头脑中逐渐沉没下去，就像潜艇舰队的指挥官一样，从海底施加控制。"② 因此，思想政治教育并不意味着粗暴地强制，而的确是苏格拉底所说的灵魂与灵魂、心灵与心灵、生命与生命之间的相互"唤醒""感召"与"激发"的过程。

总之，只有建立在情感认同基础上的理性/规范才能真正被遵守，只有被内

---

① 荣格．论分析心理学与诗歌的关系［EB/OL］．https：//www.docin.com/p-542985929.html.
② 弗兰斯·P.B.奥辛格．科学·战略·战争［M］．北京：军事科学出版社，2009：94.

在遵守了的理性/规范才能真正发挥出思想政治教育的作战功能。

（三）从内容方法上讲，具备作战功能的思想政治教育必须是受喜爱、强自信、能吸引的思想政治教育；思想政治教育的吸引力就是其战斗力

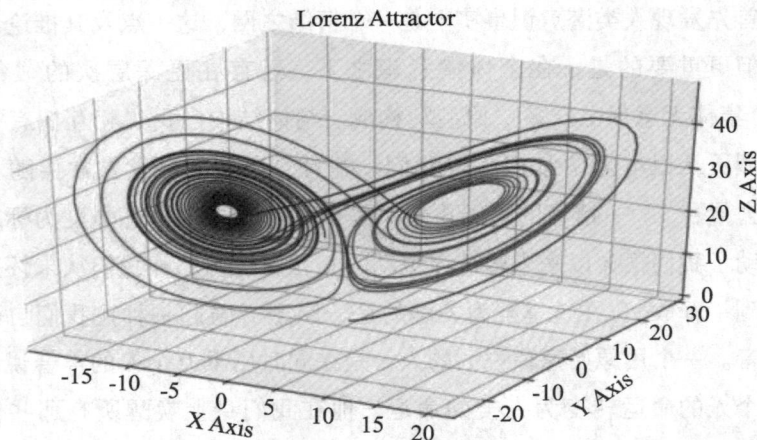

图 4-16-1　奇异吸引子示意图

在混沌理论中有一个概念叫作"奇异吸引子"，它是混沌系统运动的主要特征之一，指的是系统运行中，吸引子之外的一切复杂的拉伸、扭曲的结构、非线性变化最后都要收敛到吸引子上，从而使系统运行呈现出局部不稳定性和总体稳定性的统一。比较典型的就是如上图所示的"洛伦茨吸引子"。某种程度上，思想政治教育就是国家、社会运行的"奇异吸引子"，吸引力就是其战斗力。

如前述，无论是宏观层面还是微观层面，思想政治教育的复杂性最终都可以归结为人类精神和心理的复杂性。对于意识理性范围内的思想知识，"简单粗暴"的逻辑演绎、因果推理、科学运算尚有一定用武之地，然而，一旦涉及意识阈限之下的深层心理，涉及与一个人成长经历密切相关的"情结之网"，特别是涉及与有史以来人类整个历史纠缠在一起的诸多"原型"，简单性思维就彻底失效了，甚至只能是"适得其反"。前苏共拥有 20 万党员时夺取了政权，拥有 200

万党员时打败了希特勒，而到拥有近 2000 万党员时却失去了政权，甚至苏联解体时，几乎没有党员站出来抗争，其主要教训之一，就是如迈克尔·波兰尼所说的，"当斯大林政权的基本知识和道德现实概念失去对思想的控制时，这个政权实际上已经不存在了"①，这教训无疑是十分深刻的。

显然，思想政治教育的典型复杂性问题，主要的并不是与意识理性对应的知识传播、思想理解、道德觉悟、政治立场的问题，而是与人类深层心理的无意识对应的情感认同、文化自信、信仰信念的问题。而对于后者，思想政治教育必须是受喜爱、强自信、能吸引的思想政治教育。套用前文关于文化作用的句式就是：你的思想政治教育吸引了谁，你就拥有了谁。

当然，这并不是说理性认知层面的思想政治教育就无足轻重了。恰恰相反，由于意识理性事实上是人类精神"阈限上下"以及内外世界关联互动的枢纽，思想政治教育作战功能发挥的重要条件就是"以理服人"，"晓之以理"与"动之以情"有机结合，思想政治教育的吸引力或说战斗力就自在其中了。

还需要特别说明的是，从国家大战略层面的认知战角度，思想政治教育不只是对内的，同时也是对外的，否则就无以"对中立者、潜在敌人和当前敌人施加影响，从而使他们受到我们成功的吸引"②。J. F. C. 富勒在其《战争指导》中指出，"物质时代已经终结，精神时代正在到来"③。在这方面，我们必须看到，西方发达国家精神/文化的吸引力并不弱于我们，甚至还在其基本原理、教育理念、方式方法等多个方面有所优长。在过去，我们常把这种情况称之为"话语霸权"，这其实是不够的，因为这远远不是战斗的范畴，也不是战役的范畴，甚至也不能说是战略的范畴，而是更高层面的大战略。我们应当反思：以苏联如此庞大的体量，都轰然倒塌于西方认知战的威力之下，或许，没有真正从大战略层面认真审视并有效发挥思想政治教育的作战功能，是一个重要的原因。

---

① 迈克尔·波兰尼. 认知与存在［M］. 伦敦：劳特利奇和基根·保罗出版社，1969：66.

② 弗兰斯·P. B. 奥辛格. 科学·战略·战争［M］. 北京：军事科学出版社，2009：243.

③ 弗兰斯·P. B. 奥辛格. 科学·战略·战争［M］. 北京：军事科学出版社，2009：38.

三、更好发挥思想政治教育作战功能需要注意的问题

更好发挥思想政治教育的作战功能，就必须针对人类精神的复杂性本质，更新思维方式，切实转变理念，创新方式方法。

（一）思想政治教育的内容理念应更加凸显"共同价值"

从国家大战略的角度，思想政治教育不只是对内的，同时也是对外的。因此，思想政治教育的内容理念，必须兼顾到敌、我、中三方受众的特点与需求。对内，强化愿景牵引，巩固政治凝聚力；对敌，注重对话交流，增强精神渗透力；对于中立方，致力形象塑造，提高文化吸引力。过去，我们在上述几个方面并非没有着力，比如与时俱进创新理论，广泛开设孔子学院，多措并举塑造大国形象等，但总体而言，其成效与投入不成比例，软实力现状与我国大国地位也不相符合。撒切尔夫人认为，中国只能出口电视机而不是思想观念，中国没有那种可用来推进自己的权力，从而削弱其他国家的具有国际传播影响的学说。实事求是地说，在国际认知战中，发达国家对我国的负面认知仍然大量存在，我国仍在较大程度上居于被动地位。

当然，我们必须看到，上述情况发生的原因，西方世界根深蒂固的傲慢、发达国家深怀戒心的疑惧、超级大国老谋深算的"设计"、一些国家随波逐流的伎俩都是客观存在的。但是，我们自身也必须在文化自觉的基础上，客观、科学尤其是辩证地看待我国思想政治教育的内容理念，努力挖掘、有机融合并突出体现世界各国精神文化的"最大公约数"，这样，就能够逐渐实现被认同、受喜爱、能吸引的"精神设计"目标。2015 年 9 月 28 日，习近平总书记在第 70 届联合国大会一般性辩论时的演讲中指出："和平、发展、公平、正义、民主、自由，是全人类的共同价值"。这里的"共同价值"，对于解构西方价值观霸权、构建发展中国家的价值观话语体系，提升中国在当今世界的话语权无疑具有重要的现实价值与深远的历史意义。当然，对于切实增强思想政治教育的吸引力，有效发

挥思想政治教育的战斗力，更是具有重要的指导意义。

（二）思想政治教育的方式方法应更加注重超理性策略

过去，受简单性思维的制约，思想政治教育更多指向理性认知，主要的精力聚焦于价值观的诠释、思想的传播、知识的传承、观点的论证、逻辑的说服等方面。虽然效果显著，但值得反思的问题也不少。比如振聋发聩的"钱学森之问"；比如，我国教育从小学就已经开始了不同形式的思想政治教育，但是，对出国留学情况进行统计发现，常常是大学层次越高，留学比例越大。国人尚且如此，更何谈让外国人认同、信服、喜爱进而追随呢？追根溯源，除了上文所说内容、理念方面的问题，传统思想政治教育的简单性教育方式也有值得反思之处。2019年3月18日，习近平总书记在全国学校思想政治理论课教师座谈会上指出，要坚持灌输性和启发性相统一，注重启发性教育。这无疑是十分深刻的。

事实上，荣格心理学早已发现，在人类心理的深层无意识中，存在着一种叫作"阴影"的原型。阴影和"人格面具"相对应。在荣格看来，"人格面具"是"个体因适应外界而隐藏真实个性以将最好的特质呈现给外界的工具"。显然，在这里"人格面具"并非贬义词，它更像人与环境交互的"润滑剂"，其最大的功能是通过对自我言行的调控与设计，使个人与环境的关系趋向协调。但需要注意的是，第一，由于"呈现的人"并非"真正的自己"，人格面具往往成为真正自我的"牢笼"，从而不断在个体潜意识当中郁积负能量即"阴影"，并使之难以焕发由内而外的"自性"智慧与本能活力，甚至造成心灵创伤与"人格分裂"；第二，同样由于"呈现的人"并非"真正的自己"，个体真正的人格往往在各种角色扮演中"假戏真做"而迷失，从而容易产生人格的异化；第三，从社会的角度，由于"呈现的这个人"可能并非"真正的那个人"，社会交往可能异化为"假面舞会"，人力资源配置与人才选拔也难以进行高效的德行识别，从而使得社会运行增加了高昂的隐性交易成本。可见，好的思想政治教育更应注重个体的人格成长与自性的内在启发，但反过来"坏的"教育比如过分强调理性强制性等做法，则有可能只是让受教育者学会了使用"人格面具"，并同时在无意识中不断蓄积"阴影"负能量。显然，"坏的"思想政治教育不仅无助于其作战功能的发挥，甚至还在教育过程中不断地把受教育者推向对立面。

正因如此，思想政治教育的方式方法更应注重超理性策略的使用。这里的"超理性"策略是指：第一，思想政治教育必须更加注重教育对象本身的人格成长，而不是一味地强调教育自身目标的达成，甚至前者还应该放在首位；第二，在延续传统的理性教育方法的同时，更多采取指向健康心理、良好心态、积极情感等的润物无声的隐性教育方式；第三，根据分析心理学和超个人心理学的科学发现，许多道德品质事实上已经内蕴于人类心理的深层无意识之中，这时需要做的，并非外在的强制与约束，而是内生的唤醒与启发。显然，在这方面，无论是思想政治教育的理论还是实践，都还存在不小的差距。

总之，认知科学的发展让人们越来越意识到，人类头脑绝非类似计算机的信息处理器，而是一个复杂巨系统，其运行规律还有很多是目前的人类理性所无法理解的，或者根本就是超理性的。因此，必须以敬畏之心，遵循超理性认知的规律，我们才能真正做好直指人心的思想政治教育，并使之切实发挥出大战略层面的作战功能。

｜后　记｜

　　关于"超理性认知"的理性思考已见诸前文，而在理解、阐释"超理性认知"过程中，却还有一些感性所得言犹未尽。哲人曾言：每一个人，都有仰望星空的权利。这本是人尽皆知、人皆能为的平常之事，而在"一切都运转起来了"的理性社会，"星空之望"却成了殊难体验的奢侈享受。所以亦有哲人感叹：人生而自由，却无往而不在枷锁之中。这上下数千年的文明积淀，这日日奔忙的现代生活，究竟是不断向上托举的助力，还是必须要被突破的负累？直到开始这本书的写作，我才终于有所领悟。其实，人之在世，必有使命；使命所载，金石为开。这个使命，不是纯粹后天的，而是先天潜在的；不是勉力为之的，而是自我完成的。因此，问题不在于使命之完成，而在于使命之发现。这个使命发现的过程，就是觉悟自我的过程，也就是另一种意义上"仰望星空"的过程。对于我来说，利用一切时间甚至休息时间进行写作的确是一件苦差事，然而在许多"灵感勃发"或"意义驱动"的时刻却常有一种感觉：不是"我"在写作，而是"书"通过我把自己写作出来，而我也的确在写作，所以写作整体呈现为一个"疲劳并快乐着"的过程。这不禁让我想起身体现象学所说的"将身体借给世界"，以及分析心理学意义上的"内在天性的自我昭示"。我不得不说，在一定意义上，这本书的问世虽署我之姓名，却是超理性认知的一个杰作；而在这样一个"使命自我实现"的过程中，我也仿佛得以一窥学问之神圣"星空"。孟子曰："万物皆备于我矣。反身而诚，乐莫大焉。"陆九渊亦言："即今自立，正坐拱手，收拾精神，自作主宰。"信哉斯言！

　　此外还需要说明的是，超理性认知研究是一个创新型、跨界性、融合性很强的课题，涉及哲学、科学、心理学、军事学、教育学等多个领域。因此，旁征博引的功夫即查阅、思考、学习前辈文献的"致广大"是必要的，但由于时间、精力特别是功力之限，"尽精微"则就是常常力所不逮的了。因此，尽管笔者已尽其所能钩沉索隐，慎思明辨，但书中观点之不足、错谬是在所难免的，材料之引用注释也恐有疏漏欠缺之处，谨此一并致谢，并请读者不吝指正！

著 者

2021 年 3 月 3 日于南京仙林湖

｜ 主要参考文献 ｜

［1］马克思，恩格斯．马克思恩格斯选集［M］．北京：人民出版社，1995．

［2］恩格斯．自然辩证法［M］．北京：人民出版社，1984．

［3］苏国勋，刘小枫．社会理论的开端和终结［M］．上海：三联书店，2005．

［4］冯友兰．中国哲学简史［M］．北京：北京大学出版社，1998．

［5］杨韶钢．超个人心理学［M］．上海：上海教育出版社，2006．

［6］付立峰．游戏的哲学：从赫拉克利特到德里达［M］．北京：中国社会科学出版社，2012．

［7］陈一壮．埃德加·莫兰复杂性思想述评［M］．长沙：中南大学出版社，2007．

［8］邬焜．古代哲学中的信息、系统、复杂性思想［M］．北京：商务印书馆．2010．

［9］潘菽．潘菽心理学文选［M］．南京：江苏教育出版社，1987．

［10］张世英．新哲学讲演录［M］．桂林：广西师范大学出版社，2004．

［11］朱立元．现代西方美学史［M］．上海：上海文艺出版社，1996．

［12］李安德．超个人心理学——心理学的新典范［M］．新北：桂冠图书股份公司，2000．

［13］郭永玉．精神的追寻［M］．武汉：华中师范大学出版社，2002．

［14］王理平．差异与绵延——柏格森哲学及其当代命运［M］．北京：人民出版社，2007．

［15］杨大春．杨大春讲梅洛－庞蒂［M］．北京：北京大学出版社，2005．

［16］杨大春．感性的诗学：梅洛－庞蒂与法国哲学主流［M］．北京：人民出版社，2005．

［17］莫伟民，姜宇辉，王礼平．二十世纪法国哲学［M］．北京：人民出版社，2008．

［18］梁漱溟．中国文化要义［M］．上海：学林出版社，1996．

［19］张世英．天人之际［M］．北京：人民出版社，1995．

［20］申荷永．荣格与分析心理学［M］．广州：广东高等教育出版社，2004．

［21］梁国钊．诺贝尔奖获得者论科学思想、科学方法与科学精神［M］．北京：中国科技出版社，2001．

［22］孙周兴．海德格尔选集：下［M］．上海：三联书店，1996．

［23］岳伟．批判与重构——人的形象重塑及其教育意义探索［M］．武汉：华中师范大学出版社，2009．

［24］朱光潜．西方美学史［M］．北京：人民文学出版社，1979．

［25］敦煌本坛经［M］．郭朋，校．北京：中华书局，1983．

［26］梁漱溟．梁漱溟先生论儒佛道［M］．桂林：广西师范大学出版社，2004．

［27］彭家勒．科学的价值［M］．北京：光明日报出版社，1988．

［28］宫玉振．中国战略文化解析［M］．北京：军事科学出版社，2002．

［29］胡晓峰．战争科学论［M］．北京：科学出版社，2018．

［30］许良英，等．爱因斯坦文集：第1卷［M］．北京：商务印书馆，1983．

［31］贝塔朗菲．一般系统论：基础．发展和应用［M］．北京：清华大学出版社，1987．

［32］约翰·H. 霍兰．隐秩序－适应性造就复杂性［M］．上海：上海科教出版社，2000．

［33］米歇尔·沃尔德罗普. 复杂：诞生于秩序与混沌边缘的科学［M］. 北京：三联书店，1998.

［34］约翰·赫伊津哈. 游戏的人：文化中游戏成分的研究［M］. 广州：花城出版社，2007.

［35］荣格. 潜意识与心灵成长［M］. 张月，译. 上海：三联书店，2009.

［36］古斯塔夫·勒庞. 乌合之众：大众心理研究［M］. 北京：世界图书出版公司，2013.

［37］弗里德里希·席勒. 审美教育书简［M］. 北京：北京大学出版社，1985.

［38］叔本华. 作为意志和表象的世界［M］. 北京：商务印书馆，1982.

［39］埃德加·莫兰. 复杂性思想导论［M］. 上海：华东师范大学出版社，2008.

［40］道格拉斯·C. 诺思. 理解经济变迁过程［M］. 北京：中国人民大学出版社，2008.

［41］西格蒙德·弗洛伊德. 精神分析引论［M］. 北京：商务印书馆，1988.

［42］埃德加·莫兰. 方法：思想观念［M］. 北京：北京大学出版社，2002.

［43］肯·威尔伯. 一味［M］. 深圳：深圳报业集团出版社，2010.

［44］荣格. 寻求灵魂的现代人［M］. 苏克，译. 贵阳：贵州人民出版社，1987.

［45］詹姆斯. 宗教经验种种［M］. 尚新建，译. 北京：华夏出版社，2005.

［46］卡普拉. 物理学之道——近代物理学与东方神秘主义［M］. 北京：中央编译出版社，2012.

［47］彼得·圣吉. 第五项修炼［M］. 上海：上海三联书店，1998.

［48］哈耶克. 自由宪章［M］. 北京：中国社会科学出版社，1998.

[49] 克劳塞维茨．战争论［M］．北京：军事科学院出版社，1965．

[50] 罗素．西方哲学史：上［M］．北京：商务印书馆，2010．

[51] 普利高津．从混沌到有序［M］．曾庆宏，译．上海：上海译文出版社，1987．

[52] 埃德加·莫兰．迷失的范式：人性研究［M］．陈一壮，译．北京：北京大学出版社，1999．

[53] 荣格．象征生活［M］．北京：国际文化出版公司，2011．

[54] 康德．纯粹理性批判［M］．北京：人民出版社，2004．

[55] 休谟．人类理解研究［M］．关文运，译．北京：商务印书馆，1957．

[56] 马丁·海德格尔．哲学论稿（从本有而来）［M］．孙周兴，译．北京：商务印书馆，2012．

[57] 保罗·凯林．心理学大曝光［M］．北京：中国人民大学出版社，1992．

[58] L. 弗雷·罗恩．从弗洛伊德到荣格［M］．陈恢钦，译．北京：中国国际广播出版社，1989．

[59] 荣格．分析心理学的理论与实践［M］．现代西方学术文库，1997．

[60] 亚伯拉罕·马斯洛，存在心理学探索［M］．张晓玲，等，译．重庆：重庆出版社，2018．

[61] 康德．未来形而上学导论［M］．北京：商务印书馆，1978．

[62] D. J. 奥康诺．批评的西方哲学史［M］．洪汉鼎，等，译．北京：东方出版社，2005．

[63] 尼采．权力意志［M］．张念东，等，译．北京：商务印书馆，1991．

[64] 尼采．道德的谱系·善恶之彼岸［M］．宋祖良，等，译．桂林：漓江出版社，2000．

[65] 尼采．哲学与真理——尼采1872—1876笔记选［M］．田立，译．上海：上海社会科学出版社，1993．

[66] 亨利·柏格森．形而上学导言［M］．刘放桐，译．北京：商务印书

馆，1963.

［67］亨利·柏格森．创造进化论［M］．王珍丽，余习广，译．长沙：湖南人民出版社，1989.

［68］海德格尔．尼采［M］．孙周兴，译．北京：商务印书馆，2002.

［69］莫里斯·梅洛－庞蒂．知觉现象学［M］．姜志辉，译．北京：商务印书馆，2001.

［70］莫里斯·梅洛－庞蒂．知觉的首要地位及其哲学结论［M］．王东亮，译．北京：三联书店，2002.

［71］莫里斯·梅洛－庞蒂．眼与心［M］．杨大春，译．北京：商务印书馆，2007.

［72］莫里斯·梅洛－庞蒂．可见的与不可见的［M］．罗国祥，译．北京：商务印书馆，2008.

［73］埃德加·莫兰．对认识的认识［M］．Seukl 出版社，1986.

［74］埃德加·莫兰．自然之为自然［M］．北京：北京大学出版社，2002.

［75］叔本华．自然界中的意志［M］．北京：商务印书馆，1997.

［76］韦伯．儒教与道教［M］．北京：商务印书馆，1995.

［77］荣格．人及其表象［M］．张月，译．北京：中国国际广播出版社，1989.

［78］荣格，卫礼贤．金花的秘密：中国的生命之书［M］．张卜天，译．北京：商务印书馆，2016.

［79］W. I. B 贝弗里奇．科学研究的艺术［M］．北京：科学出版社，1983.

［80］伽达默尔．真理与方法．哲学诠释学的基本特征［M］．上海：上海译文出版社，2004.

［81］尼采．希腊悲剧时代的哲学［M］．周国平，译．北京：北京联合出版公司，2014.

［82］柏拉图．柏拉图全集：第三卷［M］．王晓朝，译．北京：人民出版社，2003.

［83］阿伦·布洛克.西方人文主义传统［M］.董乐山,译.北京:三联书店,1997.

［84］卫礼贤,荣格.金华养生秘旨与分析心理学［M］.北京:东方出版社,1993.

［85］弗洛伊德.梦的解析［M］.赖其万,符传孝,译.北京:作家出版社,1986.

［86］大卫·黛西.荣格与新时代［M］.龚艺蕾,译.北京:世界图书出版公司,2015.

［87］弗兰斯·P.B.奥辛格.科学·战略·战争［M］.北京:军事科学出版社,2009.

［88］康德.判断力批判［M］.北京:人民出版社,2002.

［89］车文博.弗洛伊德文集:第五卷［M］.长春:长春出版社,1998.

［90］彼得·R.辛格.机器人战争——机器人技术革命与21世纪的战争［M］.李水生,等,译.北京:军事科学出版社,2013.